中国的过度劳动研究：
理论与实践

张杉杉 著

OVERWORK
IN CHINA
THEORY AND PRACTICE

经济管理出版社
ECONOMY & MANAGEMENT PUBLISHING HOUSE

图书在版编目（CIP）数据

中国的过度劳动研究：理论与实践/张杉杉著．—北京：经济管理出版社，2022.11
ISBN 978 - 7 - 5096 - 8412 - 2

Ⅰ.①中…　Ⅱ.①张…　Ⅲ.①劳动强度—研究—中国　Ⅳ.①F249.2

中国版本图书馆 CIP 数据核字（2022）第 066476 号

组稿编辑：郭丽娟
责任编辑：魏晨红
责任印制：黄章平
责任校对：董杉珊

出版发行：经济管理出版社
　　　　　（北京市海淀区北蜂窝 8 号中雅大厦 A 座 11 层　100038）
网　　址：www. E - mp. com. cn
电　　话：（010）51915602
印　　刷：唐山玺诚印务有限公司
经　　销：新华书店
开　　本：720mm × 1000mm/16
印　　张：12. 25
字　　数：214 千字
版　　次：2022 年 12 月第 1 版　　2022 年 12 月第 1 次印刷
书　　号：ISBN 978 - 7 - 5096 - 8412 - 2
定　　价：88. 00 元

前　言

　　中国人一直推崇吃苦耐劳，这很容易理解：在农耕文化背景下，"能吃苦"是获得生存乃至财富的必要条件。在相当长的一段时间内，我们对劳动并没有"过度与否"的评价。在远古时期，无论是在以食物采集为生的史前社会，还是在以食物生产为生的农业社会，人的劳动和生存密切相关，他们以极低的劳动生产率缓慢地推进人类的发展，进而发展出政治、宗教、社会、组织等复杂形态。为了满足个体的生存需要和安全需要，大多数人勤劳一生，没有拒绝劳作的资格。目前，仍有一些人秉持着"活着干，死了算"的朴素思想。"劳动"和个体"生存"画等号，根本就没有"过度劳动"概念。

　　工业革命给人们带来了"时刻表"，工作时长开始记录在案。有研究显示，在从农业到工业的初始转换期，产业工人的工作时间长达每周 70 小时以上（Whaple，2001）。第一次工业革命时，工人的工作条件极其恶劣，"工人包括童工，每天工作时间不能少于 12 小时"，中间不得休息，受伤就被赶出门，还得不到赔偿。尽管马克思笔下的"异化"振聋发聩，但有关"过度"劳动的意识并没有得到普遍的重视。

　　随着经济的发展、政治的进步，个体自我意识的不断觉醒，人们逐渐开始接受康德的观点——"人非工具，而是目的"，那种异化的，作为机器的工具、生产的手段、资本家眼中的商品，而非"他自己"的工人的生活状态越来越受到社会的质疑和否定。逐渐地，闲暇成为"人之所谓人"的必要条件，工人的工作时间开始受到限制，限制工作时长的劳动法在国际范围内铺展开来。可以说，"过度劳动"理论的发展史就是人的自我意识的觉醒史。

　　工业革命曾给人类带来无限希望，我们曾乐观地认为，社会的发展可以为我们创造更多闲暇。但事实是，"日出而作，日落而息"这个和大自然步调一致的作息节奏随着社会发展离我们越来越远。不得不承认：我们生活的方方面面都在变快，"速度时代"引发了我们更大程度的不确定性；而且，这种不确定性从拥有支配权的一方不断地传递给更弱势的一方。

与此同时，上述不同社会发展阶段的"劳动"历史观念和中国职场的现实表现的矛盾并存，与我国经济发展不均衡相呼应。

一方面，勤劳者有天然的道德优越感。中华民族一直以吃苦耐劳为荣，认为勤勉是个体与国家繁荣向上的基本条件，普通人坚信"勤劳致富"。马尔科姆·格拉德威尔（Malcolm Gladwell）在《异类》（Outliers）中提出的"一万小时定律"更是从科学观察的角度强调勤奋是天才的本质，支持了"一分耕耘、一分收获"的传统观念，强化了个体"努力"与"成功"的对应关系。随着网络的深化普及以及工作种类的不断扩展，很多工作不再需要固定的工作场所，工作可以随时随地展开，弹性工作制、居家办公成为重要的工作模式，工作和生活的界限逐渐模糊。在这种随时可以开展工作的现实条件下，何时停止工作似乎越来越成为劳动者的自主选择。在这个如此强调成功的时代背景下，勤奋观念和技术的支持顺理成章地强化了劳动者持续工作的行为。

另一方面，努力与成功之间的关系并不必然。在现代文明社会中，我们很容易发现：努力对人的影响远没有我们原以为的"一分耕耘、一分收获"那么简单、直接。在"一果多因"的现实条件下，很多外在环境因素和个人因素对个体产生了无以替代的、超过努力的影响。罗伯特·弗兰克（Robert H. Frank）在《成功与运气：好运和精英社会的神话》（Success and Luck：Good Fortune and the Myth of Meritocracy）一书中开宗明义：成功在很大程度上是因为运气，现代社会更是如此。"努力就能成功"的预期和残酷的现实之间产生了巨大的鸿沟，人们开始反省自己的努力和勤奋的价值。已经有人认为"抓住了机会努力才有意义"，开始承认"选择比努力更重要"，甚至产生了极端观念：所谓的努力就是一种自我催眠，就是消耗精力、体力的"瞎忙活"。

总之，理想与现实之间的鸿沟给我们带来了政治、经济、文化、组织以及个体等跨层次的多种问题，从我国国情出发，把握我国劳动者过度劳动的本质，填补预期与现实之间的鸿沟，构建和丰富过度劳动问题的分析框架和理论基础，可以为解决过度劳动的现实问题提供一个思考视角。

本书分为上、下两篇。

上篇为理论阐述。从劳动的概念、类型展开论述，考虑到不仅学者强调"人们对情绪调节的社会后果知之甚少"，而且我们的实地考察也发现情绪劳动在过劳中的突出表现，因此在介绍劳动类型时，将其内容聚焦到更有中国特色的情绪劳动。在此基础上，逐一分析劳动者所处的外部环境，论证在不确定环境下个体做出过度劳动选择的必然性，从理论上阐述过度劳动的驱动机制，并尝试使用实验法验证不确定效应的真实性。

下篇为个案研究。展示了几个典型的过劳案例，依据访谈或者观察等实地调查，记录了典型过劳者的工作、生活场景，描述过劳者的生存现状，明确过度劳动存在的现实条件，从加班文化、资源分配的制度建设和奖惩机制来描述过度劳动的动态特征，依据上篇的不确定性效应解释过度劳动的驱动机制，从组织层面、个体层面梳理过度劳动的来龙去脉，分析过度劳动的现实表现、相关影响因素以及过度消耗产生的危害，最后针对过劳原因整合应对策略。

本书立足于中国现实，抛砖引玉，希望更多的人来关注我国的过度劳动问题，相信这将有助于我们更好地应对现实问题。既然过度劳动作为重要的结果变量可以反映社会运作是否健康，那么从过度劳动研究切入，见微知著，我们就可以更系统地把握社会发展的脉搏，从而促使社会更健康、和谐地发展。

目　录

上篇　理论阐述

下篇　个案研究

上篇 理论阐述

感觉只解决现象问题，理论才解决本质问题。

——毛泽东

社会科学的研究对象通常具有异变、异质以及多样性和不确定性的特点。为了能够透视现实的因果联系，研究者建构起非现实的因果联系（Weber），从中认知那些具有普遍文化意义的内容，从无限多样的个别现象中理解人类的社会活动。本书遵从这一社会科学研究的通用做法，开篇将立足于过度劳动主题，尝试对过度劳动相关概念进行理论阐述。首先，梳理与我们感觉经验直接相连的过度劳动概念以及经验知识体系；其次，按照一定的逻辑规则推导出更为抽象的概念和一般理论知识体系，在将过度劳动扩展为体力、脑力和心力三种类型之后，从环境的不确定性出发，梳理出以"不确定性效应"为理论基础的过度劳动"从环境影响，到制度作用，再与个体认知相互作用引发过劳行为"的驱动机制。尽管该过程导致我们的阐述距离现象世界更远，但我们需要清楚本书的最终目的：更深层次地概括反映过度劳动的本质。

有关过度劳动的理论研究有其特定的作用。①认知功能。过度劳动的研究成果可以解释过度劳动的社会规律、趋势、结构和功能等各个方面，帮助人们揭示已经出现的过劳事实规律、分析判断过劳现象的本质、探索应对过劳的方法。②管理功能。过度劳动与劳动者息息相关，过劳现象在很大程度上表现了劳动力市场的决策与管理水平。随着社会的日益进步，社会问题日趋复杂，过度劳动的研究成果可以帮助决策机关和管理机构选择和评估政策与执行中的各种活动效果。作为管理压力的重要测试指标，过劳和过劳死数据是开展有效管理的关键信息。③教育功能。过度劳动最终会作用于个体。过度劳动的研究可以帮助人们学习相关过劳知识，了解过劳现象的本质。这些知识会有效地提高劳动者的劳动认知和应对过度劳动的水平。这是过劳者应对过度劳动的第一步。

1 过度劳动概述

要想了解过度劳动，就要先把劳动这个锚安置好。劳动是人类运动的一种特殊形式。从哲学角度来看，劳动是主体、客体和意义的内涵集成体，通常发生在人与自然界之间，其实质是通过人的有意识的、有一定目的的自身活动调整和控制自然界，使之发生物质变换，即改变自然物的形态或性质，服务于人类的生活和自己的需要。作为一个常用词，劳动常常会出现在我们的言谈话语间，但从学术的角度来看，不同的领域和学科、不同的背景条件下，劳动的概念并不一致。总之，劳动作为一个广为人知的日常概念，它的科学定义却很少有人能彻底了解。开展过度劳动研究，有必要在开篇就对劳动进行定义梳理，以便为整个研究打下科学分析的基础。

1.1 劳动的概念

劳动内涵随着背景的不同表现出不同的含义。作为一个常用词，我们首先需要区分劳动的日常概念和科学概念。

《庄子·让王》记载："春耕种，形足以劳动。"曹植在《陈审举表》说："陛下可得雍容都城，何事劳动銮驾，暴露于边境哉！"宋彧在《萍洲可谈》卷三中记载："但人生恶安逸，喜劳动，惜乎非中庸也。"这里的"劳动"指的就是操作或者活动。周瘦鹃在《劳者自歌》中记载："平生习于劳动，劳心劳力，都不以为苦。"这里的"劳动"指的就是创造财富的活动。从上述贯穿历史的文献记载不难看出，在日常生活中，劳动往往指的就是劳作的过程。

从科学角度而言，人们对劳动的认识是从物质主义或价值主义的范畴开始逐步深化的。亚当·斯密在《国富论》中不但将劳动量作为一切价值的来源，而且认为生产所需的劳动量是价值的最佳度量手段。这种劳动价值论事实上是将劳动量等同于劳动这一行为，只将物质产品的生产看作生产，而把服务排除在生产之外。以此为基础，人们依据"物质产品可以存在一段时间"，而服务"随生随灭"的区分标准，将劳动划分为"生产性劳动"和"非生产性劳动"。亚当·斯密强调：价值可以在物品中"贮存"，物质生产中的劳动才有价值，并以此为基础形成了亚当·斯密的劳动价值论。从亚当·斯密的劳动价值论延伸出了很多观念，不过这些观念都是以他的物质主义、价值主义的劳动观为核心的。人们在保留劳动价值论的基础上，或多或少地认为服务无价值，极端的观点认为：不提供物品的劳动是无价值的，甚至是不劳动的、不劳而获的。

马克思对亚当·斯密的观点进行了修正，认为管理活动也是一种劳动。马克思一直强调劳动，恩格斯指出劳动是整个人类生活的第一个基本条件，而且达到这样的程度，以致我们在某种意义上不得不说：劳动创造了人本身。恩格斯认为，手的使用和语言、思维的产生，都是在生产劳动过程中形成和发展的。正是由于劳动，人才得以从动物界中分化出来，所以说劳动创造了人本身（王迪，2012）。

从社会学和哲学的角度来说，劳动是人类特有的，包括所有的为满足自身的物质和精神需要，在自然界和社会中维持生活的手段。从 20 世纪中期开始，越来越多的历史学家开始注意到劳动的历史意义，将劳动看作人类有目的地调整和控制人与自然界之间的物质变换过程的、改变自然物的一种社会实践活动。随着文化和社会的变迁、差异的不断变化，在每个文化时期和历史时期，劳动都有其特有的形式。这些广义的劳动概念将所有的社会实践活动都包含在内。

狭义的劳动概念往往将劳动局限在与工作相关的领域，这也是本书的出发点。时至今日，劳动的概念有数十种，从中不难发现，各种劳动的概念往往关注两个方面的内容：①劳动的过程，如劳动经济学通常用劳动描述劳动力的支出和使用过程，劳动范畴与工作范畴统一；②劳动的后果，指个体精力的损失与消耗，用于特指劳动者的劳累和烦劳，不一而足。

1.2 劳动的类型

按照不同的标准、从不同的角度，可以将劳动分成不同的种类。传统观点认为，个体在劳动中消耗的就是体能和脑力，相应地将劳动划分为体力劳动和脑力劳动。随着社会的发展，新的资源形式受到了人们的关注。因此，我们有必要重新认识劳动的类型。

不可否认，人们在劳动中会消耗一定的情绪、脑力和体力，三者缺一不可。

但是，对于某项或某类具体劳动来说，在从计划到完成的过程中，其脑力活动的复杂程度、情绪活动的冲突水平以及体力消耗的强度常常是不均衡的。习惯上，人们将脑力活动占优势的活动称为脑力劳动（Mental/Intelligence Labor）（如编程工作），将体力活动占优的活动称为体力劳动（Manual/Physical Labor）（如流水线工作），将情绪劳动占优势的活动称为情绪劳动（Emotional Labor）（如前台服务）。

《中华人民共和国职业分类大典》将我国职业归为 8 个大类，随着科技的发展和生产工具的改进，社会劳动分工在不同层次、不同水平上逐渐扩大，形成了许多新的产业门类。其中消耗单一类型资源的工作并不多，更多的工作需要两种甚至三种资源的高度协调与配合。

其中，体力劳动和脑力劳动是大家熟悉的。体力劳动是指以人体肌肉与骨骼的劳动为主，以大脑和其他生理系统的劳动为辅的人类劳动。随着技术的发展，劳动过程中对人的体力的要求越来越有限。具体而言，体力劳动不断地被机器取代。为了维护和发展现代化生产系统的运行，越来越多的劳动力需要更好的教育和训练才能参与到新的劳动中去。脑力劳动是劳动者以消耗脑力为主的劳动。其特征在于劳动者在生产中运用的是智力、科学文化和生产技能，也可以称为"智力劳动"。整体而言，脑力劳动是质量较高的复杂劳动，在劳动中体力受脑力的支配，脑力以体力为基础，劳动是二者的结合。一般而言，脑力劳动者从事科技、文艺、教育、卫生、财贸、法律、管理等工作，体力劳动强度不大，主要依靠头脑中的知识、智慧及经验去完成生产劳动。

美国社会学家 Hochschild 指出，除了体力劳动和脑力劳动，还有一项被忽视的但同样有艰辛付出的"情绪劳动"。

在研究初期，情绪劳动只是指那些对员工的面部表情有特殊要求的职业，例如，空中乘务员要付出"热情的情绪劳动"、护士要付出"关心的情绪劳动"、医生要付出"冷静的情绪劳动"、殡葬从业人员要付出"悲伤的情绪劳动"。可以说，有些职业主要是"情绪劳动"。

随着服务经济的整体性增长以及服务供应商之间竞争的加剧，提供给客户的服务质量越来越受到组织的关注。由于人们所理解的服务质量通常直接受到客户与服务提供者之间相互交流的影响，因此，服务提供者的情绪及其表达越来越成为管理学界关注的问题。我们甚至发现，不管任何工作，只要涉及人际互动，员工都可能需要进行情绪劳动。例如，创意人员面对不懂装懂、不尊重专业的客户时，要付出"诲人不倦的情绪劳动"；下属面对因为心情不好而粗暴无礼的上司时，要付出"委曲求全的情绪劳动"；面对拿腔拿调、不愿配合工作的同事时，要付出"虚与委蛇的情绪劳动"。

总之，情绪付出是一种劳动，与体力劳动和脑力劳动这两类传统的劳动类型一样，情绪劳动需要个体付出。例如，典型的口头禅"心累""每天上班都是坐着，也没有干什么，就是累"等描述，我们都可以用情绪劳动很好地解释出现这种现象的原因。作为一种新型的劳动类型，情绪劳动在当代社会中越来越受到重视，梳理其发展脉络会有助于我们更好地了解过度劳动的类型。因此，我们在这里着重对情绪劳动进行分析。

1.2.1 情绪劳动的概念

1983 年，美国社会学家 Hochschild 在《被管理的心：人类情感的商品化》中最早提出了情绪劳动这一概念。自此，情绪劳动开始受到学术界的广泛关注。至今，对于情绪劳动的定义，主要有以下几种观点：

Hochschild（1983）认为，"不管任何工作，只要涉及人际互动，员工都可能需要进行情绪劳动"，她将情绪劳动解释为"通过情绪管理，做出公之于众的面部与身体展示"。她的研究来源于客户交互的戏剧理论，客户被看作观众，员工被看作演员，工作场景则是表演的舞台（Goffman，1959）；在一项基于对空中乘务员的研究中，Hochschild 用"情绪规则"描述组织规范；她发现企业会要求员工在面对客户时管理自己的情绪表达，因为情绪管理是实现组织目标的一种方法，如果员工对同事或客户表现出消极或愤怒情绪，组织绩效就会被破坏。她认为"表达组织所期望的情绪"消耗个体资源，是员工进行的一种劳动（Labor）。她的著作使公众及学术界意识到，在工作情景中的确存在情绪管理，并可能对员工造成自我控制缺陷等负面影响（Muraven et al.，1998；Muraven & Baumeister，2000）。

Ashforth 和 Humphrey（1993）将情绪劳动定义为，"表达适当情绪，从而实现组织表达管理要求的行为"。他们对情绪劳动的定义更倾向于可观察的行为，而不是情绪；如果情绪表达获取是真实的，就不一定消耗个人资源。对情绪劳动的影响，他们的研究集中于任务效率而不是个体健康和压力。

Morris 和 Feldman（1996）将情绪劳动定义为，"在个体交易中为表达组织所期望的情绪所需要的努力、计划和控制"。这个定义来源于一种相互作用方法，即情绪在社会环境中表达，并受到环境的部分影响。与前两种观点类似，他们都认为情绪是可以被个体调整和控制的，而社会环境则决定了它们发生的条件；与前两者不同的是，该观点扩展了情绪劳动的研究内涵，使用四个维度阐述情绪劳动的状态。

Grandey（2000）认为上述三种观点都暗含同一观点：个体在工作中可以管理其情绪表达，并将情绪劳动定义为，"为了组织目标而管理情绪与表达的过程。该定义得到了研究者的普遍认可"。同时认为，Morris 和 Feldman（1996）的情绪劳动四维度并不能完全定义员工的情绪管理过程。

Glomb 和 Tews（2004）进一步补充了情绪劳动的定义，认为表达组织所期望的情绪既包括表达适当的情绪，也包括不表达不恰当的情绪。因此，他们认为情绪劳动由真实情绪表达、虚假情绪表达和情绪压抑三部分组成，其中每一部分又有积极情绪和消极情绪两种状态。

总之，考虑到管理者无法直接观察员工的内在情感状态进而实现直接管理，Hochschild 之后的学者将情绪劳动定义中的"情绪规则"替换为"表现规则"，即组织可以管理的外在情感表达（Ashforth & Humphrey，1993；Rafaeli & Sutton，1989），从而更确切地符合了组织管理的可能性。

1.2.2 情绪劳动的结构与测量

结构在概念的含义和测量之间起着承上启下的作用：一方面，充分揭示和体现定义的真实含义；另一方面，作为相应的研究工具和相关技术产生的基础，为概念的测量做好充分准备。

1998 年以前，研究者基本将情绪劳动作为一个整体，对应的单维测量法把情绪劳动作为可观察的工作行为，对情绪劳动的工作特性进行测量，如测量员工与顾客交互的频率或与顾客交互的数量。

Hochschild（1983）从戏剧理论角度将情绪劳动划分为两种：一是表层扮演，即压抑自身真实感受到的情绪而表达组织期望表达的非真实情绪；二是深层扮演，即有意识地调整情绪从而表达组织所期望表达的情绪。Grandey（2000）发展了上述观点，认为表层扮演（管理可观察的表达）与深层扮演（管理情感）是管理情绪的方式。Chu（2006）以此为基础，针对服务行业员工开发了服务性情绪劳动测量量表（Hospitality Emotional Labor Scale，HELS）。该量表包括情绪不一致子量表（14 个题目，测量表层扮演）和情绪努力子量表（5 个题目，测量深层扮演）。目前，该量表的应用最为广泛。

另外，受其他研究者定义的启发，Brotheridge 和 Lee（2003）、Glomb 和 Tews（2004）先后开发了情绪劳动的多维测量量表。前者为自我报告式的测量问卷，有15个题目，采用李克特5点量表测量情绪劳动的六大类因素：频率、强度、规则多样性、持久性、表层扮演和深层扮演；后者包括三个子维度：真实情绪表达维度、虚假情绪表达维度和压抑情绪表达维度。

1.2.3 情绪劳动的策略

社会学家 Glomb 和 Tews 把情绪分解成情绪感受（Felt Emotion，即个体的真实心情）和情绪表达（Displayed Emotion，即个体表现出来的情绪）两个维度。"情绪感受"和"情绪表达"的差别越大，个体付出的"情绪劳动"就越大。大量研究表明，员工真实感受到的情绪与组织所期望表达的情绪并不总是一致的。在这种情况下，员工为了表达组织所期望的情绪，需要采取一定的策略。至今，学者们共提出了情绪劳动的三种策略，即表层扮演、深层扮演和自然且真实的情绪劳动。已有研究表明，不同的情绪劳动策略对员工的身心健康、组织绩效等结果变量有不同的影响。因此，情绪劳动策略也被认为是情绪劳动研究中的一个重要组成部分，成为研究者关注的重点。

1.2.3.1 表层扮演和深层扮演

情绪劳动的两种策略——表层扮演和深层扮演，最早是由 Hochschild（1983）提出的。因为表层扮演涉及在不改变内心真实感受的情况下改变情绪的表达（Grandey，2003；Rafaeli & Sutton，1987），人们通常会认为这是"假意扮演"；相反，深层扮演涉及个体努力改变内心的情感状态使之与组织期望表达的情绪相匹配（Grandey，2003；Rafaeli & Sutton，1987），人们通常会认为这是"善意扮演"。Hochschild（1983）描述了两种深层扮演的方法：情感激励和训练想象力（回忆在过往中想扮演的情绪事件）。

在绝大部分情况下，职场要求的"情绪表达"都是积极的、正能量的，包括乐观、激情、满意、奋发等，当我们"情绪感受"很糟糕时，通常需要上述两种策略应对情境。两种办法有显著的差异：第一种方法是表层扮演，"改变情绪表达"，即假装开心，隐藏坏情绪。很明显，此时的"情绪表达"和"情绪感受"的差别较大，情绪劳动成本高。第二种方法是深层扮演，"改变情绪感受"，即自我说服，意识到坏情绪并不是自己唯一的选择，引发自己正面的"情绪感受"，与职场要求的"情绪表达"一致，情绪劳动成本较第一种方法的劳动成本更低。

Grandey（2000）认为，将情绪劳动划分为表层扮演与深层扮演有两点好处：①表层扮演与深层扮演并不是内在价值负载的。尽管情绪不一致是一种负面状态，但表层扮演和深层扮演可能产生积极或消极两种结果。将两者加以区分使学者既可以解释情绪劳动产生的个体压力和健康问题等消极结果，也可以解释客户满意度提升等积极结果。②表层扮演与深层扮演作为情绪劳动的两个维度具有实用价值。如果这两种情绪管理的方法与结果间的关联不同，区分二者有助于研究者针对组织管理和压力管理提出不同的建议。

很多人把"情绪管理"等同于"改变情绪表达"。情绪劳动理论指出：作为一个明确的行动，"改变情绪表达"的成本一旦付出，人们就会期待相应的回报；情绪看不见摸不着，有一些没有回报的低效"情绪劳动"不易引起人们的重视；个体的有限资源不断被重复和消耗，可以预期，个体最终会被压垮。

情绪管理是指个体受到产生情绪的影响，以及如何体验和表达这些情绪的过程（Gross，1998a），它涉及更广泛的行为；情绪劳动主要是指一种特定方式的情绪管理（Côté，2005）。情绪管理理论是上述两种情绪劳动策略的重要社会心理学理论支柱（Côté，2005；Grandey，2000；Gross，1998a）。研究发现，两种类型的情绪管理与这两种情绪劳动策略非常相近：①在先行关注的情绪管理（个体情绪未完全建立）时，个体通过认知重建或唤起情绪记忆的方式调整他们对某一情景的理解（Gross，1998b），这反映了深层扮演策略；②在反映关注的情绪管理时，个体在体验到某种情绪后改变对该情绪的描述，而不是改变他们对情景的理解（Gross，1998a；Totterdell & Holman，2003），这与表层扮演十分相似（Grandey，2000）。

1.2.3.2　自然且真实的情绪劳动

Ashforth 和 Humphrey（1993）认为，除表层扮演和深层扮演外，还有第三种情绪劳动的表达形式，即自然且真实的情绪劳动。他们认为，在很多情况下，服务人员的自然情感与社会期望和组织表达规则一致，这样他们就不需要故意召唤正确的情绪。例如，一个护士在看到受伤的孩子时会自然地感到同情和担忧。Glomb 和 Tews（2004）以及 Diefendorff、Croyle 和 Gosserand（2005）也相继提出了这种自然且真实的情绪劳动形式。他们认为，自然且真实的情绪劳动可能很常见，是三种策略中最受支持的一种。

1.2.4　相关因素分析

最初的情绪劳动研究关注的是情绪劳动的作用后果，当前的情绪劳动研究越来越希望明确情绪劳动和其他组织变量与心理变量之间的联系以及作用方向。这样，我们将对情绪劳动相关因素的研究分为两个部分：①影响情绪劳动产生和发展的因素；②情绪劳动对其产生影响的因素。它们试图解决情绪劳动从哪里来、到哪里去的问题。此外，还有大量与情绪劳动产生相互作用的相关因素，这里仅就其中的重要因素进行简单的介绍（见图1-1）。

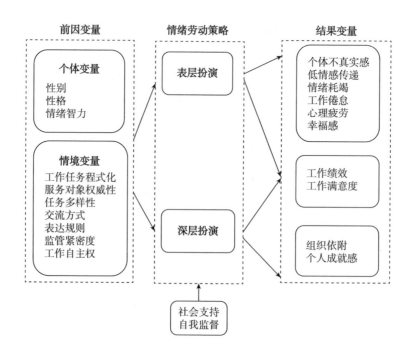

图1-1 情绪劳动策略与相关因素的关系

1.2.4.1 影响情绪劳动的因素

（1）性别。研究表明，无论是表层扮演的表达还是深层扮演的表达，女性都多于男性（Deaux，1985；LaFrance & Banaji，1992）。其原因大体表现在以下三个方面：①社会将女性定义为更善良、更友好（Deutsch，1990；James，1989）；②与男性相比，女性编码、表达情感的能力更高（LaFrance & Banaji，1992）；③女性出于对社会认可的更高需要而展现更多的积极情绪（Hoffman，1972）。Hochschild（1989），Birnbaum、Nosanchuk 和 Croll（1980）都认为，相较男性而言，无论是家庭还是生活都期望女性做出更多的情绪管理。有趣的是，即使是相同的职业也会期望女性比男性表现更多的情绪劳动（Adelmann，1989；James，1992；Wharton & Erickson，1993；Wichroski，1994）。此外，Merton（1997）发现，相较男性而言，女性更善于产生"真实的"微笑；类似地，Johnson 和 Spector（2007）的研究发现，女性更倾向于使用深层扮演，而男性则更倾向于使用表层扮演。

（2）性格。对于任何一种工作，人职匹配度都在很大程度上决定了员工是否认为他的工作有压力，或是感到不愉快，或是感到有成就感、对身心健康有益处（Kristof‐Brown & Guay，2011）。对于要求情绪劳动的工作，积极的或消极的性格可以说是关键的影响因素（Kammeyer‐Mueller et al.，2013）。以高消极性格的人为例，因为他们通常表达消极情绪，所以当被要求表达积极情绪时，他们会感到工作困难。可以推测：他们认为很多工作是不愉快的、不满意的。Wang（2011）、Kammeyer‐Mueller 等（2013）的元分析均证实了如下观点：高消极性格的人更倾向于使用表层扮演，而较少使用深层扮演；高积极性格的人较少使用表层扮演，而更倾向于使用深层扮演。

（3）情绪智力。高情绪智力的人更善于管理他们的内在情感状态（Ashka-nasy & Humphrey，2011a，2011b；Boyatzis，Brizz & Godwin，2011）。Wang 等（2011）发现，情绪智力与表层扮演负相关，与深层扮演正相关。此外，Broth-eridge（2006）发现，情绪智力可以帮助员工理解那些要求他们表达情绪劳动的情景要求。

（4）工作任务的程式化。即使是在服务行业，也可以根据工作内容程式化的程度将工作分为很多种。如超市收银员和快餐店的柜台收银员（Leidner，1989），这类工作中的情绪劳动通常是高程式化模式（Leidner，1989；Morgan，1986）。Leidner（1989）、Ashforth 和 Humphrey（1995）认为，当工作要求员工频繁地与客户沟通时，组织通常使用程式化的交流模式；深度情绪表达违背了操作准则，这会在一定程度上损害程式化工作的表现；对于客户而言，他们也很少期望个人层面的交流，快速且统一的交流是重点。

（5）任务多样性。Hackman 和 Oldham（1975）提到，工作的多样性来源于多种情况：服务对象、责任类型、工作环境以及工作中所运用的技能。任务越多样性，员工所涉及的情绪表达越有可能多样化。尤其是在服务交易中，服务对象和服务任务越多样化，员工所需要的情绪类型也就越多。例如，住院医生要在不同科室中轮诊（内科、外科、急诊），那么他所需要表达的情感类型就要远多于一名不需要轮诊的 X 光技师。

（6）服务对象的权威性。大量的研究发现，员工面对不同目标客户时会表达不同情感（Goodsell，1976；Waldron & Krone，1991），与更有权力的服务对象打交道时，服务人员会限制其表达情绪的范围，集中于积极情绪（Flett，Blank-stein，Piner & Bator，1988）。Hochschild（1983）发现，很多空乘人员真的会对头等舱和商务舱的乘客表达更长时间且更为真诚的情绪；Kuenz（1995）通过对迪士尼员工的研究发现，迪士尼期望员工为高社会地位的客户提供更为真诚和个性化的服务（称作PXs）。Kipnis、Schmidt和Wilkinson（1980）研究发现，向下属表达愤怒情绪要比对上级表达愤怒情绪普遍得多。

（7）监管紧密度。对于员工而言，"监管"是一个强烈信号，它意味着表达适当的情绪是工作中非常重要的一部分。Van Maanen和Kunda（1989）、Tolich（1993）、Kuenz（1995）指出，组织越相信员工对情绪行为的控制会为组织带来收益，他们就越愿意通过明显的情绪表达规则控制员工的情绪表达行为。例如，在迪士尼，上级非常关注员工是否表达组织所期望的情绪，相信积极的监督必要且适当。事实上，组织还利用"神秘顾客"的方式鼓励客户监督和评估员工表现，这样的检查随意且隐蔽（Kuenz，1995），使员工对持续表达组织所要求的情绪保持敏感。总之，监管的紧密度与情绪表达的频率正相关。

（8）工作自主权。研究发现，工作自主权与工作满意度及其他态度性结果变量正相关（Hackman & Oldham，1975；Adelmann，1989；Erickson，1991；Wharton，1993；Tolich，1993）。Rafaeli和Sutton（1989）研究发现，工作自主权是情绪不一致的重要前因变量，有更多工作自主权的员工会感受到更低水平的情绪不一致。

（9）社会支持。Wharton和Erickson（1993）、Hochschild（1983）研究表明，强有力的社会支持使失落的员工有机会发泄，并在不违反角色要求的情况下表达真实情绪；Johnson（2004）、Hwa（2012）研究发现，获得高社会支持的员工由于付出的情绪劳动更多，因此他们的工作满意度更低；Robbins和Judge（2009）认为，在集体型社会中，社会的普遍期望是组织内的员工相互照顾和保护对方，当员工得到来自同事或上级的社会支持时，也被期望提供给对方相同的社会支持。随着情绪劳动的增多，情感要求也越来越多，因此就会导致情绪耗竭。如Johnson（2004）所说，社会支持是一把"双刃剑"，有时可以给员工带来好处，有时则会导致情感负担。

此外，交流方式和表达规则也是研究者的关注对象。DePaulo（1992）、Ekman（1985）以及Saarni和Von Salisch（1993）指出，非语言行为比语言行为更难管理。Rafaeli和Sutton（1987，1989）指出，学习情绪表达规则的一个重要机制就是社会化。在很多案例中，对高技能职业员工的训练包含了适当的情绪表达。Smith和Kleinman（1989）指出，外科医生在第一年训练中就学习了如何与患者交流。因此，有关控制情绪表达的规则对于高技能职业员工来说，很可能已经内化，组织可以减少对这些员工情感表达的正式监督。

1.2.4.2 情绪劳动的结果变量

Hochschild（1983）在提出情绪劳动时认为，企业要求员工在面对客户时要管理好自己的情绪表现，这种做法对员工是有害的。早期的研究确实支持这一假设。但随着研究的深入，研究者发现结论并不如此简单。在一些研究中，情绪劳动确实对员工的身心健康和组织绩效等有负面影响，但有些研究则显示毫无影响，甚至在一些研究中，情绪劳动对员工有积极影响。如 Erickson（1991）发现，情绪劳动对健康的影响是基于工作自主权的。工作自主权越高，个体受情绪劳动的负面影响越低；Wharton（1993）也没有发现情绪劳动多的员工更容易情绪耗竭。

（1）对身心健康的影响。很多研究表明，表层扮演①会导致个体不真实感、低情感传递、人格解体、情绪耗竭、工作满意度下降、工作倦怠和心理疲劳等负面影响（Brotheridge & Grandey，2002；Grandey，2003；Grandey，Fisk & Steiner，2005），与深层扮演相伴的往往是较高的心理健康水平（Gabriel et al.，2015；Gross，1998）、顾客满意度（Hülsheger & Schewe，2011），深层扮演与情绪耗竭和人格解体间没有关系，所以能够提高绩效且不会造成身心健康的损害（Wang et al.，2011）。原因如下：①表达没有感受到的情绪会使人产生一种不真实感；人们不喜欢造假情绪，这样做会让人产生撒谎的感觉；频繁的造假情绪会导致自我分离、人格解体和工作倦怠（Hochschild，1983；Ashforth & Humphrey，1993）。②和深层扮演相比，表层扮演的员工在与他人的交流中需要持续地监察自己的行为（Grandey，2000，2003；Gross，1998；Richards & Gross，1999；Richards & Gross，2000），如扮演者需要检查自己的语言、面部表情和语音语调是否与他们的真实情绪或他们想扮演的虚假情绪相匹配，这个持续努力的过程消耗精神资源（Sideman Goldberg & Grandey，2007），因此会增加压力使幸福感降低（Côté，2005；Grandey，2003；Martinez – Inigo et al.，2007）。

（2）对工作绩效的影响。Hülsheger 和 Schewe（2011）的元分析研究表明，表层扮演和绩效负相关。原因如下：①表层扮演消耗有限的精神资源，由于这些资源缺乏与其他相关工作任务的关联，因此可能削弱员工的任务绩效。②表层扮

---

① 也有学者指出，由于表层扮演是"虚情假意"，因此会产生情绪不一致而对身心健康产生危害。文献中对情绪不一致主要有两种定义：第一，当情绪与表达不匹配时，称为情绪—表达不一致或虚假情绪表达（如表层扮演）；第二，当情绪与表达要求不匹配时，称为情绪—规则不一致（Grandey，Diefendorff & Rupp，2013；Holman，Martinez – Inigo & Totterdell，2008；Hülsheger & Schewe，2011；Rubin，Staebler Tardino，Daus & Munz，2005）。

演涉及不真实的情感表达，而客户是可以区分真实和非真实情感表达的。当客户感受到员工不真实的情感表达时，也会对员工表达消极情绪。因此，表层扮演会降低员工的情感绩效并且扰乱员工和客户间的和谐关系。③表层扮演通过削弱与工作相关的幸福感，特别是工作态度（如工作满意度和组织承诺）等中介变量对绩效（尤其是任务绩效）产生的负面影响。与此相对，Kammeyer - Mueller 等（2013）的元分析研究表明，深层扮演与压力/情绪耗竭无关，与工作满意度和工作绩效正相关。

1.2.5 研究展望

"情绪劳动"这一概念自 1983 年被提出以来，学者们对情绪劳动的认识越来越丰富。近几年的研究发现，情绪劳动并不总是带来负面影响，更多地扮演着"双刃剑"的角色。此外，研究还发现，情绪劳动不仅存在于服务行业，上下级之间、同事之间也或多或少地涉及情绪劳动。Gabriel 等（2015）研究发现，表层扮演与深层扮演的不同组合构成了情绪劳动亚群。这些新的发现都值得学界进一步关注。

1.2.5.1 研究方法展望

目前，绝大多数有关情绪劳动的研究都以某一时间点收集数据或观察被试行为。但正如 Beal、Trougakos、Weiss 和 Green（2006）所提到的，情绪以及由此产生的情绪劳动都是动态的。因此，基于个体层面的情绪劳动研究应该以时间段采集数据。Reis 和 Wheeler（1991）认为，通常来说，两周可以概括一个个体的生活。Scott 和 Barnes（2011）推测，基于时间段的情绪劳动研究发现，在短时间内表层扮演很可能有更多危害，而在长时间内深层扮演则有更多危害。正如 Ashforth 和 Humphrey（1993）指出的，持续不断地为表达积极情绪而付出努力，很可能最终会使员工的个人真实感受到损害。

此外，未来的研究应该以更细粒度的方式（Fine - grained Manner）评估表层扮演与深层扮演。这两种策略都可能放大和抑制积极或消极的情绪（Holman,Martı′nez - Iñigo & Totterdell, 2008a），差异化评估（Differentiated Assessment）可能有助于解释以前不一致的结果。我们推测，通过放大情绪而不是抑制情绪的深层扮演，可能会对心理压力产生不同的影响。此外，与放大消极情绪相比，深层扮演能更有效地放大正向情绪；与此类似，深层扮演可以由许多不同的情绪调节策略完成，如环境变化、分散注意力、积极再评价、接受或责备他人。其中的一些策略可能起正面作用，而另一些策略则会阻碍提升员工的幸福感和绩效。有关区分深层扮演两个方面（即积极重新聚焦和观点采择）的研究表明，在不同情况下，员工使用它们的程度并不相同，且所导致的结果不一（Grandey，Dickter & Sin，2004；Totterdell & Holman，2003）。如果并不对个体情绪管理策略加以区分，而主要依赖于通用测量量表对深层扮演程度进行评估（Brotheridge & Lee，2003），研究者就无法发现深层扮演和幸福感之间的显著关系。

1.2.5.2　研究内容展望

（1）不同文化背景下的情绪劳动。文化的不同导致情绪表达的规则不同（Ekman & Friesen，1971）。Grandey、Fisk 和 Steiner（2005）发现，由于美国员工更注重制度，其表层扮演与工作满意度之间的负相关关系要强于法国员工。在高度国际化的今天，不同文化背景差异下的情绪劳动值得进一步研究。Batchelor、Humphrey 和 Burch（2012）研究发现，使用真实情绪劳动表达积极情绪（热情和喜爱）的企业主，其员工的工作满意度更高、离职率更低，而且企业的绩效更好。深入探索不同文化背景下各种类型情绪劳动是该研究领域的一个热点。

（2）领导力的情绪劳动研究。"用情绪劳动领导"并不是领导力的全部理论，但领导者的情绪劳动是一系列可以帮助领导更有魅力、更具变革性的情绪管理策略（Avolio，2011；Bass & Riggio，2006，2007；Brotheridge & Lee，2008）。深层扮演和真实的情绪劳动可以在很多方面为领导提供帮助：使之更有威信（Avolio & Garder，2005）、更有效地向他人讲述自己的人生故事（Shamir & Eilam，2005；Sparrowe，2005）、建立更好的领导—成员交换关系（Liden & Maslyn，1998；Fisk & Friesen，2012）、防止下属低估领导对他们的评价（Cogliser et al.，2009）、帮助魅力型领导者唤起恰当的情绪从而鼓舞下属（Humphrey et al.，2008）、成为下属中自信和乐观的榜样（Hannah & Luthans，2008；Kiel & Watson，2009；Newman，Guy & Mastracci，2009）。Diefendorff 等（2011）指出，情绪劳动的研究应该更多层次化，如拓展到团队和组织层面；Humphrey（2012）认为，应该更多地研究情绪劳动与领导风格之间的关系、情绪劳动对领导及其下属的压力和身心健康影响、情绪劳动与领导可信度及个性之间的关系、情绪劳动与领导效力的关系。

（3）情绪劳动策略的研究。尽管绝大多数情绪劳动的研究集中在服务行业员工上，但它也可能存在于大量其他角色中（Ashforth & Humphrey，1993）。Kammeyer – Mueller 等（2013）、Kim（2008）认为，情绪劳动之所以有害，在某种程度上可以归结于不合理的情绪管理策略、低人职匹配度、角色没有反映出身份或受管理压迫的糟糕工作条件（尤其是在如何展现情绪劳动上缺乏自主权）。Humphrey、Ashforth 和 Dieffndorff（2015）怀疑，很多情绪劳动产生的危害来自服务型行业的压力（如工作节奏和服务数量的要求）、客户的苛待，以及在这些要求下还要表达出积极情绪。他们推测，合理表达情绪劳动对员工和组织都有益。这一观点提醒我们应该更科学地研究情绪劳动策略。

总之，在这个极速发展变化的年代，大量的体力劳动已经被机器替代，越来越多的脑力劳动也开始不可逆转地被电脑替代。只有情绪——即使产生了情绪反馈机器人——只要人参与活动，情绪劳动就必然产生。情绪劳动成为"我之所以为人"、不可能被替代的个体资源，了解情绪和情绪劳动是对当代研究者极具诱惑力的研究领域。

1.3　过度劳动的概念

当一直信奉"中庸为万物之道"的中国人开始用"过度劳动"替代"勤奋工作""吃苦奉献"等一系列正面词汇时，我们就可以意识到：社会开始了对"劳动"的反省，一个"过"字已经明确地表明了对"过度劳动"的否定评价。这个名称已经表达了我们对过度劳动的基本态度。

有关过度劳动的科学研究起源于西方。17 ~ 18 世纪，处于原始积累阶段的西方国家的劳动者普遍处于超时、超强度的劳动状态。有研究显示，在从农业到工业的初始转换期，产业工人的工作时间长达每周 70 小时以上[①]。马克思在《资本论》和《1844 年经济学哲学手稿》中首先关注了资本主义生产中工人的过劳（Overwork）问题。

一般而言，与劳动的概念相对应，过度劳动的概念包含了两个方面的内容：过度劳动和过度疲劳（过度劳动的简称"过劳"通常更多倾向于强调过度疲劳）（齐藤良夫，2000；王艾青，2006；福地保马，2008）。研究者的角度不同，对"过度劳动"的概念也有不同的描述。王艾青（2006）认为，过度劳动是指在较长时期内人力资源的超常规过度使用。杨河清（2008）认为，过度劳动就是劳动者的工作状态在较长时期内超出合理的劳动时间或劳动强度。他们都强调了劳动中的两个测量指标：劳动时间和劳动强度。薄萌（2008）认为，过度劳动是指劳

---

① http：//www. eeo. com. cn/2017/0603/305895. shtml.

动时间超长、强度加重、心理压力太大，将这个概念拓展到了情绪范畴。王丹
（2010）认为，过度劳动是指劳动者提供的超时、超强度的劳动，并且感知到肌
体或精神的疲劳且这种长期疲劳已经影响到劳动者的身体健康或工作、生活质
量，同时关注了过度劳动和疲劳问题。

　　综上所述，过度劳动就是指劳动者在工作中存在超时、超强度的劳动行为，
并由此导致疲劳的蓄积，经过少量的休息无法恢复的状态。具体分析，这个概念
包含了过度劳动个体层面的重要衡量指标：①存在超时、超强度的劳动行为，超
过了社会适度劳动时间和劳动强度，超过了劳动者身体和精神对劳动承受能力的
限制；②劳动者感受到疲劳，且这种疲劳经过长期的积累达到疲劳蓄积的状态，
不能通过少量的休息得到恢复；③劳动者的疲劳状态必须与超时、超强度的劳动
存在直接关联。

1.4　过度劳动的测量

1.4.1　劳动的测量

　　根据过度劳动的定义可知，劳动者疲劳状态必须与超时、超强度的劳动存在
直接的因果关系。从这个角度而言，测量过度劳动就是测量劳动强度和劳动
时长。

　　劳动强度（Labor Intensity）指劳动的繁重和紧张程度，也就是在单位时间
内，劳动力的消耗程度。劳动强度往往是以单位时间内能量消耗的大小进行评
价、衡量的。在其他劳动条件不变的情况下，同一时间内能量消耗越大，劳动强
度也就越大。测量劳动强度大体包括以下几个指标：①体力劳动强度，指劳动者
体力消耗的多少；②劳动紧张程度，指劳动者在劳动过程中生理器官的紧张程
度；③工作班制，指生产岗位的轮班作业制度；④工时利用率，指生产岗位净劳
动时间的长短，由净劳动时间与工作日总时间之比表示；⑤劳动姿势，指劳动姿
势对身体疲劳的影响程度。其中，最常被提及的指标是体力劳动强度。虽然国家
标准化管理委员会2017年已经废止了国家标准《体力劳动强度分级》①，但相较
于主观经验，原分级标准中使用的能量代谢率、劳动时间率和体力劳动强度指数

---

① http：//std.samr.gov.cn/gb/search/gbDetailed？id=5DDA8BA1A53018DEE05397BE0A0A95A7.

等定义在一定程度上还可以客观评价劳动者的体力劳动强度。

随着科学技术的发展，特别是随着自动化技术的采用，工人的体力劳动强度有所减少，但这并不意味着劳动者的劳动强度随着体力劳动强度的下降而线性减少。事实上，随着劳动生产率的提高和生产手段的变化，我们需要与时俱进地摸索更为有效地测量劳动强度的指标。其中，工作负荷概念的提出给人以启发。

工作负荷（Workload）包括两方面的含义：①劳动者要做的工作量。该方面的研究区别了客观工作量和个人感知工作量的差异，并将工作量的数量（工作数量）和质量（工作难度）进行了区别，从而让人们意识到工作瓶颈（Workload Bottlenecks）和工作超载（Overload）问题。②劳动者总能量输出。该方面的研究涉及概念马力（Horse Power），提醒人们注意到工作者的工作负荷是有限度的。显然，工作负荷的测量往往更适合于与非体力劳动相关的测量。

工作时长（Working Hours）。工作时长是马克思已经使用的过劳测量指标。时至今日，工作时长依旧是通用的过度劳动测量指标。与工作负荷相比，工作时长能在更宽泛的工作类型中表明劳动者的劳动状态和行为。

1.4.2　过度劳动的测量特性

综上所述，多种劳动测量指标针对不同的劳动类型、不同的劳动侧面展开测量。其中，劳动强度更多地用于评估体力劳动强度，工作负荷更多地用于测量脑力劳动强度；疲劳表明身体的疲劳程度，通常以自评方式进行问卷调查；过度劳动表明一种劳动状态或行为，很多关于过劳的研究使用"工作时长"表明被调查者的劳动强度，用国家、行业等不同群体工作时间的平均值表明国家与国家之间、行业与行业之间等不同群体的过劳程度。

过度劳动的测量指标和劳动测量指标一致，研究者往往是将一组劳动者劳动测量指标中满足过劳标准的（如工作时长）那部分个体定义为过劳者，简单来说就是利用绝对指标或者相对指标区分出劳动消耗的过度者。总之，有关"过度"劳动的测量具有以下特性。

1.4.2.1　过度劳动具有时代特色

首先需要说明的是，过度的衡量有明显的时代特色。以工作时长为例[①]，分别进行纵向比较和横向比较可以看出：只有结合历史节点，才能有理有据地评价过度劳动的程度与范围。

---

① https：//clockify.me/working - hours.

　　纵观历史，原始狩猎采集社会的工作时间比现代农业社会低得多；尤其是进入工业社会，工人工作时长明显增加；但随着技术进步，工人的工作时长又经历了一个从多到少的过程，发达国家的平均工作时长从 1870 年的每年 3000 小时下降到了 1990 年的每年 1500 ~ 2000 小时；与 19 世纪相比，全职工人现在每周工作 20 ~ 30 小时（见图 1 - 2）。因此，假设一个典型的当代中国工人（我国现在的每年工作时长为 2200 小时，在世界排名第二）穿越到 19 世纪中叶的英国（每年工作时长 3000 小时以上），他们是无法说自己过度劳动的。图 1 - 2 为历史数据，数据提供仅到 2000 年，正好反映了我们要呈现的历史角度。2000 ~ 2020 年数据相对平稳，变化不大，这里不再呈现。特此说明。

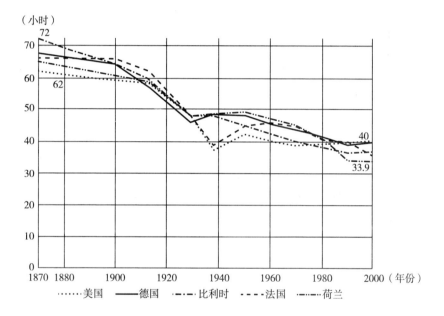

图 1 - 2　1870 ~ 2000 年五国周工作时长发展趋势①

资料来源：Huberman & Minns. The times they are not changin: Days and hours of work in Old and New Worlds, 1870 - 2000 ［J］. Explorations in Economic History, 2007, 44 (4)：538 - 567.

　　目前，国际上已经就"周工作时长"达成共识，而我国也颁布了相应法案，就工作时长提出了具体要求。只有立足当下，我们结合"当代劳动者出现大比例的超长时间工作（见图 1 - 2）"数据，才能得出结论——在这个社会快速发展的

_____

① https：//rwer. wordpress. com/2018/05/20/decline - of - working - hours - over - long - run/amp/，历史数据仅到 2000 年。2000 ~ 2020 年的数据平稳且与正文阐述观点无关。

时代，我国存在普遍的过度劳动现象。

1.4.2.2 过度劳动具有个体差异性

个体差异性是一种生物特性，无论是体力、脑力还是心力，人和人之间的差异显著。依据过度劳动概念中"个体感到疲劳"，我们很容易得到这个判断：同样的工作，面对不一样的个体时，体力、脑力和心力的个体差异会导致不一样的个体感受。以工作时长指标为例，同样的 8 小时，有人会觉得轻松，有人就已经觉得疲劳；同样的持续超长工作 12 小时，有人还能精神抖擞，但有人已经难以承受。由此可以看出，如果单纯用工作时长评估个体劳动强度，从而推测个体是否存在过度劳动及过度劳动的强度，其测量精度有限。但与此同时，利用行业平均工作时长对不同行业的工作强度进行测量，应该可以获得有效信息。如果想要知道哪个行业更辛苦，图 1 - 3 提供的数据有一定的参考意义。事实上，加班时长的行业对比和我们经验上对某行业是否辛苦的判断是相当一致的。

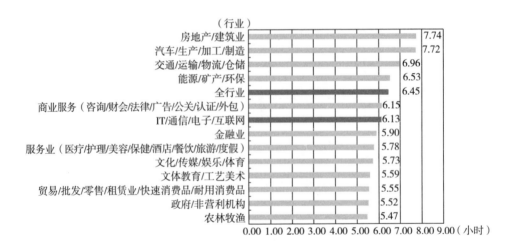

图 1 - 3　2019 年我国各行业每周加班时长对比①

1.4.2.3 过度劳动具有组群共同性

生物的个体特征不仅具有差异性，也具有共同性，科学研究的目的就是寻找特定主题下的共同性或规律性趋向，这也是我们进行科学研究、寻找基本规律的基础。具体到过度劳动研究，过度劳动者的过劳在不同行业、区域、性别、身份等组群中表现出明显的共同性。

---

① https：//www.sohu.com/a/348969493_ 115588，2020 - 04 - 04.

从人口统计学因素来看，研究对象的性别、年龄、受教育程度、收入等不同组别之间的"过劳"程度均具有显著差异（孟续铎，2014；王欣，2016）。以行业为例，美国的相关数据（见图1-4）显示①，不同行业的平均周工作时长差异显著。与美国相似，中国不同行业的工作强度并不平衡，不同行业、不同职位的平均周工作时长有很大区别。尽管在个体层面，单纯的工作时长对于个体过度劳动的评估程度差强人意，但从行业等组织层面而言，工作时长的确可以说是行业工作强度的有效指标。

工商业	2019年7月
行业周平均工作时长	
私营部门整体均值	34.3
工业	40.2
采矿和伐木	46.4
建筑	39.1
制造业	40.4
耐用消费品	40.8
易耗品	39.7
私营服务	33.2
贸易、交通和公共服务	34.1
批发贸易	38.8
零售贸易	30.7
运输和储存	38.1
公共服务	41.9
信息	36.1
金融	37.6
专业和商务服务	36.1
教育和保健服务	32.9
休闲和医疗	25.8
其他	31.8
平均加班时间	
制造业	3.2
耐用消费品	3.2
易耗品	3.3

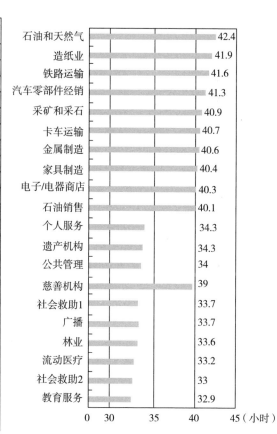

图1-4 2019年美国各行业周均工作时长

研究者可以使用"工作时长"测量指标在组织层面测量劳动强度，如医生、程序员、快递员等群体，实证研究往往使用"工作时长"测量指标代表他们的

---

① https://clockify.me/working-hours.

过度劳动现状。该指标在群体层面的实证效度较高，可以较好地体现特定群体工作状况。

从工作时长指标来看，改革开放以后，我国劳动者工作时长增长趋势逐步显现（Lonnie Golden，2009；赖德胜，2014），"时间荒"现象受到了学者关注（Juliet B. Schor，1992；王宁，2013），曾湘泉等（2006）、程名望等（2012）均研究发现，工时过长的现象在中国普遍存在，加班文化盛行。这些有关工作时长的研究从实证角度量化了我国过度劳动的程度，为我国过劳现状研究提供了数据基础。

1.5 过度劳动的危害

我国一直信奉勤劳，但这并不意味着我们没有意识到过度劳动的危害。《三国志·魏志·华佗传》就有："人体欲得劳动，但不当使极尔。"目前，已经有大量数据显示，过度劳动的危害不仅表现在个体层面，也表现在组织层面和社会层面。过度劳动是引发过度疲劳的重要原因（张宏宇等，2014），过长的工作时间会妨碍个体自主学习和自我提高、导致劳动者工作绩效下降（Mani Anandi et al.，2013）、劳动者"权益荒"（黄河涛、赵健杰，2005）最终导致"农工荒"和"用工荒"。过度劳动不仅会对劳动者造成严重伤害，也不利于组织绩效的提高（杨河清等，2009；孟旭铎，2013），它会降低组织劳动生产率和转型动力，阻碍从"中国制造"向"中国创造"的转变，从而对我国经济、社会的持续健康发展构成伤害。

亚当·斯密（1776）在《国富论》中说，"人类与生俱来拥有改善自己命运的欲望，这足以使工人过度劳累自己，这导致在短短的几年内毁坏了自己的身体"。随着我国经济高速发展和社会竞争的日益激烈，劳动者长期超负荷、超强度劳动的现象日益突出，我国过劳死患者逐年增多，并表现出年轻化的趋势。壮年甚至青年早逝不仅是个人家庭的不幸，更涉及人力资源能否持续健康发展的重要主题。大量的研究表明，过度劳动对个体的伤害是全方位的。

1.5.1 睡眠

工作时间过长必然导致个体睡眠时间减少。越来越多的研究发现，睡眠好的人通常头脑更清晰、思维更敏捷、创造力更强，在工作中效率更高。医疗专家称，睡眠不仅可以使个体大脑休息，还可以使大脑进行重要的维护和复原任务，睡眠太少个体的大脑表现不及睡眠充足者的大脑表现。Matthew Gibson 和 Jeffrey Shrader（2015）的研究表明：对于睡眠时间过少的人来说，长期平均睡眠时间每增加 1 小时，工资便会增加 16%。还有研究发现，睡眠过少的专业人士仍能应付一些工作上的事情，如开会、看懂报告以及执行日常的工作任务，但睡眠减少会损害高层次的大脑技能。随着互联网和智能手机等技术的更新，企业可以通过实施 24 小时工作连通行为（Workplace/work Connectivity），导致员工长时间工作（Derks，2015）。换句话说，现代企业的要求往往导致员工睡眠时间减少，进而产生各种消极后果。

1.5.2　认知水平

过度劳动损伤个体认知水平。过度劳动意味着个体体力、脑力或者心力方面的稀缺，Sendhil Mullainathan 和 Eldar Shafir（2013）指出，"稀缺对人类大脑产生的影响会存在于潜意识之中。无论大脑的主人是否愿意，稀缺都会牢牢地俘获他的注意力，而稀缺对注意力的俘获，不仅会影响我们的所见和所见的速度，而且也会影响我们对周遭世界的认识"。实际上，他们的研究显示，长期性的资源（包括金钱和时间）稀缺，人们就会形成"管窥"。虽然管中窥豹可以给人们带来短期的富裕或者效率，即所谓的"专注红利"，但不断增加个体的宽带（Bandwidth）负担，会导致个体产生权衡式思维，个体损失更大。管窥效应告诉我们，稀缺成为宽带负担时，会形成认知的恶性循环：我们会更专注于当下，忽视其他需要关注的事物，无法有效规划未来。最终，过劳者会失去认知能力和执行控制力，变得短视和冲动。简而言之，过度劳动引发的资源稀缺很可能导致个体变得愚蠢。

1.5.3　行为决策质量

过度劳动降低个体的行为决策质量。加班加点往往意味着工作量过大、工作负荷过高、过度劳动。K. Tara Smith（2009）指出，当工作负荷过高而导致个体无法在可用时间内完成所有相关任务时，个体就会有意识或者无意识地推迟一项或多项任务，选择的这些任务通常是低优先级的；长此以往，由于工作量大，推迟的任务就会增加，个人无法赶上他们必须执行的任务，从而导致后续活动失败，形成所谓的工作负载债务等级列表。在时间紧迫的情况下，此工作负载可能导致人为决策错误，为了适应相关信息的处理还可能导致决策延迟。Young

（2012）等发现，在时间压力下，个体解决问题时更倾向于依赖启发式策略，而放弃采用更全面的分析式策略；在长期的时间压力下，认知资源不足，不仅会导致个体的认知功能受损，还会显著降低决策质量。

有关自我耗竭（Ego Depletion）的研究也得到了与上述相似的结论。研究表明，自我耗竭的发生与意志力的消耗相连，人们在一件事上用光了所有的心理能量（Willpower）会导致自我耗竭，心理能量过低，从而导致个体无法再以日常水准完成接下来的待办事项。例如，个体自控力下降、助人动机减弱、体力滑坡、物质成瘾、过劳肥。可以说，过度劳动会全方位地打击个体的生理机能和心理机能，造成的危害不容小觑。

1.5.4 效率和创新

不可否认，组织通过激励效应和筛选效应鼓励甚至要求组织成员加班（王欣，2016）。因为组织往往默认不增加人手，而让现有的工作人员（包括管理者和员工）延长工作时间，增加工作量是对组织更经济的选择（邵剑兵和胡迪，2017）。但事实上，加班的结果往往事与愿违。Jason Fried 和 David Heinemeier Hansson（2018）指出，疲惫的员工难有成效，睡眠不足的管理者很可能效率低下。和加班相连的细碎的绩效考核指标往往导致办公室成为制造干扰的场所，以致员工的工作绩效下降，无法及时完成工作，没有员工可以在不受任何干扰的情况下工作半天（Derks et al.，2015）。

Amabile、Hadley 和 Kramer（2002）的研究显示，时间不足会阻碍创新。张剑和刘佳（2010）指出，时间压力会对创新绩效产生负面影响。Winsor（2012）的实证研究指出，时间压力会削减许多工作项目中的创新。邹倩和杨东（2017）的研究显示，在对创新性问题解答的正确率上，时间充裕组高于时间不足组，说明时间压力会对创造性问题的解决起到负面影响。因此，想要组织创新的管理者就不应该一味地用加班加点、增加时间压力、强调员工的工作态度，而是需要提高科学管理水平，认真对待创新工作中的劳动者时间效率。

上述过度劳动的危害主要是从个人和组织角度进行分析的，但作为一个社会整体系统，当社会中相当比例个体处于过度劳动的状况下，就往往不仅意味着个体疲惫不堪、生产事故率提高，组织中出现更多的急功近利、违规违法的败德行为（贺小刚等，2015），而且在社会中也会形成一种自顾不暇、自私自利的整体氛围，更少人有精力帮助他人、与人为善，甚至在人与人之间形成"互害模式"，增加社会运行成本。总之，过度劳动通常都有不容忽视的负外部效应。如长途货运司机的超载和过度劳动如影随形，的确降低了运价，似乎是让客户受益了，但这种超载行为却危害了全国的道路和桥梁。我国因修补道路和桥梁付出的金钱最终都是从国家税收中支出的，而税收来自全体国民。也就是说，大货车的超载行为通过释放负外部性而让自己的成本降低，但这种行为导致的社会成本不会消失，只会转移，它是通过提高税收由全体国民承担的。进一步而言，这种严重超载侵害的绝不仅仅是我们的金钱，还有我们的生命，并散播恐惧，严重影响社会的和谐和幸福感。

因此，我们应该清醒地意识到，过度劳动尤其是过劳死的增多反映出社会运行机制出现了问题，过劳比例也反映出一个国家民众的身心健康程度。过劳死形势如此严峻，它的背后一定隐藏着严重的社会问题，对我国经济发展、政治稳定、社会建设无疑都是巨大的挑战。我们需要明确如下观点：导致过度劳动的问题不仅应该引起个人警醒，也需要组织、社会和国家的高度重视。

2 中国过度劳动驱动机制的理论分析

毋庸置疑，过度劳动是多种因素综合作用下的结果。如果可以清楚地掌握产生过度劳动的环境因素、过劳者个体特征，以及它们之间的相互作用过程，我们就更有信心采取针对性措施，有效缓解过度劳动。因此，在了解了过度劳动的基本概念和类型之后，本章将对过度劳动的驱动机制进行阐述分析。

所谓过度劳动的驱动机制，就是要分析过度劳动从哪里来，又是怎么来的。制度主义学者认为，个体是在制度体系内工作，同时受到正式的规则（结构性）、内化的规则（文化性）和约定俗成的认知观念（心理性）的影响（郭建如，2008）。依据这种类别归属，从我国目前的现实环境（结构性）、主流文化（文化性）和心理认知（心理认知）三个方面阐述我国过度劳动驱动机制。

作为一群务实的研究者，我们的基本立场是：该项目并不着力于评价这个时代的好坏，我们只是希望在客观描述现实的基础上，告诉大家这个时代会给我们带来什么，我们又该如何应对。

2.1 环境的不确定性

环境是组织赖以生存和发展的场所。企业所处的"环境"也许比其他因素对组织结构、内部过程、战略决策的影响更大。抬头看当前这个世界，给人印象最深刻的就是：这是一个快速变化的时代，国际化和逆国际化的趋势并行、技术的合作创新和隔离反智并存。我们的生活环境和以往任何一个年代都不同，生存现实多变、竞争加剧，环境不确定性日趋明显。从管理实践角度进行评价，我们可以很确定地说：组织所处时代的不确定性远远超过了以往的任何一个时期。作为一个重要的情境因素，不确定性已经成为组织理论中解释组织、组织行为与环境之间关系的重要概念。如果一个组织没有意识到不确定性的出现，或者虽然意识到了不确定性的出现，但低估或者没有准确识别不确定性的种类或者特点，那么，这个组织未来的发展是堪忧的。可以说，组织想要持续发展，至关重要的一点就是要能够准确认识和判断环境不确定性的类型、预判环境可能的发展变化趋势。

变化往往意味着机遇，因此从这个角度可以说，现代人的成功源自对不确定性的把握。只有理解不确定性，个体乃至企业才能找到自己真正的发展可能。在这个网络化时代，借助于网络信息技术的发展，社会的商业模式不断更迭，组织面临的不确定性更加严峻。组织在管理不确定性时，不仅需要综合考虑客观环境中的不确定性，也要考虑管理者对不确定性的认知。

2.1.1 环境不确定性概述

有关环境不确定性的研究起源于经济学领域。1921 年，奈特就开始使用"不确定性"概念描述当代人必须面对的生存背景。事实上，伴随着经济环境的不断变迁，环境不确定性也不断地被赋予新的内涵。

基于不同的研究视角，学者们对环境不确定性的结构进行了深入分析，其维度的划分也从单维转为多维，其中的维度划分虽有差异，但划分依据大致是时间、空间和状态（李雪和宋君，2019）；不同的环境、不确定性类型的划分切入点不同，存在相交甚至包含关系，如表 2 - 1 所示，这些针对环境不确定性所做的探索，经典的环境不确定性划分方式为组织衡量与识别不确定性提供了很好的理论基础，对于丰富现有管理理论、指导企业实践均有重要的意义。

表 2 - 1　典型的环境不确定性维度或者类型划分

代表人物及文献	维度或类型划分
Duncan R. B. （1972）	复杂性、动态性（两维度）
Dess G. G.，Beard D. W. （1984）	复杂性、动态性、宽容性（三维度）
Justin T. J.，Litsschert R. J. （1994）	复杂性、动态性、敌对性（三维度）
Milliken F. J. （1987）	状态的、影响的、反应的（三维度）
Shaffer B. （1992）	市场环境的、制度环境的（类型）
Lu L. Y.，Yang C. （2004）	技术的、市场的（类型）
查兰 （2015）	经营性的、结构性的（类型）

注：常规的经营性不确定性是指日常生产进度的调整、利率的变化、经营模式的改变所引发的管理手段的变化等现象；结构性的不确定性是指不可人为控制的，如互联网创新技术的更迭、全球性金融危机等。

2.1.2 客观环境不确定性和主观环境不确定性

截至目前，有关环境不确定性的概念界定一般来自两大学派：第一个是实证主义学派，基于客观解构视角，从信息基础论出发将对环境特征的客观衡量等同于环境不确定性，通过衡量企业所处的环境维度确定其面临的环境不确定性水平。这个学派强调客观环境，采用客观环境不确定性（AEU）测量环境不确定水平。第二个是行为主义学派，基于主观建构视角，从资源依赖理论出发认为环境本身并不重要，管理者的感知才是关键，强调管理者对于环境的感知以及其在特定情境下的意识状态，将环境的不确定性定义为：管理者认为难以准确预测未来外部环境的程度。这个学派用感知环境不确定性（PUE）来测量环境不确定性，强调主观环境。Boyd、项宝华等通过综合视角把握环境不确定性的本质来尝试建立综合模型（陈春花等，2018）。

如上所述，目前人们赖以生存的自然环境（空气、水）、社会环境（技术创新、制度环境、社会保障、就业资源）等外部环境资源波动性变得越来越大。这种不确定性的客观不确定性与主观不确定性会直接影响个体对时间、金钱等事物的偏好。尽管这一探讨具有重要的理论价值和实践价值，但目前国内外的相关研究还处于较为经验性的层面。如果我们将个体的时间或金钱偏好的选择聚焦于工作领域，很可能会对劳动者放弃悠闲（较低的时间偏好）、加班加点（很可能对应于金钱偏好）的原因做出更有针对性的解释。

2.2 不确定性环境下的金钱偏好分析

李临风（2016）发现，员工年龄影响其薪酬奖励偏好。其中，工龄3年以内的员工倾向于金钱选择，工龄4年及以上的员工倾向于时间选择。这是否是由工龄短的员工缺乏职场的稳定性、经济基础薄弱造成的？作者并没有做进一步的讨论。下面就外部环境的不确定性是否影响个体时间和金钱的选择偏好进行理论阐述。

生命史理论（Life History Theory，LHT）由心理学家提出，用于解释有机体（包括人类）如何形成及采取不同的生命史策略，以及个体如何对有限资源进行最优化分配（Davis，2019）。该理论的核心概念是生命史策略（Life History Strategy，LHS），用于解释生命史权衡的倾向或者过程，表现为一个个以"快策略"

和"慢策略"为两级的连续谱系。不同的个体在面对一系列生命命题时，会采取不同生命史策略权衡资源的分配。其中，外部环境的条件是影响个体生命史策略的关键因素，个体的生命史策略会随着环境的变化而改变。具体而言，当个体预期未来环境不稳定、不充裕时会采取短期效应的快生命史策略；相反，当个体预期未来环境稳定时，会采取强调长期发展的慢生命史策略。总之，生命史理论告诉我们，外部环境的不稳定会导致个体注重当下；相反，外部环境资源富足时会促使个体注重未来。总之，个体在不确定性环境下采取快生活节奏策略（注重当下获利），他们更容易只关注近距离的当下，并启动具体心理表征而非抽象的心理表征。同时，摒弃慢生活节奏策略（注重未来收益），无法预测未来，无法对远距离的事物做出判断（Kaplan，2015）。

当个体的关注点不同时，他们对事物的心理表征存在显著差异。解释水平理论（Construal Level Theory，CLT）认为，人们的选择与其心理表征之间存在匹配性。当人们的心理表征具体时，他们会选择近距离的具体事物；当心理表征抽象时，他们会选择远距离的抽象事物。反之亦然，当知觉事件发生的时间距离较远时，人们倾向于对事物进行高水平解释的抽象表征；当知觉事件发生的时间距离较近时，倾向于对事物进行低水平解释的具体表征。事实上，不仅是时间距离，事件发生的空间距离、社会距离及概率性问题也遵循同样的规律，即空间距离近、社会距离近、发生概率高时，人们的心理表征具体；反之，人们的心理表征抽象。

具体到时间压力下，人们此时对事件的反应特点决定了个体的心理表征走向具体，或者说，人们会更多地关注于自己可以负担的、易得的物质。具有这种特点的物品不仅随着事态的变化而变化，也和个体的历史经验有关，如"非典"时期人们抢购口罩，在面对新冠肺炎疫情时也开始抢购口罩。还有，日本人每次遇到危险时都习惯性地抢购厕纸，美国人面临同样的事态时习惯购枪。无论是口罩、厕纸还是枪支，这些物品与金钱类似，在"易得、有用又能得到大家认可"的特点上是完全一致的。

已有研究指出，人们在金钱和时间的心理表征上存在显著差异。相比于金钱，时间更容易让人想到更抽象和更遥远的事物。个体对时间的心理表征更为抽象和遥远，结合生命史理论和解释水平理论可以推测：与稳定的外部环境相比，不确定性较高的外部环境会启动个体具体的而非抽象的心理表征，促使个体的选择偏好倾向于和具体表征相匹配的金钱而非时间。

综上所述，我们认为，在这个充满不确定性的外部环境下，个体思维更倾向于具体。具体而言，外部环境的不稳定促使个体更偏爱获取金钱，而非对时间的自我掌控。

2.2.1　对金钱的认知

金钱在人们生活中的作用毋庸置疑，但同时人们的金钱观时代感十足。中华人民共和国成立初期，"金钱是万恶之源"的观念成为社会主流观念；改革开放初期，人们开始承认金钱的作用，"钱不是万能的，但没有钱却是万万不能的"，但显然人们对金钱的看法还是有所保留的，"铜臭"就是一个代表性词汇；随着时间的推移，人们对金钱的渴望越来越直白和坦率，甚至有人会认为金钱至上、金钱万能。可以说，人们对钱的态度确实是一个逐步喜爱的过程。

无论是何种观念，都不能否认：在这个经济社会，人的生活离不开金钱。美国著名心理学家斯金纳（B. F. Skinner）的行为强化理论指出，人的行为经过强化会趋向重复出现，而金钱不仅是一个完美的强化物，而且随着不断地被强化，金钱本身也倾向成为激发个体追求的重要选项。

第一，通用性。在货币化的衡量准绳之下，一切无法被转换成货币的东西都不具备必要性。金钱是人类物质交换的产物，是促进人类融合统一的工具。不管一个人何种肤色、何种兴趣爱好，语言价值观如何不同，只要他有欲望，产生供需关系，他就可以通过市场满足自己。换句话说，只要有钱，个体的很多愿望就可以更快捷、高效地得到满足，这种积极反馈自然就强化了人们对金钱的认可。Benabou 和 Tirole（2006）指出，人的行为目标主要由以下三个部分组成：物质、愉悦感和印象分。其中，物质主要就是金钱。可以说，人们工作往往就是为了物质报酬，工作中的物质激励占了激励的很大一部分。基于生命史理论，我们有理由推测，在外部环境不稳定的时候，个体会更倾向于成为一个偏爱金钱的物质主义者。

第二，度量单位的连续性。我们可以用很少的零用钱买零食来满足自己的小小心愿，也可以用大富大贵来显示自己的成功。在绝对贫困到富可敌国之间，每个人都可以在金钱数量这个衡量指标上找到自己的位置，这种小步子原则非常符合心理学中的行为强化原则。一个人想要达到的现实目标通常"蛊惑人心"但同时又很难"一蹴而就"，与此相对应的就是个体成功目标对应需要的金钱数额往往让人难以企及，但金钱的数量相对很容易切割，我们可以把一个大目标分成很多个小目标，完成每个小目标获得一定数量的金钱，这样不仅有利于个体一步一步地实现目标，而且实现每个小目标后拿到的金钱都可以不断地激励个体坚持下去。

第三，便于及时反馈。教育心理实验研究指出，有反馈的学习效果显著优于没有反馈的学习效果。工作也是一样的。假设一个人有成就事业的远大理想，即使他兢兢业业，但公司却一直不肯定他的努力，或者他创业一直没有成效，他就很可能怀疑自己的努力方向或者方式是否正确，从而难以坚持下去。因此，很多公司会有每年加薪的惯例，通过正强化激励员工再接再厉。

尽管金钱的作用可以从政治上、经济上进行大量的阐述，但本书更关注影响个体心理——包括认知和情绪在内的金钱属性。一般情况下，实证研究往往将收入作为影响个体过度劳动的重要因素进行考虑，例如，邵建平（2018）的实证研究表明，外部环境短缺时，人们会选择金钱奖励，从而回应了生命史理论的基本判断：不确定性增加时，个体会更多产生金钱偏好。

2.2.2 不确定性效应

Milliken（1990）认为，当个体面对环境的高不确定性时，通常具有以下三种感知：一是对状态不确定性的感知，即无法估计事件的可能性；二是对效果不确定性的感知，即缺乏因果关系的信息；三是对反应不确定性的感知，即无法预测决策的后果。较高的环境不确定性代表外界环境的剧烈变化，个体或组织往往将其反映为高风险，从而产生更多的焦虑和心理压力，并对采取的行动充满不确定和不自信。不同的理论关注不同的不确定性感知，并分别对个体的应对反应进行了阐述。

前景理论中的确定性效应指出，在决策中，决策者会更看重有确定性结果的选择，简单地说就是：如果肯定有损失，个体更倾向于赌一把，希望能成功避免损失；如果肯定有收益，个体宁可接受稳定的低收益，而放弃理性分析中更好的可能收益。由于受确定性效应的影响，决策者可能会对一些潜在的积极报酬表现出风险厌恶的倾向，因此个体处理确定性结局和不确定性结局的方式不同。行为决策中的相关实验表明，人们的主观概率往往与客观概率不同，人们会高估小概率事件（刘文兴等，2012），通俗地说，就是1%的概率在你心中大于1%；在小概率赢钱的事件中，人们更愿意冒险（如买彩票），在小概率输钱的事件中，人们更愿意保守（如买保险）（孙瑾等，2020）。零风险偏见（Zero‐risk Bias）指出，人们面对不确定结果时，倾向于完全消除其中的某一项风险，哪怕还有一个可选方案可以更好地降低整个风险水平，人们也倾向于不计代价地执着于选择可以消除某一项风险的选项。现实问题正如鲍曼（2002）指出的，在全球化、城市化背景下，不确定性成为这个时代的主要特征；在不确定性环境下，个体感知到的时间压力更大，他们的感知机会成本也更大，由此产生紧迫感、焦虑、不行动就后悔等一系列情绪（Aminilari & Pakath, 2005）。我们有理由推测：在不确定性环境下，个体会努力寻找控制感。可以说，寻找对个人生活的确定感是人类的基本需要。

控制理论（Control Pricple）进一步指出，人会从道德层面认定应该对自己可以控制的因素导致的行为及其后果负责任。尽管我们也会对不可控的因素造成的不良后果产生消极情绪，但这种消极情绪（Agent - regret）和个体认为的可控因素导致的罪恶感（Guilt）完全不同。美国著名心理学家韦纳（1974）认可Friltz Heider（1958）的归因理论（Attribution Theory），认为个体有控制环境的需要；为了满足这种需要，个体会对个体行为进行归因并且以此为依据预测个体的行为。韦纳指出，人们通常将自身或者他人行为的成败归纳为六个原因：能力、努力、任务难度、运气、身心状态及其他，在这些因素中，只有努力是可以凭借个人意愿控制的，其他各项均非个人所能控制。

结合前景理论我们可以推测：个体为了避免产生比一般的消极情绪更为严重的罪恶感，往往会从自身可以控制的因素——"努力"来寻找控制感。

这样，我们有理由推测出个体在不确定性环境下的一系列反应倾向，并使用"不确定性效应"这一概念来进行描述。不确定性效应是指，个体面对不确定性环境时，会努力寻求控制感；个体对不确定性的感知越强烈，个体需要掌控一些事物的欲望越强烈；个体掌控欲望越强烈，个体在活动中就越是激发自己利用可能掌控的一切资源（Payne et al., 1996）；越专注于可掌控的资源，个体内心的感受就越受到忽视，个体也就越倾向于用外化指标对个体活动质量进行评估（周元元等，2017）；这些外化指标往往具有易得、有用而且得到他人认可的特点（Feinberg et al., 2002）。

根据不确定性效应不难分析出如下路径：在人们不知道能控制什么的时候，努力获取金钱以获得控制感是最容易得到更广泛社会认可的选择。可以说，金钱是人们理想的控制对象：或多或少都可以、容易储蓄而且终归可以用上，人人都需要。

这样，我们使用不确定性效应解释了不确定性环境下个体"金钱需要"与"努力"的关系：不确定性越强，人们的金钱需要越高。为了获取金钱，个体又会紧紧抓住自己可以控制的要素——努力。如图 2 - 1 所示。

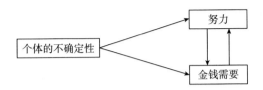

图 2-1　个体不确定性下的过劳认知模型

这里的不确定性效应描述了一般化的行为倾向：随着不确定性在世界范围内的增加，不同国家都更关注国家的经济，将国家的经济利益放在第一位；个体也对金钱的作用有了更充分的肯定。

2.2.3　缓冲机制分析

当然，金钱观是在多方面因素共同作用下产生的，即使仅从环境的不确定性出发来分析，我们也需要关注不同国家不确定性的程度和类型，需要明确个体感知的民族差异，从而更好地了解个体需要动机以及后续行为。不确定性效应虽然概括解释了个体努力与金钱的关系，但是因为上述因素的作用，不同国家、社会、个体的金钱偏好，以及付出多少努力获取金钱的行为取舍方面存在显著差异。经验和实证研究都发现，即使在个体收入不确定性很高的情况下，缓冲机制也会很好地缓解家庭回避投资风险的倾向。显然，从外部环境收入的不确定性、个体感知到的不确定性到最后的金钱和时间偏好之间存在缓冲机制，较好的缓冲可以帮助个体避免极端的金钱选择。不同国家的缓冲机制不同、缓冲力度不同，会从群体层面导致中国人不确定性规避倾向的群体差异；同时，不同个体的社会支持系统不同，对个体的保护力度不同也会导致个体的不确定性感知存在差异，并最终让个体对"金钱"和"时间"做出不同的选择。

2.2.3.1　传统文化

所谓"十年的行为养成习惯，百年的习惯形成传统，千年的传统凝成文化"，传统文化是文明长久发展之后形成的抽象的意识归类，在无意识中指导着我们的行为。可以说，传统文化是一个民族最本质的核心和最独立的存在，具有相当的普遍性，使我们表现出和其他文明不同的行为，成为描述我国民族特点的重要内容。与此同时，民族内部的人和人之间也不是千篇一律的。在这样一个割裂的时代，个体之间的差异尤其不能忽视。研究者在关注民族共性的同时也需要关注个体行为，研究者的研究不仅应该包括宏观文化传统，还应该包括微观个体表现。

不同研究者，针对不同民族之间的文化差异做出了不同描述。Hofstede 的文化维度理论（Hofstede's Cultural Dimensions Theory）认为，不同文化的差异可以用以下六个维度进行描述，即权力距离（Power Distance）、个人主义与集体主义（Individualism Versus Collectivism）、不确定性规避（Uncertainty Avoidance）、男权化与女权化（Masculinity Versus Femininity）、长期取向与短期取向（Long‐term Versus Short‐term Orientation）以及自我放纵与约束（Indulgence Versus Restraint），如表 2-2 所示。不确定性规避就是其中的一个重要维度，用以描述社会成员面对不确定性背景或者问题的容忍程度。容忍度低者更保守，不愿意接受新事物和变化；容忍度高者更倾向于面对挑战、不受束缚。

表 2-2　Hofstede 的文化理论的六维度及其水平

更趋向平均主义 （Mor Egalitarian）	-	权力距离 （Power Distance）	+	更趋向于阶层 （Embarces Hierarchy）
集体主义 （Collectivist）	-	个人主义与集体主义 （Individualism Versus Collectivism）	+	个人主义 （Individualistic）
性别导向 （Nurture more Important）	-	男权化与女权化 （Masculinity Versus Femininity）	+	权力导向 （Power more Important）
适应不确定性 （Comforable with Ambiguity）	-	不确定性规避 （Uncertainty Avoidance）	+	不确定性焦虑 （Ambiguity Creates Anxiety）
短期目标为先 （Put Short‐term Goals First）	-	长期取向与短期取向 （Long‐term Versus Short‐term）	+	长期目标为先 （Put Long‐term Goals First）
自我约束趋向 （Happiness Can be Bad）	-	自我放纵与约束 （Indulgence Versus Restraint）	+	自我愉悦趋向 （Happiness is Always Good）

刘文兴（2012）认为，该理论不仅适用于国家层面，在个体层面也同样适用；荣格等在个人层面上对不确定性规避进行了重新定义，用以描述个人尽可能地避免不确定性的程度。

因为不确定性规避的高低与面对的不确定性类型有关，我们很难笼统地用"高"或者"低"来总结概括中国人的不确定性规避水平。有关中国人不确定性规避倾向的高低，不同的研究结论也不同。有研究比较了美国人、日本人和在美华人，认为在美华人的规避倾向低于日本人，但其研究对象与国内的大众有较大差异。从我国每年公务员的报考人数、大学毕业生"希望进入体制内工作"的人数比例可以说明：中国人保守、对于不确定性的容忍程度较低，或者说，中国人希望稳定，增加确定性。我们有理由推测：中国人在不同领域具有不同的不确定性规避倾向，差异显著。

总之，不确定性规避既是一种文化价值观，也是一种个体价值观；它不仅在不同文化、不同个体间可能存在文化差异，而且对个人的决策、态度形成、主观判断和个人的认知过程等也可能产生显著影响。

2.2.3.2　社会保障

外界的变化，或者说不确定是否会真正影响到个体的个人生活，改变个体的思维模式、对金钱产生更大兴趣，在很大程度上仰仗于国家制度给予公民的基本社会保障。其中，公共支出的多少可以从一个侧面显示出其保障力度。参考国际经验，国家财政支出结构一般取向是偏民生，社会保障支出占比较高，与此相对，2018 年我国的财政支出经济建设占比较高，城乡社区事务（10%）、农林水事务（9%）和交通运输（5%）等相关经济建设支出占比为 24%，而社会保障和就业支出占比仅为 12%，仅是经济建设支出的一半，亟待提升。如图 2 - 2 所示。

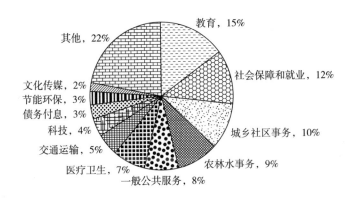

图 2 - 2　2018 年我国财政支出结构

国家福利制度的基调会影响国民整体社会福利水平（刘永贵、刘菲，2019），较完善的社会福利制度会让个体确信自己即使有疾病、失业，或者需要供养子女，个人生活支出也不会出现太大波动；反之，个体如果需要担负相当比重的疾病、失业或者子女教育支出，个体就会倾向于减少消费，防患于未然，确保个体有能力抵御上述风险或者承担责任。这也是美国人不习惯储蓄，而我国居民储蓄率居高不下的重要原因。

2.2.3.3　个体的社会资源

关注个体层面的缓冲机制。个体的家庭背景、父母地位、职业岗位等社会资源作为个体的社会支持系统，也会有效地缓解个体的不确定感，提高个体的安全感。从具体案例到严谨的数据都在告诉我们：家庭结构、家庭教育方式、学校教育乃至社区环境都展现出了贫富差距，这个"剪刀手"作为个体的社会支持系统帮助个体更上一层楼或者雪上加霜（Van et al.，2002）。农村孩子更难通过个人奋斗改变自己的命运，再这样发展下去，学者甚至开始担心：基础教育将不再是促进社会平等的重要场所，而成了导致社会不平等的中介因素。这显然有悖于我国公共教育的公平公正性初衷。

2.2.3.4 心理因素

早在 1946 年，社会学家 Weber 就非常重视现实生活中利益（尤其是经济利益）驱动的作用，研究者常常将这种经济利益的驱动看作社会变动的基本因素。对于中国人的研究，社会学家费正清指出，对于大多数（中国）人来说，生活的主要任务就是谋生。面对复杂的不确定性环境时，我们将研究重点聚焦于收入，并分析人们在收入不确定性的环境背景下，个体对金钱的感知特点。大量研究显示，收入不确定性会对个体的消费产生消极影响（朱冠平等，2019）；并显著降低家庭持股情况（梁权熙等，2020），这说明面对不确定性时，个体对金钱的敏感程度增加，个体会调整消费，尽量让个人资产保持稳定。无论是上述的制度保障等宏观因素，还是家庭父母等个体因素，这些环境变量通过个体的需要动机、价值观以及态度、能力等个体心理资本起中介作用或者调节作用，影响个体的金钱偏好。

首先，价值观的作用。已有研究表明，为了获得更大的经济成功、更多的财富积累，高物质主义者需要占有更多的资源；而且经济波动带来的不安全感会让他们更加追求物质补偿以减少痛苦（Baker et al.，2016）。也就是说，价值观倾向于高物质主义者，相较于低物质主义者更加看重金钱。这说明，环境的变化与个人价值观相互影响，不稳定的外部环境与高物质主义的价值观加剧了个体的金钱偏好。其次，个体金钱认知的作用。个体对于金钱的认知也会给个体带来类似的选择偏好。研究显示，个体收入有其明显的主观表现。Shane Frederick、George Loewenstein 和 Ted ODonoghue（2002）研究表明，个体收入的时间偏好不一致，在时间因素的作用下，收入表现出相当的贴现率。也就是说，快速变化的外部环境会导致个体更愿意选择稳妥的方式获取现金，并承担相应的损失或者说费用。个体不同的收入折现率是相同收入者选择不同劳动时长的重要个人因素。或者说，环境不确定性越高，个体越觉得未来的钱不值钱，需要挣更多的钱才能获得较高的心理安全感。

总之，无论是制度保障等外部环境，还是个体家庭、个人认知态度等个体因素，都会影响个体在这个高不确定性环境下产生的金钱偏好，从而使众多的环境因素和个体因素成为个体从面对不确定性外部环境到产生金钱偏好的缓冲机制。如图2-3所示。

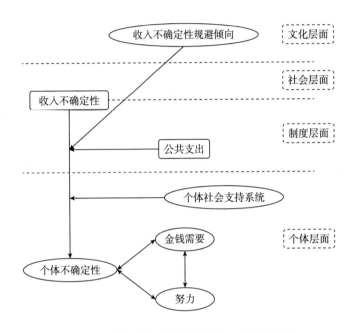

图2-3　收入不确定性环境下的个体认知行为

2.3　基于不确定性效应的过劳驱动机制分析

心理学常常使用"刺激—有机体—反应"（Stimulus – Organism – Response，S – O – R）理论解释环境对个体行为的影响。该理论认为，环境刺激个体认知与情绪，最终会导致个体采取相应的行为。以生命史理论为基础的不确定性效应依据该逻辑分析现实环境，尤其是在我国现实环境（S）的前提下，就个体在这个环境下心理活动与行为基础进行分析，从而建构出我国过度劳动驱动机制的理论模型：

（1）环境的不确定性来源。不确定性有的来自技术进步，有的来自制度的制定与改变，两种不同来源可激发人们不同性质的认知、情绪和行为。其中，来自制度的不确定性更容易激发人们的不公平感，从而促使个体产生更多恐惧、焦虑、愤怒等消极情绪。

（2）随着不确定性程度的提高，社会、组织或者个体对事物的评价指标越来越倾向于外部的、具体的事物。例如，职位、颜值、身高或者学历等让人一目了然的个体要素，公司职员的 KPI，省市领导的当地 GDP，学生的学习成绩 GPA 等。适合上述群体使用的评价指标都有其局限性，而财富的适用范围最广。可以说，最普遍存在的外在标准就是金钱。

与物质化相对应的、内在的、抽象的评价体系有明显弱化的趋势，如一个项目做成功的评价标准往往是落袋为安，它有没有给公司、组织带来长期效率，管理是否存在长效机制，或者是否给社会带来福祉往往不是项目经理首先考虑的问题。

（3）随着不确定性程度的提高，在人们能够控制的事物越来越少的同时，人们也越来越依赖于自己可以控制的事物。如上所述，个体可归因的事物——"努力"是我们传统文化充分肯定的、个体可控性最强的因素。过度努力会导致个体心理、脑力和心力的过度消耗，形成管窥，促使人们更依赖原有的行为方式，继续按部就班持续努力。这样，在不确定性环境下，我们完成了努力和金钱相连的认知环路，这个认知环路导致个体典型的行为：拼命挣钱。

2.3.1 中国经济政策不确定性分析

中国社会目前正进入一个空前未有的社会结构剧烈变化的时期，其环境的不确定性无论是在程度上，还是在现实表现类型上，都表现出了特有的中国特色。

首先，相较于西方国家，处在转型经济时期的中国正面对更严重的环境不确定性。西方市场经济经过长达百年的发展，已经形成了完备的经济体系，相当比重的传统经济（如农产品大豆）所需技术相对稳定，以其高投入门槛和高技术门槛，成为几个发达国家经济的支柱产业。作为后来者，我国想要进入相关产业，势必会受到先入者的阻挠。随着改革开放的深入、国际竞争的加剧，我国将资本更多地投入需要更多技术革新的新型产业，意图"弯道超车"。这里不再反复强调产业转型中存在的市场风险和技术风险（张宗新等，2020），但不可否认的是，技术创新的风险存在于创新的每一个阶段中，风险的大小和创新的程度呈正相关，创新的程度越高，风险越大。从宏观战略角度来考虑，产业转型是一种高风险的不确定性活动。根据企业史经验，我们不得不认可一个残酷的现实：产业转型的成功率极低。从中国证券市场中的上市公司发展就可以看到太多企业产业转型失败的残酷现实，而与此同时，西方发达国家证券市场中的上市公司存在相当比例的百年老店，从而显示了其相当高的市场环境稳定性。

其次，东西方表现的不确定性类型也存在显著差异。我国的不确定性更多表现在经济不确定性，尤其是经济政策不确定性上。在我们的生活当中，除了市场机制下的工厂、公司以外，还有许多非市场机构，成为我们生活中的重要组成部分。其中，政府机构对国家经济、政治、社会、文化的影响最突出，政府制定、执行的相关政策与我们的个人生活息息相关。西方学者查兰认为，结构性的不确定性源于外部环境的根本性变革，从而使未来充满不确定性。特别是在移动互联网经济时代，新技术的出现常常会推翻以往创业者数十年积累的商业经验，从根本上改变产业格局，对组织的经营战略产生质的影响。相对于结构性的不确定性，经营性的不确定性在一定程度上具有可预见性，并且不对原有格局产生实质性影响。这种以西方制度体系经验为基础提出的观点有其国际通用的普遍性，我们必须承认，结构性的不确定性的确会使全球面临的不确定性更加严峻。但有意思的是，我国学者并没有更多地关注这种被查兰称为"对组织具有致命挑战"的结构性不确定性。研究显示，在不确定的情况下，公平是最有用的。在"不患寡而患不均"的文化背景下，人们更容易接受这种"同呼吸、共命运"的结构性环境不确定性（蒋楠，2020）。在公平的背景下，技术革命、全球经济发展趋势等结构性的不确定性形成的人人平等的状况促使我们通过"时势"概念，在"认命"的传统观念下选择坚忍，对个体后续的心理影响消极面更少。

与西方相对稳定的经济政策环境相比，处于转型期的我国经济政策不断调整以适应不断变化的经济政治要求。在不同的政策面前，人和人之间由于身份差异、资源不同，在政策中获取的利益存在显著差异。经济政策的不确定性促使企业必须随政策的变动不断改变组织决策，顺应政策要求以确保企业方站在政策得利方，也就是说，这种政策的不确定性必然导致企业高层在战略上患得患失，从理性上想要及早落袋为安，促使组织管理方向的不确定性，从根本上破坏组织创新环境。个体同样如此，面对政策个体议价能力差、无能为力，随波逐流往往会激发个体更多的愤怒、焦虑或无助等消极情绪，采取的行为决策会对我们的股票市场（罗尔夫，2013）、社会发展、未来生活方向产生显著影响。因此，虽然我们都认可经济的不确定性来自各个方面，但作为经济不确定性的主要因素之一，经济政策的不确定性似乎更有针对性地描述了我国的环境不确定性特点。

如图2-4所示，不同学者采取不同测量方法展示的两个经济政策不确定性指数（Economic Policy Uncertainty Index，EPU）走势基本一致（赵新泉和张彧泽，2019），同样反映了我国重要的经济历史政策时间，说明了EPU指数的有效性。

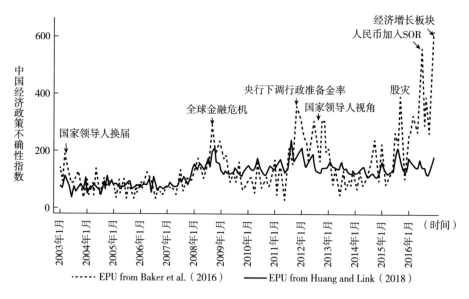

图2-4 2003~2016年中国经济政策不确定性指数走势

目前，大多数相关研究都聚焦于经济政策的不确定性如何影响公司行为，但我们的关注点并不止于此。要知道，推行和实施宏观政策的唯一路径就是要将相关政策执行传达到企业并由个体接收相关信息，完成从宏观政策到企业再到个体的行为传导。在这个传导路径中，企业和个体如何判断外部信息，形成对自身环境不确定性的主观判断非常重要。可以说，这种环境不确定性营造了企业的经营与管理背景，对企业发展有利有弊；同样，这种不确定性的环境也是人们生活和工作的环境背景，对个体行为决策形成机遇和挑战。一方面，环境不确定性激发了民众的冒险精神，刺激人们拥抱市场中涌现出的转瞬即逝、成千上万的发展机遇；另一方面，技术和商业模式的创新等加速了现有产品的淘汰、市场的萎缩，对个体可预期的职场未来产生威胁。依据 Baker（2016）的测算结果，我国的EPU 从 2013 年开始逐渐增长，这意味着我国宏观经济政策进一步加大了调节力度，这种调节势必增加信息的模糊程度与波动，从而引发行业前景预测和外部信息环境的变化，对金融市场（李祥云等，2018）、组织决策（魏南枝，2018）以及劳动力市场等领域产生多方面的影响。

2.3.2 资源不均衡模式的制度设定

这里仅就两个方面的资源不均衡模式进行阐述，因为这种制度设定最终加剧了个体过劳选择的范围和程度。

2.3.2.1　资源错配

如果投入多、产出少，经济运行成本自然会高。第一，维持项目消耗大、产出低。开启的项目多是产能过剩的。如果厂家产出多、消费不掉，就会导致库存多、资金周转不开，如果降低产量就会导致已购设备利用率不足，总之，无效成本居高不下。第二，结束项目危机重重。关停一批"僵尸企业"可能会引发失业甚至社会不稳定等一系列问题。第三，造成"投资加速器"效应，市场上的财务费用过重，基金配置失衡，无法应用到合适的途径，就会提高整个经济运行成本。因为，经济运行是相互关联的，经济社会运行成本的全面提高往往意味着企业之间的交易成本大大增加、融资成本提高、风险水平上升、公共风险水平上升，从而环境的不确定性就会提高。为了规避风险，制度设定上会采取过度增信措施，如抵押、担保、认证和公正等措施，这些制度设定最终都会转换到提高社会运行成本的账单上，导致生产率下降、成本上升，导致个体劳而无功，收入难以得到进一步提高。

2.3.2.2　社会资源的二次分配

以教育资源为例，在基础教育基本普及，高等教育日益普及化的今天，我们可以看到，不同省份的高考难度差距明显，如图2-5所示。

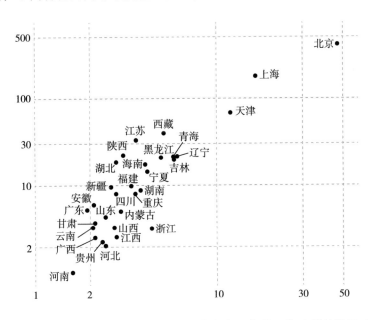

图2-5　每万名考生入学清华大学及每百万名考生入学"211"大学的数量（对数）

注："211大学比例"根据各省2018年高考报名人数计算；为各省2006~2013年入读清华大学比例的中位数。资料来源：https://zhuanlan.zhihu.com/p/37848211。

从图 2-5 可以看出，各省份的教育资源存在显著差异。从横坐标来看，以河北为例，河北每一万名考生中仅有 3 个左右的学生考入清华，而北京相应的数量将近 50 个，从中可以看出，不同省市区域的考生升入顶级大学的难度有显著差异；从纵坐标来看，河南所属 211 高校一百万名高考生平均不到 2 个，而江苏的对应数值是 30 个多一点，从中不难看出，不同省份高质量高校的数量存在明显的差异。

不仅是教育、养老、医疗等社会福利，而且个人收入、财富等社会资本，我国存在的资源不均衡是客观事实。国家统计局和地方统计局数据显示，2018 年我国 31 个省份的居民人均可支配收入存在显著差异，上海、北京的相关数据近 2 万元，天津、江苏、浙江可支配收入也在万元以上，而新疆、西藏、甘肃、贵州等地的人均可支配收入低于 5000 元，不到京沪的 1/3。这一区域不平等的客观现实加剧了社会共同体的分解，"强者恒强，赢者通吃"现象导致社会的两极分化和隔离，个体更难以实现阶层的跨越。这种不均衡的资源配置促使人们努力实现向特大城市、大城市的流动。面对这种趋利避害的自然选择，不同区域、教育背景下的个体付出成本差异显著，过劳就是一种典型的个体选择。

2.3.3 世俗化的勤奋传统

我国文化推崇"勤奋"，充分肯定底层苦力的牺牲和隐忍。这种文化传统为我们打造了一种"吃苦耐劳是通向成功的必经之路"的理想蓝图，促使我们将"平静忍耐苦难"看作一种美德。在这种文化背景下，勤奋或者说吃苦耐劳具有绝对的道德优势。如果个体没有获取成功，他们往往陷入自我否定的陷阱，自责不够努力，从而进一步吃苦耐劳、勤奋。与此相呼应的是我们的世俗文化。我们似乎把金钱看作信仰，过年见面最常见的祝福就是"恭喜发财"。这种世俗化的勤奋传统极大地强化了成功和金钱的关系：一个人不仅要努力，而且要挣到钱才能证明自己的努力。

这种"努力挣钱"的观念在我国改革开放的大背景下得到了进一步强化。多年的"大锅饭"之后，改革开放极大地激发了社会潜能，人们都在为了创造更多的财富而拼命，我国的发展总体目标十分明确：对于国家而言，目标就是赶超西方先进国家，成为世界强国；对于各个城市而言，目标就是建设和发展；对于企业、公司而言，目标就是满足消费者需求，创造出更好的产品；对于个人而言，目标就是挣钱，获得更高的社会地位。

总体而言，"天道酬勤"是我国主流文化认可的基本观念。具体到一个企业，它的管理者身体力行，有意无意地利用该文化背景全面推广"努力工作"的理念，使其深入人心。首先是一些员工主动将"努力"这个观念内化成自己的价值观，从超长工作时长中获得成就感和优越感；其次是随着上述个体比重增大，他们最终通过实际行动创造出无处不在的竞争、互相刺激的焦虑，从而使"囚徒困境"不可避免。职场中的大部分人只能强颜欢笑，不管是为了绩效还是为了晋升，也将自己投身到加班系统中，从而导致过度劳动成为现实。

2.3.4　我国不确定环境下的过劳驱动机制

媒体时常会用一个让人唏嘘不已的标题告诉我们：又发生了过劳死。可以说，"过劳死"是一个有太强烈情感色彩、道德色彩的社会现象。想要理解并解决这个问题，我们就必须一直深入分析下去，摆脱那些"去世之前向妈妈诉苦，说自己很累"的心疼、弥补"计划这个项目结束以后就休假"的遗憾。忽视所有感情色彩、道德色彩的背景，把这些个案放到更大的历史背景中去，我们才能挖掘到更为理性的原因。可以说，不确定性效应导致过劳是可以想象的。

基于生命史理论我们知道，在外部环境不稳定的时候，个体会更倾向于成为一个偏爱金钱的物质主义者。一方面，所谓的高物质主义者倾向于将自我和金钱联系起来，他们渴望更高水平的收入，他们会花更少的时间和家人在一起，他们愿意牺牲时间来获取金钱。另一方面，即使一个人喜欢休闲的生活状态，他们往往也无法进行自主选择。因为当外部环境充满不确定性，个体会感到不稳定、不安全，他们会自觉地采取一定措施减少不确定感带来的痛苦和焦虑。总之，处于让人失控的外部环境中，随着个体感受到外部环境资源的缺失、社会支持力度的不足，他们的思维变得更加具体，为了应对焦虑不安，会有意无意地更加强化自己的金钱偏好。长此以往，处于不确定性外部环境中的人很难保持理性。作为一种本能反应，为了获得控制感，人们总要抓住确定性的事物。在现代社会中，技术在变、环境规则在变，人的流动也促使社会关系多变，一个人能控制的因素越来越少，其中人人都有的、似乎只要愿意就能出现的可控因素就是"个人的努力"。为了挣钱，相当数量的劳动者充分挖掘自己可以控制的要素去努力工作，管理者、媒体人也出于各种原因鼓励和肯定"个人努力"的价值。总之，不确定性的外部环境、吃苦耐劳的传统文化导致了劳动者的金钱偏好，以及对努力的充分肯定。后果是显而易见的，劳动者受到一个外化目标的驱使，不断地挖掘个人的努力极限，过度劳动由此产生。

需要进一步说明的是，这种过度劳动驱动模式在我国的制度、政策和文化背景下表现出典型的中国特色。众所周知，社会变迁本身会带来旧规则的打破、新规则的重组。具体到中国的现代化进程，产业的全球化代表着农业社会向商业社会的转变，城市化则代表着熟人社会向陌生人社会的转变，两者都是天翻地覆的变化。在如此颠覆中，必然会出现过去不曾出现的尖锐矛盾。但是，导致我国这种不确定性的要素与西方发达国家的要素明显不同，其中最突出的要素，如政策的不确定性、经济环境的急剧变化强化了个体的不确定感，而社会公共福利的不足导致的社会支持力度不足也会产生同样的效果；与此同时，中国文化上对不确定性规避又变本加厉地强化了我们对个体确定感的需要。上述种种背景条件与我国吃苦耐劳的传统文化交互作用，充满中国特色的过度劳动应运而生，其驱动机制的具体流程如图2-6所示。显然，这种过劳选择有其不得不存在的道理，也有我们自愿的基础所在。

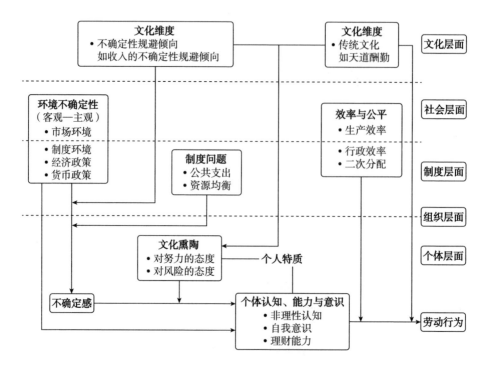

图2-6 中国特色过度劳动的驱动机制

3 基于不确定性效应的中国过劳驱动机制实验研究

3.1 引言

人类赖以生存的自然资源（如空气、水）等外部环境资源越来越短缺，社会资源（如就业岗位、提升空间）变得越来越不可预测，这些包括短缺、竞争在内的不确定性是否会影响个体对于时间和金钱的偏好选择？这一探索具有重要的理论价值和实践意义。

现有相关研究已经给了我们很多启示，如李临风（2016）的研究结论指出，员工薪酬奖励偏好受到员工工作年限的影响：工龄 0~3 年的员工倾向于选择金钱奖励，工龄 4 年及以上的员工倾向于选择时间奖励。邵建平等（2018）的实验研究指出，外部环境的不确定性会促使员工偏爱金钱奖励，会倾向于放弃休息时间通过加班换取金钱。这些研究都说明外部环境对个体的选择偏好的确存在显著影响，不同外部环境条件会导致个体对事物做出不同的价值判断。以此为基础我们进一步思考，尽管职场员工为了获取金钱会增加在工作中的投入，但工作投入的表现方式有多种，不同个体会选择不同的工作投入方式。换句话说，人们认为哪种工作投入方式有助于自己获取更多金钱？我们可以推测：在不同的外部环境条件下，个体对不同工作投入方式的价值判断不同。

同时，心理表征对个体的事物认知和判断也有重要影响。已有研究表明，功利主义价值观使个体在谋求金钱方面存在显著的心理差异，高功利主义者比低功利主义者更爱金钱，更倾向于用金钱来界定自己的成功；而且高功利主义价值观会进一步强化外部环境的不确定性对个体金钱偏好的决策（邵建平，2018）。结合金钱和时间的心理表征特点，我们有理由相信，高功利主义者更倾向于强化个体对金钱等更为具体事物的价值判断，而低功利主义者对金钱等具体事物或者时间等抽象事物的价值判断区别不大。我们推测，既然价值判断会受到人们对事物心理表征的影响，那么，具体到个体的工作投入的行为表现方面，功利主义价值观会影响个体对工作投入方式的选择。

本书以在校大学生为样本，通过实验方法探讨外部环境不确定性是否影响及其如何影响个体对工作投入的具体行为表现。我们期望能够推进生命史理论、解释水平理论、时间和金钱领域的研究，把握过劳问题的内在中介机制和调节机制，在实践中把握过度劳动的驱动机制，从而对企业薪酬制度的制定、员工体面劳动的获得提供理论依据和实践指导。如果我们可以从不确定性效应角度解释员工愿意用时间换取金钱的行为决策，我们就可以更好地理解过度劳动的驱动机制。

3.2 文献综述

3.2.1 外界环境不确定性对个体偏好的影响

生命史策略理论关注包括人类在内的所有有机体如何形成及采取何种生命史策略，并对有限资源进行最优化分配等内容。生命史策略是指生命史权衡的倾向或者过程，由一个以"快策略"和"慢策略"为两极的连续谱系构成。该理论认为，不同个体在面对一系列生命命题时，会权衡资源的分配，采取不同的生命史策略；Ellis 等（2009）认为，环境的严酷性（Harshness）和不可预期性（Unpredictability）是影响个体生命史策略的两个关键因素；其中环境的严酷性是指恶劣的外部环境对种群的破坏程度，如资源匮乏（Resource Scarcity）。已有研究表明，个体的生命史策略会随着环境的变化而改变。具体而言，当个体预期未来环境不稳定、不充裕时，会采取强调短期效应的快生命史策略；反之，当个体预期未来环境稳定、富足时，会采取强调长期发展的慢生命史策略。简言之，我们有理由相信，以生命史理论为基础，当外界环境资源不稳定、竞争压力大时，个体会注重当下；而当外界环境资源富足稳定时，个体更注重未来。

当个体注重当下或者未来时，他们对事物的心理表征不同。依据解释水平理论，我们可以知道，当个体知觉事件发生的时间距离较远时，倾向于对事件进行抽象表征；当知觉事件发生的时间距离较近时，倾向于对事件进行具体表征。结合生命史理论可以想象，外部环境的竞争压力、资源短缺（困难模式）等不确定因素会启动个体的具体心理表征，而资源充足（容易模式）下的非艰难环境会启动个体的抽象心理表征。

已有研究指出，人们对金钱和时间的心理表征存在差异。金钱比时间更具体，与时间相关的事物如幸福感、成就感等往往更抽象，与金钱相关的事物如食物、柴米油盐等生活必需品以及量化的绩效指标往往更具体。人们的选择与其心理表征具有匹配性：当人们的心理表征具体时，会选择近距离的事物；反之，当心理表征抽象时，会选择远距离的抽象事物。邵建平等（2018）的研究表明，与外部环境资源稳定相比，外部环境资源不确定时，个体更倾向于选择金钱奖励而非时间奖励；外部环境资源不确定促使员工偏爱金钱奖励胜过时间奖励的现象受心理表征的中介影响。

在已有研究的基础上，我们就员工选择的工作投入方式进行进一步的分析。现实表明，工作投入的表现方式各有差异，尤其是在数字化时代，更多的工作实现了工作—生活连通，工作投入方式不再仅仅是加班加点不回家，也可以是头脑中不断地思考与工作相关的问题，而不拘泥于人是否在工作场所。结合生命史理论和解释水平理论，我们进一步推测：个体在外部环境资源短缺（不确定性的一种表现）情况下，为了获取金钱，个体的快策略会被显著激活，他们会更倾向于采取快策略的行为方式，用可以看到的工作绩效评估指标来赢得工资及奖金福利。为此，他们会倾向于更妥协于外部环境的要求，或者说，员工更倾向于用一种具体的方式来表现自己的工作投入方式，如加班加点，而不是潜在的、不易观察的方式，如深入思考和情绪投入。

由此提出以下假设：

假设1：与外部环境资源充足相比，外部环境资源不确定时，个体的工作投入方式更倾向于选择加班加点等时间累积具体量化指标而非脑力和心力等抽象要素。

假设2：外部环境资源不确定促使员工偏爱时间累积的投入胜过脑力和心力投入的现象受心理表征的中介影响。

3.2.2 功利主义价值观对个体偏好的影响

功利主义（Utilitarianism）是一种以实际功效或利益作为道德标准的伦理学说。与物质主义（Materialism）类似，它们都倾向于强调拥有物质财富的价值（Richins & Dawson，1992）。与低功利主义者的行为方式不同，高功利主义者更倾向于将自我与金钱、物质联系起来，享受消费和拥有物质的快乐，而忽视了文化、社会价值，不再关注个体内在需要的满足。与物质主义者一样，高功利主义者渴望更高水平的收入（Richins & Dawson，1992），对物质的欲望常使个体处于一种非休闲的生活状态中，花更少的时间与家人在一起，花更多的时间去工作和赚钱（Roberts & Clement，2007；Vohs，Mead & Goode，2006）。这一现象表明高功利主义者更愿意用时间获得金钱而不是追求所谓的理想抱负。说明高功利主义者与低物质主义者的这种心理表征特点存在显著差异：功利主义者的工作投入偏爱时间累积胜过脑力和心力的潜在付出，而且高物质主义者偏爱用时间投入而非其他的（如脑力投入或者心力投入）表明其工作投入，在外部环境资源短缺时这种倾向将更加明显。具体而言，赖以生存的外部环境资源出现短缺会威胁到个体的基本安全感（Ellis et al.，2009），功利主义往往作为一种策略在个体感到不安全时起补偿作用，它可以减少不安全感带来的痛苦和焦虑（Kasser，Ryan，Zax & Sameeroff，1995）。外部资源环境短缺时，个体的思维更加具体，会关注细节和外围线索（Griskevicius，Delton et al.，2011）。因此，当功利主义者感知到外部环境资源短缺时，思维会更加具体，为了应对资源短缺而获取金钱，个体不仅强化自己的金钱偏好，而且为了获取金钱而表现自己的工作投入时，他们采取的方式也会更具体而非抽象。具体而言，就是通过更为具体的工作投入方式明确自己的确在投入工作，从而进一步合理化自己期望的金钱偏好。

相反，低功利主义者在外部环境资源短缺时不一定会通过选择金钱或聚集财富的方式应对资源短缺，他们更有可能采取其他形式的应对策略，如强化人际关系等。因此，外部环境资源短缺不一定会增加低功利主义者的金钱偏好，进而他们也更倾向于从责任、兴趣和爱好出发在工作中投入思考和情感，而非加班加点的时间累积。

由此得出以下假设：

假设3：外部环境资源短缺促使员工的工作投入方式中工作时间的延长现象受到功利主义价值观的调节。这一现象在高功利主义价值观者身上更为明显。

因此，本书尝试利用实验法检验上述假设，如图3-1所示。

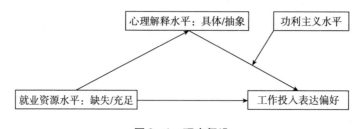

图3-1　研究假设

研究样本为即将步入职场的在校大学生，他们已经通过半年的岗前培训初入职场，成为准员工。在前测中，对大学生呈现外部环境资源（就业资源）短缺和充足的描述资料,请被试对其资源充足水平进行量化评估;在实验中,关注个体对工作投入表达偏好(关注时间投入或者脑力投入)。值得一提的是:外部环境资源种类有很多,表现出不确定性的原因也有很多,本书关注与准工作人员工作结合最为紧密的资源——就业资源。

3.3 前测

经过焦点小组访谈得知,对即将步入职场的员工(大学生)可以预见的是:就业是其最关心的话题之一。按教育部就业率统计口径,2021届全国高校毕业生达909万人,其中北京地区高校毕业生将达到24.3万人,北京生源高校毕业生预计6.5万人左右,高等教育普及化、规模增长必然使就业形势严峻复杂。其次,高校毕业生就业工作受新冠肺炎疫情影响遭受冲击。这主要体现在全行业竞争压力增加、国内外市场需求缩减、线上招聘模式受限、毕业生心理压力加大等各个方面(张美玲、赵子涵冰,2020)。此外,我国正处于经济结构调整期,必然伴随着行业动态调整,特别是部分去产能、去库存行业就业需求明显走弱。人力资源和社会保障部在2020年第四季度新闻发布会上指出,2021年疫情变化和外部环境仍面临不确定性,国内外环境深刻变化,劳动力供给仍处高位,结构性矛盾更加突出,就业形势面临的就业资源缺失状况更为明显。

在前测中选取了2020年12月至2021年2月描述就业形势严峻的新闻,汇总严峻性;描述就业态势良好的新闻,汇总乐观情况。最终得到描述就业资源短缺和就业前景乐观的新闻材料各1段。每段新闻控制在400字左右,要求被试评定其感知到的每段材料的就业资源短缺程度(1=完全不短缺,7=非常短缺)。前测(N=121)发现,被试对于就业困境新闻材料感知到的资源短缺程度为5.33(M=5.33,SD=1.02),对描述就业前景乐观材料的就业短缺程度为3.38(M=3.38,SD=1.32),两者之间存在显著差异。上述新闻材料用于实验中启动外部就业环境不确定性的材料。

3.4 实验

实验旨在采用外部就业资源短缺检验假设1、假设2和假设3是否成立,即检验外部就业资源短缺时员工的工作投入方式是加班加点还是其他更为隐形的脑力或心力投入，这种投入方式是否受到了功利主义价值观的影响。参考邵建平等（2018）的研究，本实验通过前测中就业资源短缺（阅读就业困难的新闻）启动外部环境资源短缺。

3.4.1 实验设计

样本基本情况：48 名即将步入职场的北京高校大学生参与实验。其中，资源短缺组 24 人，包括 12 名男生，12 名女生，平均年龄为 21.67 岁，标准差为 0.57。学分绩点以 5 为满分标准，24 位实验组被试在本科期间的平均学分绩点为 3.53，标准差为 0.33。资源充足组 24 人，包括 10 名男生，14 名女生，平均年龄为 21.71 岁，标准差为 0.69。该组被试在本科期间的平均学分绩点为 3.55，标准差为 0.24。

采用外部就业资源短缺（短缺组 vs. 充足组）单因素被试间设计，因变量为工作投入类型的选择（时间投入 vs. 脑力投入）。实验测量了被试的正性情绪和负性情绪，以检验情绪是否为备择解释。

3.4.2 实验流程

第一步，操纵外部资源短缺。被试被随机分为两组：外部就业资源短缺组阅读就业资源短缺的材料，外部就业资源充足组阅读就业前景乐观的材料。之后两组均回答与材料有关的问题（用来加深对启动材料的熟悉程度），随之评价感知到的就业资源短缺程度（1 = 非常不短缺，7 = 非常短缺）。

第二步，使用问卷对结果变量（工作投入选择偏好）进行测量。该问卷的问题是：你努力工作时更倾向于选择如下哪种方式？第一种方式：在单位加班加点，不按时下班。第二种方式：为了提高工作效率，利用休息时间在家梳理未来工作流程。

第三步，完成物质主义量表。使用邵建平等（2018）修订的物质主义量表，量表包括 15 道题目，采用李克特 5 点计分法，"1"表示"完全不符合"，"5"表示"完全符合"。最后将 15 个条目加总得到总分。

第四步，完成行为识别量表，在这个量表中每种行为都有两种解释：一种是较为具体的，另一种是较为抽象的。

试验结束前，请被试报告自己的性别、年龄等信息。

3.4.3 主要结果

首先，按照二元 Logistic 回归的基本操作步骤，将实验组（就业资源短缺组）编码为1，对照组（就业资源充足组）编码为0；加班加点的选项编码为1，私下努力的选项编码为0。本次实验被试的独立样本t检验发现，实验组（就业资源短缺组）被试感知到的就业资源短缺程度比对照组（就业资源充足组）高（M实验组 = 4.66，SD = 1.02vs. M对照组 = 2.90，SD = 1.14），t检验结果显示差异显著，说明外部资源短缺激活成功。

其次，检验两组在工作投入方式上的差异。实验组（n = 24）有17人（占70.8%）选择加班加点；相应地，对照组（n = 24）有9人（占37.5%）选择加班加点。皮尔森卡方检验显示（n = 48），两组差异显著（χ^2 = 46.00，p = 0.017），说明外部就业资源短缺对工作投入选择偏好存在显著差异：外部就业资源短缺时，被试更加偏好加班加点的工作投入方式，证明假设1成立。

再次，参考温忠麟等（2006）的相关研究，分析本实验中的中介效应，检验心理表征的中介机制。在第1步回归中，将就业资源水平、功利主义价值观放入回归方程（因变量：工作投入选择偏好类型），发现自变量（就业资源水平）的系数显著（p = 0.002），就业资源水平可以显著预测工作投入的选择偏好；在第2步回归中，因变量是心理表征水平，就业资源水平对心理表征的作用显著（p = 0.007）；在第3步回归中，将就业资源水平、功利主义价值观和心理表征放入回归方程，发现中介标量（心理表征）的系数显著（p = 0.012），说明心理表征显著预测工作投入的选择偏好，其中介效应显著。具体结果如表3 - 1所示。假设2成立。

表3-1 心理表征中介效应分析步骤及结果

步骤	方程1/第一步（Y_1）				方程2/第二步（Y_2）			方程3/第三步（Y_1）			
	Exp（β）	S. E.	t	p	β	t	p	Exp（β）	S. E.	t	p
X	16.98	1.04	3.56	0.002	0.86	3.43	0.007	5.45	2.95	6.74	0.574
U	10.17	0.69	4.83	0.017	0.32	5.52	0.029	4.39	1.47	3.41	0.063
W								1.65	0.65	9.74	0.012
U × W								0.04	0.01	3.29	0.001

注：X = 就业资源水平；U = 功利主义水平；W = 心理表征；U × W = 功利主义水平 × 心理表征；因变量 Y_1 = 工作投入选择偏好；因变量 Y_2 = 心理表征。

最后，将就业资源水平、功利主义水平、心理表征及其二者交互项放进回归方程，结果显示二者交互项的系数显著。根据功利主义水平的均值和标准差，将被试划分为高功利主义组（高于平均值1个标准差）和低功利主义组（低于平均值 1 个标准差）。皮尔森卡方检验结果显示（n = 22），两组不同就业资源水平下的被试对工作投入选择偏好存在显著差异（$\chi^2 = 19.70$，p = 0.003）。进一步分析，高功利主义者偏好加班加点的人数在实验组高于对照组（$\chi^2 = 6.23$，p = 0.031），如图 3 - 2 所示。低功利主义者在两组不同就业资源水平下的被试数量上无显著差异（$\chi^2 = 2.01$，p = 0.473），如图 3 - 3 所示。因此，功利主义作为调节变量的假设验证成功，假设 3 成立。

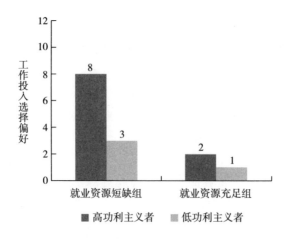

图 3 - 2 不同外部就业资源水平下，高功利主义者对工作投入选择偏好

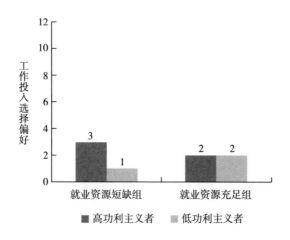

图 3 - 3 不同外部就业资源水平下，低功利主义者对工作投入选择偏好

3.5　分析与讨论

实验检验了外部就业资源短缺时，个体对时间奖励和金钱奖励的选择偏好，以及工作投入方式的差异，并检验了心理表征的中介作用及物质主义价值观的调节作用。实验结论支持假设 1、假设 2 和假设 3。该实验表明，外部就业资源短缺会促使潜在员工对事物的心理表征变得具体，进而会偏爱与其具体表征相对应的金钱奖励，同时更倾向于选择加班加点等更为具体表征的方式表现自己对工作的投入。该实验还发现这一现象在高功利主义身上更为明显，内在机制是资源短缺启动了高功利主义者的具体心理表征。正式实验通过启动外部自然资源短缺材料来检验外部环境资源短缺对员工薪酬奖励选择偏好的影响。实验结果证明假设 1、假设 2 和假设 3 成立。

3.5.1　资源短缺会影响个体行为偏好

以往对于工作投入有关的研究非常多，如对工作投入概念的界定、工作投入的测量、工作投入的前因变量和后效变量的研究等。本次研究从就业资源的短缺角度入手，关注资源短缺与个体在工作投入行为方式的关系。研究发现，个体预期在工作中的投入偏好会受到外部环境资源中就业资源是否短缺的影响。就业资源短缺时，个体偏好的工作投入方式倾向于具体，补充了工作投入的已有研究，拓宽了研究思路。

邵建平等（2018）关注到外部环境资源短缺对员工金钱和时间偏好的选择，既然外部环境的短缺会强化个体对金钱的渴望，而金钱的获取更多仰仗收入，我们由此可以推测：外部环境资源短缺会强化员工对工作的投入，但我们并不知道这种投入会如何引导个体在工作中的行为表现。生命史理论从进化心理的角度很好地解释了环境因素对个体行为策略的影响，以及个体间在关乎生存发展的重要事件（如就业）上的社会行为表现差异。因此，结合生命史理论，本书检验了在就业资源水平缺失的条件下，个体对预期工作投入的选择偏好，将资源短缺与工作投入联系起来，用生命史理论的理论指导工作投入领域，丰富并拓展了研究应用领域。

本次实验研究能够为组织管理的持续发展提供一定的参考借鉴。首先，作为环境资源至关重要的一部分，就业资源与个体的生存生活密切关联。具体而言，本书指出，就业环境的短缺会导致个体行为偏好发生规律性变化，他们的思维模式更倾向于具体化，行为选择策略更倾向于快策略，短视与具体的思维特点会导致诸多后果，如更倾向于落袋为安、对工作投入的衡量指标更仰仗时间的累积、加班加点，而非脑力和心力的自觉投入。这种"快策略"的选择和我们一直以来渴求的创新是否有相悖之处？我们现有的管理 KPI 是否又在强化这一评估方式？

3.5.2 个体行为选择可以从具体/抽象角度进行区分

以往应用在组织行为学中的心理学概念众多，但其关注点往往是从其功能性的角度进行行为描述的，如组织鼓励的创新、组织公民行为、组织摒弃的反生产行为等概念都与组织绩效有显著的联系，而本书中的行为衡量指标虽然同样侧重于个体层面，关注个体的工作行为，但却从与个人工作目的密切相连的金钱、时间的概念入手，对其概念从心理表征角度进行"抽象—具体"的维度划分。该研究结论指出，个体的行为选择往往与个体的心理表征特点相关，不同的外界事物对于个体不同的心理表征会导致个体不同的行为选择。我们将现实事物从心理表征的具体—抽象的维度进行了区分，以帮助我们将不同个体的工作行为进行感受性评价，从而更好地解释工作行为的来龙去脉，在工作实践中进行工作行为的有效解释、预测和管理。

3.5.3 过劳驱动机制的心理分析

心理学常常使用"刺激—有机体—反应"（Stimulus – Organism – Response，S – O – R）理论解释环境对个体行为的影响。该理论认为，环境刺激个体认知与情绪，最终会导致个体采取相应行为。以生命史理论为基础的不确定性效应依据该逻辑分析现实环境，尤其是在我国现实环境（S）的前提下，就个体在这个环境下心理活动与行为基础进行分析，从而建构出我国过度劳动驱动机制的理论模型。

（1）环境的不确定性来源。不确定性有的来自技术进步，有的来自制度的制定与改变，两种不同来源激发人们不同性质的认知、情绪和行为。其中，来自制度的不确定感更容易激发人们的不公平感，从而促使个体产生更多的恐惧、焦虑、愤怒等消极情绪。来自技术进步的不确定性更为正向，高成就动机的组织人员更容易感受到这种不确定性带给人的机遇，从而激发他们的投入和努力，他们会更意识到这种机遇带给他们向上跨层的渠道。既然保持一定的流动性是社会稳定的必要条件，那么我们就要对环境不确定性的性质进行深入分析和调整，确保其不确定性的正面效应处于优势地位。

（2）随着不确定性程度的提高，社会、组织或者个体对于事物的评价指标越来越倾向于外部的、具体的。例如，职位、颜值、身高或者学历等让人一目了然的个体要素，公司职员的KPI，省市领导的当地GDP，学生的学习成绩GPA，等等。员工的绩效评估方式也是如此，不确定性水平越高，员工工作投入的方式就越具体，员工想要表现出自己的努力就会在单位加班加点；组织评估员工工作投入也是如此，看到员工加班就鼓励，按时加班就有否定压力。这种绩效评价显然本末倒置，组织绩效就是想要结果的，但为了这个结果设计的激励过程却喧宾夺主成为员工工作行为的"尚方宝剑"，无论是员工还是管理者，很多时候都忘了过程监控只是手段，而不是目的。更让人忧虑的是：与物质化相对应的、内在的、抽象的评价体系有明显弱化的趋势。此消彼长的组织绩效指导思想导致了相当多的短视后果。例如，一个项目做成与否就是看财务报表，报表漂亮就给奖励，而这个项目是不是能给公司、组织带来长期隐患，管理是否存在长效机制，或者是否给社会带来福祉往往不是项目经理考虑的问题。可以想象，这种具体化的选择趋势从组织管理到员工个体都会选择具体外显的行为评估或者表达个体工作状态——用加班加点评价或者表达员工的工作投入。

（3）随着不确定性程度的提高，在能够控制的事物越来越少的同时，人们也越来越依赖于自己可以控制的事物。归因理论告诉我们，个体可归因的事物大体分为以下几类：外部的运气和任务难度、内在的能力和努力、自身身体状况等，这些因素有可控/不可控维度的区分，其中，努力是我国传统文化充分肯定的、个体可控性最强的因素，那么随着外部环境不确定性的增加，个体会更努力地投入工作，但过度努力会导致个体心理、脑力和心力的消耗，形成管窥。管窥会促使人们更依赖原有的行为方式，继续按部就班地持续努力。我们的研究发现，高功利主义者在这种倾向上的表现更为突出。就业资源短缺时高功利主义者更偏好用加班加点来表现自己的工作努力。这个结论进一步丰富了相关价值观的研究，提醒我们价值观在影响个体行为的同时也会受到外部环境的影响。

总之，在不确定环境下，我们完成了努力和金钱相连的认知环路，这个认知环路导致个体典型的过劳行为——努力挣钱，而证明自己努力的方式也趋向具体的行为模式——加班加点。换句话说，外部环境资源短缺会增加个体对加班加点的认可程度，推进了对过劳行为的认知研究。为了获得更大的经济成功，员工往往希望取得更大的工作成就并为此付出更多。以往研究普遍认为，加班加点是绩效考核等外部环境因素促成的，本书发现，在资源短缺时，不同价值观个体的工作投入方式也有显著差异。快策略选择与加班加点等具体的工作投入方式存在明显的相关。这一结论推进了主动性选择加班加点的个体因素的研究，表明了过劳中个体的认知因素也会影响个体的过劳选择。

3.5.4　启示

本书的研究对于企业的管理实践具有一些启示意义。

（1）随着组织内外部环境系统不确定性的增加，如何应对这种不确定性成为当前研究者和实践者均需面对的关键问题（Griffin，Parker & Mason，2010）。本书发现，外部环境资源短缺时（如经济不景气、自然资源短缺），企业员工更加偏好具体思维模式而非抽象思维，为组织管理者提供值得参考的管理方式，即在外部环境出现波动的情况下，应适当为员工增加金钱奖励而非单纯的精神奖励。

（2）随着社会的发展，环境的不确定性对员工的行为影响需要认真对待。例如，管理制度的朝令夕改，肯定导致员工的消极应对，长此以往企业期望的令行禁止的管理高效就会大打折扣；技术上的更新换代，需要引导员工加强在职培训，从自身技术更新出发跟上技术进步步伐，用积极心态寻找职业生涯的上升渠道。

（3）本书发现高物质主义价值观的员工更偏向在管理上进行形式上的配合。了解个人的物质主义价值观和工作投入方式偏好的内在机制，对企业制定员工评估、激励等政策具有借鉴意义。因此，了解员工的物质主义价值观可以帮助企业选择符合公司文化及价值观的员工，进而有效地降低员工离职意愿，更好地控制员工流动性。

（4）本书在现实情境下从员工工作投入角度验证了不确定效应，这种不确定效应很好地解释了个体过度劳动的驱动机制。遗憾的是，并没有在外部环境资源短缺情景（如经济不景气）发生后深入企业收集员工选择偏好的数据以验证本书的假设。但我们推测，对于亲身经历资源短缺的样本而言，本书的研究结论可能会依旧成立，后续研究将检验这一可能性。同时，促使外部环境不确定性的因素非常多，而本书仅关注了就业资源等外部环境资源，缺乏对员工行为偏好影响的关注，因此本书的研究结论对其他外部环境资源的不确定性是否适用，不得而知。

除解决了上述不足外，本书的研究也存在一定的局限性。首先，被试样本的选取。受样本可获得性的限制，本次实验以 48 名分属于人力资源管理、社会工作、社会保障和劳动关系专业方向的本科生为调查对象，但较少的被试样本在一定程度上影响了样本取样的准确性。同时，由于被试均属于特定专业的学生，并未将其他专业的学生作为本次实验被试，因此考虑到不同专业背景下就业环境的差异性，实验结论对其他专业的高校毕业生是否适用，尚待进一步研究。其次，实验采用情景假设的方式让被试在特定的就业环境中做出选择，尽管结合了现实生活中的社会现状，并反复验证了启动材料的有效性，但实验结论能否在真实的工作环境中成立还有待商榷。最后，在未来的研究方向上，为增加研究结论的推广范围和推进实验研究情境的真实性，期望在未来能够均衡大部分专业的高校毕业生，将其纳入被试范围进行调查研究，探究其在就业资源水平缺失的状态下工作投入的具体情况；同时，深入企业收集员工工作投入选择偏好的数据来验证本书的假设，以获得在现实就业环境下被试真实的工作投入情况。

3.6 结论

本书检验了不确定性效应，具体而言就是检验了外部环境资源短缺时员工工作投入行为方式的选择偏好。通过实验发现，外部环境资源短缺时，个体心理表征变得具体，进而偏爱与具体心理表征相对应的工作方式，并且这一现象在高功利主义者身上更为明显。本书的研究结论表明，当前面临的就业资源、自然资源等外部环境资源的短缺困境会让人们为了获取金钱而更愿意投入工作，且偏爱用加班加点的方式而非其他方式来表现自己的工作投入。

下篇　个案研究

理论言说纵使完美也不免苍白，生命之树即便残缺亦将长青。

—— 歌德

　　过劳者分布在各行各业，过劳类型也不仅仅存在于传统的体力劳动和脑力劳动两种劳动类型中。在上篇，我们从理论角度阐述了中国过劳的概念、类型以及运行机制，抽象地阐述了引发过劳的基本影响因素，其中包括环境因素和个体因素；在本篇，我们将关注过劳者个体，以小见大，希望从一个个活生生的案例中描述过度劳动的动态特征，呈现过度劳动者的各种引发因素，回应上篇中的理论阐述内容，并为应对过劳提供基本的数据支持。

　　本篇分为三章。第 4 章关注基层过劳者的工作现状。这些过劳者以体力劳动者为主，他们虽然持续超工作时长地努力工作，但往往在"干活是本分"的朴素理念下吃苦耐劳、乐天知命，这个群体有相当比例的过劳者充满着消极但乐观的精神，挣扎向前，希望通过自己的辛劳付出换来下一代人的衣食无忧。第 5 章关注重点放在以脑力劳动或情绪劳动为主的过劳者身上。这一群体有一定的学习能力，随着国际化、城市化和网络化的飞速发展，这一群体往往有能力、有机会了解（至少部分了解）社会发展规律。所谓"明者虑，智者忧"，这个群体中相当比例的过劳者对未来有深刻的焦虑，他们在这个不确定的环境下产生了强烈的不安全感。可以说，"不确定效应"明显。第 6 章尝试着分析了人们应对过劳的方式。不同个体自觉或者不自觉地选择了不同的应对方式：逃避、否认，甚至过劳死。媒体时常曝光一些过劳死的案例，很遗憾我们没有机会深入地实地考察、了解他们的工作和生活，但我们还是从自己能够接触到的角度分析了过劳（包括过劳死）的应对策略。

　　本书之所以在相当精力上付诸个案研究，是因为个案对于理解过度劳动的特点或者动态过程尤为有益。相对于问卷研究，个案研究具有能够捕捉翔实资料的特征，有助于发现新问题、新过程和新理论。而多个案例的呈现更可能发现普遍性规律。本篇尝试以 11 组不同职业的受访者为主线，通过详细而丰富的现实资料描述不同职业人群中过劳者的动态特征，揭示过劳过程中的运行机制，也就是说摸索可能影响个体进行过劳选择的外部环境特征及个体特征，并以此为基础有针对性地提出应对过度劳动的建议。

本章基于理论抽样，选择了 11 组受访者作为个案研究对象。案例选择的主要依据有：①符合上编理论中定义的过劳标准，是或者至少曾经是典型的过劳者。②过劳者有强烈的交流诉求，同时又在同事中得到了"诚实"以及"不极端"的评价。力求采访信息丰富且真实可靠。③11 组受访者各有侧重，其中 3 组体力劳动者来自农民工群体，用于体现体力劳动者的过劳状况；5 组城镇不同行业的体面劳动者，体现不同于农民工的城镇过劳者的过劳状况；此外，还有 3 组已经摆脱过劳状况的受访者，通过分析希望找到他们能够摆脱过劳的关键要素。

无论是受访行业还是受访个体，本书都是依据一定标准进行的选择。我们会在各章节逐一阐述选择这些受访者的原因。整体而言，在案例研究中，为了保障本研究的信效度，研究者努力做到了以下几点：①运用三角互证法（Triangulation），采用多种来源的资料反映个案现状，不同来源的资料相互印证。首先，都是在受访者的工作场所进行采访，从不同同事处获取相关资料，以实现资料的交叉验证。其次，从网络、现场座谈及观察等渠道验证并纠偏信息资料。最后，保持和受访者的联系，持续追踪，以获取更为详细的动态资料，捕捉研究中所需要的关键信息。②现场录音和记录，及时将整理的资料找当事人或相关人士确认。③中立立场。以事实收集为主，努力站在参与者和当事人的立场掌握情境和事件赋予的意义，从材料中概括观点，避免自说自话。

针对个案资料分为三步进行分析：第一步，针对受访者的描述，呈现劳动者的劳动过程，探索受访者过度劳动的动态特征；第二步，针对受访者的感受，总结激发受访者过度劳动的环境变量以及个人的认知变量，提取过度劳动的影响因素；第三步，整理所有受访者的访谈信息，提取一般化的激发个体过度劳动的影响因素，在微观因素的基础上，明确更为宏观的引发过度劳动的结构性要素。

为了遵循研究伦理，我们努力做到以下几点：①保障参与者的自主权。访谈及实地调查都是经过研究对象允许的，研究者会告诉受访者选择研究对象的标准；开展相应研究的过程中，研究对象有权利随时选择终止，并在结束以后得到小礼物。②对研究对象的个人信息予以保密，对研究对象姓名等原始信息在整理成文时都进行了相应编码，避免他们的个人隐私被曝光。③访谈过程中录音并记录相应关键语句，后期将录音文件转化为文字，并进行相应的校对以保证数据的真实性和可靠性。

4 体力劳动者的过劳动态特征分析

依据劳动中资源消耗的三种类型——体力、脑力和心力，过劳者的过劳可以依据这三种资源消耗类型进行分析。其中，单类型过劳者在我国劳动者中的比例不低，他们一般以体力过劳者为主，表现出相当突出的共性。

4.1 受访者的选择依据

我国的众多体力劳动者涉及不同的产业。鉴于研究目的，我们将关注点放在代工厂、物流以及平台上的过劳者身上，因为这几个行业不仅从业者众多，备受社会关注，而且对于他们的关注点又都集中在与过劳密切相关的内容。本章将以富士康流水线工人、超大城市快递员以及长途货运司机三类体力劳动者为研究对象，描述体力过劳者的生存现状及其过劳动态特征。

4.1.1 代工厂工人

随着全球供应链一体化的趋势，产业链分工也越来越细分，从而产生了专业的代工企业。改革开放以来，众多代工厂在中国应运而生，掀起了"Made in China"的浪潮。代工厂有大有小，少则三五十人，多则数百人，贡献了我国大量的就业岗位。中国是"世界工厂"，全世界早已经习惯了"中国制造"的商品，全球80%的空调、90%的计算机、75%的太阳能电池、70%的手机和63%的鞋都产自中国。总体而言，中国的代加工厂规模远大于其他国家。可以说，改革开放以来，中国在世界主要经济体中持续保持最快的发展速度，中国的代加工厂产业工人在这个过程中发挥了不可磨灭的作用。

近年来，中国制造业人力资源管理出现了一系列前所未有的问题，离职甚至自杀等负面事件严重影响了制造业的运行、发展和社会的和谐稳定。究其原因，中国产业工人基本上都是从农村进城打工、处于社会底层、权利未得到基本保障的所谓"移民工人"。这些移民工人中有相当比例的成为代工厂工人。长期以来，中国代加工组织在技术含量低、利润空间有限的情况下，通过延长劳动时间、加大劳动强度、压缩工资待遇等资本原始积累的方式维持工厂的运作与发展。老一代的打工者对此习惯性地默默接受，当大量的"80后""90后"成为代加工工人主体时，产业工人队伍的特点发生了明显变化。如何将原有的管理经验和现实背景与文化因素相结合，探讨现有管理体系的可行性和特殊性，摸索出一条适合我国产业工人实际情况的管理模式，缓解产业工人的过度劳动现状，吸引"新移民"选择成为产业工人，无论从理论上还是从实践上都有其迫切性和意义。

4.1.2　电商物流人员

我国处于经济发展时期，而电商物流作为 GDP 的重要来源，占国民收入的 6.71‰。根据《全国社会化电商物流人员从业报告》，2015 年我国的快递量已达世界第一；2016 年我国共有 203.3 万名快递业从业人员，其中 118.3 万名工作在第一线。《2018 年快递员群体洞察报告》显示，2018 年 8 月，我国快递员总量为 300 万人，比 2016 年增加了 50%；快递业务量达到了 490 亿件，比 2016 年增加了 57%，快递业务量的增速要高于快递员总量的增速。国家邮政局在 2017 年 2 月 13 日发布的《快递业发展"十三五"规划》中提出，我国快递市场规模稳居世界首位，预计 2020 年快递行业要建设覆盖全国、联通国际的服务网络。2019 年，中国快递业务总量累计达到 635.2 亿件，业务收入达到 7497.8 亿元，从业人数已突破 1000 万人。在同为"最后一公里"的配送末端生态里，餐饮外卖行业发展更为迅速，2019 年产业规模已达 6536 亿元，外卖员总数已突破 700 万人[①]。互联网生态的扩张，把中国的快递业和外卖业送上了发展的高速路。如此庞大的用工规模说明物流以及快递员在当代生活中占据越来越重要的位置，应该得到更多的关注。

随着我国经济的发展，互联网购物的兴起，我国对运能的需求逐年快速提升。据物流业内人士的判断：1000 千米以下，公路运输和高铁货运相比有明显优势；1000 千米以上，高铁货运才能发挥出优势；而 2000 千米以上，高铁货运才具有绝对优势。我国的高速里程已经是世界第一，高速公路的不断延伸让我们国家的公路运输速度不断提高。和铁路运输相比，公路运输更容易实现拼车发

---

① 《中国新闻周刊》2020 年 7 月 27 日，总 957 期，http：//www.chinanews.com/cj/2020/07 – 28/9249698.shtml。

货，它的时效性、灵活性帮助公路运输能够经济高效地实现点对点、门对门的服务。因此，我国的物流运输是以公路运输的货车为主。在可预见的未来，公路货运还是会有长足的发展，长途货运司机的工作环境、工作安全性、工作强度等也因此受到了大量的社会关注。

4.2　一名富士康工人的口述

4.2.1　背景信息

2016 年 7 月，在富士康工厂实地采访了 12 名工友。其中一名富士康工人的口述内容相当有代表性，主要内容整理如下。该受访者为男性（以下称为小范），20 岁，就职于成都富士康苹果电脑生产流水线，老家四川峨眉山，高中文化。在富士康工作 2 年。

4.2.2　访谈内容

4.2.2.1　基本工作状态

我们的工作内容非常简单，就像人们说的：只要四肢健全的人都能干。我没有关系、没有技术和学历，富士康门槛低，除了类似富士康的工厂要我，我又能去哪里呢？好歹不用担心拖欠工资。我就想着好好干，出去也没有好工作，我能干的工作哪个不是日复一日年复一年，一直重复的。我也认了。

车间基本没有休息日。虽然工人有休息日，但我不休息，休息了反正也没事干，也没有地方去，还不如去上班，也就没有那么无聊了。我宿舍的其他人有的在看韩剧，也有一个做抖音，我理解不了。每周工作六天，每天 12 个小时，吃饭在食堂，下班回宿舍休息，几乎很少出厂区。夜班、白班两班倒，平时工作太累，所以一有时间基本就是睡觉。

我想攒钱结婚，周末几乎不休息，工资可以高一些，赚钱了但没有时间花。在富士康厂区基本不需要走出厂，我可以完全脱离外界，做一个可以吃喝拉撒睡的"机器"，觉得自己精神上很麻木。

累了就想睡觉，也不喜欢聊天。一方面是一个宿舍上下铺 8 个人，大多不在一个车间，白班和夜班交错经常见不到，而且每天都有人离开又有新人进来，实在是不熟悉；另一方面是认识的、已成家的工友天天操心孩子的吃饭、上学等问题；还不到四十岁就开始担心公司裁员，怕自己被裁掉，担心自己在老家买的房子还不起贷款。越听越闹心，过一天算一天吧。吃点好的，慢慢过总会有办法，比如我小学学了八年就是学不会拼音，刚出来打工的时候，为了玩游戏，一周就学会了。以后的事情总有办法的，现在吓唬自己干什么？我原来就想没有房子怎么结婚，结果我爸已经在老家给我盖了一所大房子，等我过年回家找个媳妇。厂里男女比例严重失调，就算有大多也是中年已婚，年轻女孩少得可怜，一条线上最多一两个，她们只会在你发工资的时候找你玩儿，花完钱就再也不会理你，她们根本不想找厂里的人做男朋友。

对未来的打算：出来之前还想着吃几年苦，能在大城市买个小房子安家，现在彻底死心了，我不怎么出去，但偶尔出去看看，人多，交通拥挤，房价那么高，全世界都一样吧？现在房价涨得太快，高得我已经不用想买房的事情了。这倒是让我踏实了不少。我已经在老家盖了两层楼，钱越攒越不值钱，买房子踏实。等不干了就回去。

4.2.2.2　不同的工作状态

随后，又访谈了被受访者提到的做抖音的工友（下文中称小刘），他是在快手上做富士康招聘。受访者说很多富士康老员工都在快手上做招工兼职。富士康一线工人的流动性大，因此不可避免地存在常年招工的现象，几乎全年每天都在招募，尤其是拿到代工大单，劳工就更加紧缺，因此凡是成功推荐自己亲友进入富士康的，推荐人和被推荐人都有 1800 元的奖金，每满一个月发放 600 元。他从一年前开始在快手上拍摄关于富士康厂区生活的短视频，为网友提供入职咨询。在招聘旺季，他每天都会发一两次短视频到网上。去年 9 月，他一个人就成功招聘了 50 人。当然这样做会在辛苦上再加辛苦：不仅发视频，还要帮助新人适应厂区生活，如通知面试地点和时间，告诉应聘者如何面试、如何选择候选岗位，事无巨细地为新工友提供帮助。因为只有新人顺利度过三个月试用期，他才能拿到全额奖金。

4.2.2.3　补充信息

代工厂在中国遍地开花，对于代工厂工人的工作环境、工作时长，中国香港NGO 组织（Students and Scholars Against Corporate, Misbehavior, SACOM）于2015 年以及 2016 年春天，以工人身份于中国沿海以及内陆省份的代工厂进行卧底调查，这些工厂分别位于广东、安徽、山东、湖北。调查发现，ZARA、H&M、GAP 三个品牌的社会企业政策看似十分全面，然而工厂中的现实状况与品牌在其供货商企业社会责任政策中所宣称的大相径庭。调查组发布的《品牌企业社会责任伪善背后的真实现状：ZARA，H&M，GAP中国供应链调查报告》中指出：由于快时尚的"快"，以及竞争带来的价格战，上述快时尚品牌及集团通过向供应链进行削减成本施压，方可成为全球前三大快时尚品牌及服装制造商，由此带来的是供应链工厂工人恶劣的生存环境。

工作时长。尽管上述三个品牌在企业行为守则中皆有关于工作时间的规定，包括供应商工厂必须符合国家法律工作时间、工厂工人每周必须休息一天、不允许代工厂工人每月工作超过48小时和加班超过12小时。但是，经过调查发现，这些代工厂为了达成品牌紧迫的送货时间，迫使工人加班。工人往往受到来自管理者以及其他工人的巨大压力，为了完成产量要求，有时甚至早上七点半就开始工作，凌晨一两点才能下班，一个月只放一天假。SACOM调查发现，在南海南宝鞋厂，工人不但有超长的工时，还有严苛的罚款制度，一旦缺勤，炼胶生产线的罚款为300元，成型线的则要罚款3倍工资。另外，即使是生病，生产线员工在未得到生产经理批准前不得请假。有员工表示不得不带病工作，直到生产经理摸他的额头发现真的很热，才批准了半天的假期。

和超长工作时长相对应的是低工资。SACOM调查发现，各品牌的行为守则规定供应工厂需支付可维持工人基本生活需要的工资，然而上述工厂的工资都以十分微薄的固定件价计算，工人唯有通过加班尽可能地增加产量，才能勉强糊口。淡旺季以及品牌频繁地改变订单款式更令工人的工资不稳定。总的来说，工人的工资实质上十分低，不足以维持生活所需。

除了工作时长和工资，工厂环境也让人揪心。ZARA、H&M、GAP等品牌和集团承诺供应厂提供健康和安全的工作环境，但事实上，工人经常在没有充足防护设备的情况下接触有毒化学物品、棉尘和有害粉尘。由于缺乏训练和安全措施，机器操作并不安全，火警逃生通道狭窄且不畅通，工人的健康和安全经常处于危险中。

尽管这几年政策在不断推进，代工厂工人的工资得以提升，工作环境也在逐步改善，但代工厂的超长工作时长依旧存在。如何改变代工厂不公平的薪资架构，在法定工作时间内支付工人工资、提供工人足够的职业健康安全训练，帮助工人捍卫自己的权利并还给工人更好的工作环境，需要得到更多管理者的关注。

4.2.3　实地调查资料分析

作为"代工之王"，富士康1988年投资中国大陆，是全球最大的电子产业科技制造服务商，在业内有相当影响力。可以说，富士康是中国电子产业高速发展的见证者和重要参与者，拥有 120 多万名员工的富士康，体量足够大，公布出的超长工作时间以及"连跳事件"又进一步吸引了媒体和民众的关注。本书选择富士康进行实地调查就是想看看这些背井离乡的打工者将如何面对繁重的体力劳动，又准备在未来的职业生涯选择中何去何从。

4.2.3.1 认命与抗争的混合体

让项目组访谈印象最深刻的是，大多数受访者觉得这个社会挺公平。当研究者质疑："是吗?"他们说："即使不公平，也是合理的。"若再追问："为什么说是合理的?"他们说："即使不合理也是正常的，因为这个世界就是这样的。"总体而言，在访谈中，沟通没有任何冲突，他们往往选择认可你的观点或者判断。但有意思的是，他们并不会就此改变自己的立场，而是在这个所谓的共同点上寻找自己的立足点。在与物流小哥的访谈中也有类似表现。他们很少表现出网络上常常出现的戾气。他们似乎从不考虑命运为什么这样，他们考虑的就是：我现在需要怎么办。有随波逐流、安之若素的，也有想努力改变现状的。但他们的表现前提都是：他们都是在自己的现实基础上考虑怎么应对，并不质疑命运的安排。换句话说，这些背景下的打工者在求职中几乎没有议价意识，他们只是顺从地接受命运的安排。

城乡歧视仍然存在，对于受限于学历等因素而无法脱离原有社会阶层的蓝领工人，这种歧视尤其突出。虽然有学者认为新生代农民工的服从和忍耐性低于他们的父辈相关个性特质（章元，2011），但相比于某些城市人的怨气十足，他们依旧是坚韧的，认为只有通过自身努力才能改变命运的"勤劳"捍卫者。他们努力工作、有很多务工人员住在城乡接合部，维持着最低的生活水准，希望通过努力工作，完成"挣钱—存钱—购房"三部曲，从而实现命运逆转。

这种命运的逆转难度相当大，钞小静和沈坤荣（2014）的研究指出，城乡收入差距会影响其所属劳动力质量；城乡收入差距过大会导致初始财富水平较低的农村居民无法进行人力资本投资，从而制约劳动力质量的提高，较低质量的劳动力只能在传统部门从事传统生产。我们发现，新生代农民工即使已经被雇主说远不如其父辈吃苦耐劳，但我们的实地调查员（一般是在校读研学生）还是看到了他们巨大的劳动消耗，认为他们的工作状况显著过劳，自己承受不了。

总之，这些背景下的打工者的确更能吃苦，在努力抗争自己的命运。可是，这样的现实既不利于传统部门自身生产效率的提升，也减少了进入现代部门从事生产的劳动力数量，进而影响了中国的长期经济增长。我们应该及早反省并改变这种组织受损、个体受累的社会运行规则。

4.2.3.2 人的工具性属性突出

访谈中，总要询问他们："你以后怎么打算？"他们往往希望现在的工作能稳定地存在下去，或者再找一个挣钱更多的工作或者更好的老板。计划回老家的人非常少，尤其是年轻人，能够感到他们对城市生活的向往。事实上，千人千面，不同的人会做出不同的选择：40 岁左右的中年人和 20 岁左右的年轻人选择差异显著；即使都是 20 岁，人们的选择也往往不同。对于外地务工人员，回去还是留下？这是一个基本问题。不同的人有不同的选择：一部分人（像小范），尤其是 40 岁及以上的中年人：他们往往会在老家拥有一所大房子——父母盖的或者自己盖的，几乎将家庭的全部积蓄投入进去。对城市没有表现出更多的眷恋。他们会说：干不动了就回去。还有一部分人（像小刘），努力适应社会需求，努力为自己留在城市创造条件。

一个来自农村、选择在城市打工的年轻人往往是这样的背景：他们的父母作为早期的农民工，以自己的勤劳（如建筑工人、流水线工人及从事服务行业的销售人员、家政服务人员等）给了子女虽然孤单但相对富裕的童年生活，同时也将自己的积蓄一股脑儿地投入老家的宅基地上。现在，这一批留守子女已长大成人（国家统计局相关数据显示，2017 年新生代农民工在全国农民工总量中的占比已经超过一半，为 50.5%），不会种地也不想种地，只想到城市找出路。他们的父母往往选择"回去"，但他们则选择"留下"，不同的规划和价值判断立足点完全不同，两代人之间的冲突不可避免，甚至不可调和。从父母的角度来看：现在有吃有喝比以前好多了，房子也盖好了，你们为什么不回来？不知足！从儿女的角度来看：留在没就业的地方有什么价值？我们回农村干什么？但工作地没房住，他们的起点异乎寻常地低于城市原住居民的起点。经典的《科尔曼报告》（1964）发现，影响孩子学业成绩的主要因素是家庭，学校是次要因素。农民工的学历往往不高，从事的行业往往是拼体力和时间。事实上还远不止于此，对于家庭，他们的父母无论是从物质上还是从精神上给他们的支持都微乎其微；对于社会，他们面临着工资、福利、就业机会等方面的歧视（吴珊珊等，2019）。

无论他们做出怎样的选择，在访谈者看来，他们思考问题的立场完全一致，钱是他们的判断标准，工作就是为了挣钱。没有哪个受访者能在流水线上体验到积极情绪，无论是什么选择（留下或者回去），他们依据的标准都是自身的经济状况。他们不谈兴趣、努力做网络直播的也是为了奖金。访谈者能看到直播者的表演天赋，但受访者似乎从没表现出一个演员梦，个体的行为标准只有钱。就如马克思所言："由于机器的推广和分工，无产者的劳动已经失去了任何独立的性质，因而对工人也失去了任何吸引力。工人变成了机器的附属品，要求他做的只是极其简单、极其单调和极容易学会的操作。"（马克思，1848）时间已经过去上百年，从受访者的描述中我们依旧可以看到这种可怕的现象：金钱本来应该是个体获取财富、尊严和幸福的工具，但工人为了挣钱，在单调、无休止的重复工作中失去了自我，钱不是服务于他们的工具，而是控制他们的君主。对于他们而言，想要挣钱，能看得见的唯一仰仗就是"勤奋"，选择"过劳"成为他们的必选项。

4.3　奔命的快递小哥

4.3.1　背景信息

2017 年 11 月初的实地观察。

观察对象：小刘，河南人，32 岁，和妻子都在北京打工；有一个女儿和一个儿子，孩子都在老家由父母照顾。

骑着公司（顺丰）统一配售的电动三轮车，跟其他三个师傅组成一个小组负责一个片区。这个片区内分布着四个小区（三个相邻的小区，以及一个更远一些的小区，这里权且称为六号院）。

和大多数内陆省份农村的年轻人一样，小刘从十七八岁就到沿海城市打工，一开始到东莞进工厂、开摩的，试过很多的谋生手段。在来北京之前，在深圳一家鞋厂的流水线上当工人。为了和在北京某商场卖衣服的妻子团聚，来到北京做快递员。

4.3.2　一天的实地观察

2017 年 11 月 10 日，早上 8 点到公司库房，签到、扫件、分件、装车。装好车后到自己的片区，基本上 8 点半开始派送。从公司到片区有 7 千米的车程。

三轮车是他的工作伙伴。刚入职可以使用一辆免费的旧车，也可以交 2000 元押金提取一辆新的三轮车。新车跟了小刘一年"爆过 5 次胎，压力轴承和前轴承都换过"。

一百多个快件挨个打电话差不多用了一个多小时。电话接通后，几乎一半的电话都希望他送货上门，小刘都要礼貌道歉，希望对方体谅，自取为佳。中午时，手上的 100 多个三个相邻小区的快件派送结束，还有六号院的需要送过去。前三个小区很多可以坐在门口打电话等人取件，六号楼的快递需要挨家挨户一个一个爬楼送货上门。下午两点多，六号院的快件派送完毕，小刘回公司再取一车件，然后按照相同的顺序配送这四个小区。下午六号楼的快件达到八十多个，送件花了小刘将近三个小时。除了骑车和爬楼，小刘都是用跑的。

派件的同时，他的巴枪会不时地响起，有需要收件的就尽快赶过去。一般情况下，下午比上午的收件要多。

"公司说供吃供住，可是十一点开饭，这个时候我们肯定在外边送件，所以平时我都是早上大吃一顿，晚上再大吃一顿。"

把车上的快递全送完已经晚上 8 点，但他需要回公司。因为白天派完件，他还需要清点回执单，把缓派的快递送回库房，把准备寄出的快递交给同事，把发件和货到付款的钱交给财务。至此，一天的工作才算彻底结束。

4.3.3 访谈内容

在实地跟随一位快递员的同时，实地观察员也在分送快递的区域和其他快递员进行了实地访谈，从而对快递员之间的共性和差异性有了进一步的认识。

总体而言，无论是哪家公司的，他们的工作量都很大，一般一天要派 150 ～ 200 个件，"双十一"可以达到 500 件。从工作时长到体力消耗都达到过劳标准。

具体而言，不同快递员用不同的语言表达了同样的内容。

4.3.3.1 工作时间长、工作量大

"我们每天大概 6 点上班，什么时候送完什么时候下班，一般是晚上 8 点下班（一天要工作 14 个小时），要是节假日快件多的话，可能会干到晚上 11 ～ 12 点（一天工作 17 ～ 18 个小时），有可能还干不完，要第二天接着干""我们手机里都是顾客的手机号或微信号，下班了也会接到顾客的微信和电话。顾客也不会管你有没有下班，感觉下班之后还在工作""我 6 点半上班，下班就是什么时候送完什么时候下班，但也有特殊情况，就像今天下午顾客来电话，说要寄快递，但是他不在家，得让我等到他下班（晚上），9 点了我才拿完快递""平均每天要送 170 ～ 180 件快递，节假日的时候每天能有 500 多件，也不只是送快递，还要收快递，公司规定今天收的今天必须发出去""现在送快递划片儿，区域快递比较少的有 200 件左右，很多区域都有 300 件左右。每天的微信步数大概 2 万多步吧""'双十一'的活就更多了，能达到 500 件。微信步数 3 万步以上。"

4.3.3.2 苛刻的绩效考核

由于快递公司之间竞争激烈，公司在服务质量方面对快递员的要求极为严格，比如公司既严苛又缺乏变通性的绩效考核制度"简直没有天理"（从业者原话）。绩效考核标准主要是签收率，由于快递公司要求的签收率过高，每天的快递业务量不同，导致快递员一般会选择牺牲午饭时间来完成签收率。快递员的饮食不规律，心理时刻充满紧张感。为了完成一天的定额任务，只能延长工作时间。

绩效考核标准不会因为"双十一"快递量激增或是恶劣天气而改变。无论何时何地、何种背景，快递员一定会因为达不到考核标准而被惩罚。为了提高签收率，快递员延长工作时间，提高工作强度，而这很可能导致他们在路上出危险的概率提高。

此外，快递员都提到了自己被刁难的经历。一个快递员"接到系统派单，收件时，寄件人要求加单，由于是系统派单，身份已经实名认证，并且寄件人快递物品只是一张明信片，所以我收完件就直接走了。结果没几天，寄件人就打电话过来声称没有实名，要投诉我违反了规定。为了避免被投诉，我只好和他私下协商，给他200元红包才了结，我感觉是被套路了，可是也没有办法啊"。快递公司不会判定投诉是否合理。也就是说，除非顾客自愿撤销投诉，只要快递员受到投诉便会被认定，惩罚轻则罚款，重则被解雇。这种不问是非的判定制度导致快递员面对顾客的无理要求时也会尽力满足，面对顾客的无理言行时也不敢反驳，只能忍受。若是收到投诉，即使是恶意投诉，为了让顾客自愿撤销也会低声下气地向顾客道歉，从而导致快递员心理承受过多负面情绪。

4.3.3.3　没有相应的福利待遇

快递员的工资制度为计件工资制。按照《工资支付暂行规定》的相关规定，计件工资制的加班费支付规定应为在完成计件定额任务之后，由用人单位安排延长工作时间的须按照《中华人民共和国劳动法》支付快递员加班费用。事实上，快递公司规定的定额任务需要快递员从早晨6点连续工作到晚上七八点才能完成，在"双十一"这样的节日甚至要工作到晚上十一二点。在晚上，快递员的工作效率会降低，出危险的概率会提高，身体上、心理上的负担较白天更大，从常理上应该得到除货物提成以外的经济补偿，但快递公司依据相关法律规定并不需要支付。总之，不合理的工资制度导致快递员无法得到与工作时长相匹配的薪资。

单纯从工资总额来看，快递员的工资往往高于当地的社会人均工资水平，但考虑到工作时长，其时薪并不突出。尤其是"快递员会与快递公司签订劳动合同或劳务合同，但劳动合同不规范""快递公司为节省成本，不遵守法律制度，不为员工缴纳社会保险，节假日员工工作没有'三薪'"。快递员的工资构成"只有提成，没有（或者有很少）底薪"，这会使其出于经济动机而拼命工作。而且，没有底薪造成快递员不工作就没有工资，所以他们不敢休息，没有合理的休息时间也会导致他们连续工作时间过长，身体的疲惫长时间得不到缓解。

此外，《中华人民共和国劳动合同法》规定，用人单位与劳动者建立劳动关系，应当订立书面劳动合同。然而，一些快递公司并不会与快递员签订劳动合同，或是即使签署合同也不规范，如没有合同的有效期限。这种情况由来已久，而且从快递员群体比重上看，这种保障的缺失并没有引起相当数量快递员的重视。

4.3.3.4　不同公司之间管理存在差异

尽管基层快递员的收入基本由底薪、派件提成和收件提成三部分组成，但不同快递公司快递员的收入比重有差异。顺丰的一个件至少1.2元，京东的提成小件为1.5~2元，大件七八元的都有。申通的派件提成为一个件提成1元，一个月干30天，没有休息。

4.3.3.5　补充信息

有关农民工的问题。从他们对家乡的描述可以看出：农村出来的青壮年比例很高，但近些年也有一些让人担心的趋势。小刘讲到了他的家乡，"前几年我的老乡也出来不少，不出来的都是好吃懒做的。可是出来了也有各种问题，经济形势不好，干得好留下了、工钱能按时发放就很好了。我的老乡有几个干建筑的，很辛苦干了一年，年底包工头拿钱跑路，他们一群人追着去长沙讨债，大过年的住在旅馆，十几人挤在一间标准间客房里，花钱费心，发微信就是哭，听说因吵闹还被旅馆旁的居民投诉。可是他们能怎么办呢？最后也只好回家，但其实回去也没啥正经事可干，就是上网打游戏，待着待着就懒了。也有不回去的，就在外面熬。

4.3.4　访谈资料分析

互联网产业的蓬勃发展，成为社会发展的重要引擎，从事此行业的人往往能得到较高的经济回报。但较低的受教育水平，使农民工只能选择互联网产业生态中新兴的大量基础性、边缘性岗位。快递与外卖行业正是此类工作的典型。在平台经济下，借助于互联网技术的整合寄递流程，快递公司总部已经实现了对加盟商的"统一管理"，这种管理模式对加盟商层面的劳动关系产生"破壁效应"，进而对快递员工作时间、工资收入等核心劳动权利产生"反射性损害"。快递员工作量大，呈现整体过劳的趋势。和其他行业相比，快递员的受伤率更高。同时，身处服务行业，他们还需要面对精神上的压力。

4.3.4.1　普遍存在的超长工作时间

《全国社会化电商物流从业人员研究报告》搜集的4539份有效数据显示，快递员中有 61.7% 的站点员工每天工作 8～12 小时，有 24.7% 的快递人员每天工作 12 小时以上。电商促销旺季甚至超过 12 小时。这一数据和我们的访谈、观察结果完全一致。为了应付"双十一"，我们参与观察的快递点全员出动，仓管人员、财务人员都来到一线送快递，以上种种均显示在快递员中存在相当严重的过度劳动现象。

亚当·斯密在《国富论》中提到：计件工资往往会导致个体过度劳动而损害自己的健康。为了避免这种情况，英国士兵在按件计酬进行某项特殊工程时，就要规定他们每天所能获得报酬的上限。显然，限薪方法在我国现阶段不可行：对快递员个人而言，他们离乡背井，几乎没有个人生活，他们最大的期望往往是尽可能多地挣钱；对快递公司而言，降低快递员单位时间的报酬率，就会降低快递物流单价，吸引更多客户，进而促使快递公司运营成本进一步降低，形成工作运转的良性循环。

总之，对于快递员超长的工作时间，不仅快递需求方乐见其成，快递员也因为增加个人整体收入而积极参与，物流公司更会为了降低运营成本制定相关规则激励员工的过劳选择。换句话说，与快递相关的各方都有促使快递员增加工作时长的功利性冲动。

4.3.4.2 低成本运营下的违规冲动

不管是新闻报道还是实地观察，研究者对快递员的交通违规印象深刻。但访谈结果是，很多快递员说之所以选择快递而不是外卖，就是自感快递员的交通违章现象要好一些。这让研究者颇为感慨，无论是快递员还是外卖送餐员，我们都希望他们工作途中是安全的，最大限度地降低交通风险。但事实上，这些物流服务人员承受各方面的压力，从而产生交通违规的强烈冲动：①客单价低、底薪低，必然造成抢单、多攒单的行为。②公司对每一单都有明确的时限要求，多抢单后只能尽快送达。③违章成本低。④客户要求尽快送达的投诉压力。可以说，这是一种恶性循环：快递员、外卖员希望多挣钱、多接单；用户希望早早送达；公司平台之间存在竞争，为了吸引足够多的客户，尽量降低客单价。

总体而言，在人口密集区的城市，尤其是在超大城市，由于人口密集效应导致服务型行业蓬勃发展。如果这种持续蓬勃发展的基础是：资本权力在劳动力市场占据绝对话语权，劳方既没有统一战线又没有话语权，那么必然会出现从业者低成本运营这个令人遗憾的现实。

4.3.4.3 物流群体的"五险一金"

《2018 年快递员群体洞察报告》显示，快递员以 20～30 岁的男性为主，近八成是农村人口，学历以中专、高中、技校学历为主，五成以上工资水平为2001～5000元，少数能达到8000元以上。总之，完成基本的投递任务并不需要多少技术含量，入职门槛低，物流工作对务工人员的学历要求不高，这就导致即使快递员每天高强度工作10小时以上，仍然是进城务工人员的优选。

从现实角度分析，快递员的构成也说明了这一点：他们多为进城务工的青年农民。在苛刻的、无弹性的计件薪酬面前，快递员自愿多送快递，自愿加班，造成工作时间过长、工作强度过大。从实地调查来看，快递员虽对加班加点有怨气但也接受，因为只有这样才能带来他们想要的收益，研究者将这种现象称为"主动过劳"。但是，如果员工通过正常工作能带来体面生活，又有多少人会选择主动过劳而放弃个人生活。

事实上，这种被动性在快递员的"五险一金"方面也表现得非常突出。以顺丰为例，作为上市公司，顺丰为员工提供了基本福利保障——"六险"，除了法律规定的"五险"，公司还为员工缴纳了一份"意外险"，用于额外交通事故的保障，但没有住房公积金。其他的快递公司，尤其是加盟制网点的社保难以保障。多家快递公司的加盟站点的快递员都表示，公司没有为自己缴纳"五险一金"，甚至没有签订劳动合同。没有规范的劳动合同导致快递员无法有效地保护自己的合法权益。例如，无故被辞退的风险；与此背景相关，如果快递员没有和快递公司签订劳动合同，其劳动关系难以认定，当快递员生病或发生工伤等情况时，自己承担全部医疗费用成为必然；如果有后遗症，快递员的负担还会加重，从而导致"因病致贫"的严重后果。即使有意外险，也只有在发生重大事故导致人身亡故或者残疾时才给予赔付。由于疾病或者事故导致疾病等情况，保险公司都不会赔付或赔付不全。

大多数的快递员接受"公司不给上'五险一金'"的所谓"行业惯例"，只希望多挣"辛苦钱"；被访快递员甚至认为公司给上的"保险"都不是自己的。有研究者这样总结出现这种现象的原因：快递员学历普遍较低，对法律不了解或法律意识淡薄，不知道或不在意与快递公司签订劳动合同，也不了解劳动合同的规范性；换句话说，就是快递员的自我保护意识不足导致物流群体没有积极争取自己的权益。

但通过具体分析发现，快递员忽视保险意识有其现实基础。以住房公积金为例，大多数的快递员没有住房公积金，快递员也不要求公司给他们提供相应的保险，只想得到更多的现金（"落袋为安"）。对比京东外卖员，京东按照法律要求给员工缴纳"五险一金"。遗憾的是，现实表明，外卖员更看重的是到手的工资金额，并没有对"五险一金"表现出充分的认可。原因很简单，大量的物流人员并没有资格在自己工作的城市购买住房。如果回到原籍，大多只能在老家的宅基地上盖房，这种自住房并不符合异地提取公积金的条件。无法提取的公积金对这些返乡农民工有何用？

叶裕民等（2020）将农民工称为"两栖人口"，并用图 4-1 描绘了农民工在城乡间的迁移特点。因为没有规范的失业保险，没有充足的医疗保险、工伤保险、养老保险以及住房公积金，这些进城务工农民的生活往往处于不稳定状态。一方面，大城市高昂的物价和户口问题让小刘夫妇没办法把子女接到身边，老家的低收入也让小刘夫妇无法在老家找到合适的工作。一言以蔽之，"有工作的地方没有家，家里又没有工作"。为了应对生活风险，快递员会产生更加强烈的经济动机。为了提高收入，面对计件工资的绩效考核制度，他们只能选择工作时间更长、强度更大；长时间的过劳，包括身体、家庭在内的各种不确定风险增加时，往往更要抓住最后一根救命稻草——收入，显然，这是一个难以挣脱的恶性循环。

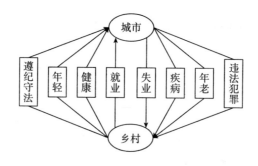

图 4-1　中国改革开放以来"两栖人口"在城乡之间流动机制

4.4　车轮上的长途货运司机

4.4.1　背景信息

宁夏回族自治区中卫市海原县七营镇位于固原市原州区北部，距市区 65 千米，辖区 13 个行政村，宝中铁路、银平公路、福银高速公路穿境而过，交通便利。同时，该地区水资源匮乏，农业收入不景气。当地农民无其他谋生技能，多数家庭依赖便捷的交通和丰富的货源等优势，从宁夏各市装运货物前往陕西、新疆、江苏等地，形成了以长途运输收入为主要生活来源的特色产业。

本节将以七营镇为例，选取该镇具有代表性的四位长途货车司机，分别代表四种运输类型：①家庭自有货车，无贷款自负盈亏；②家庭无货车，受其他个体临时或长期雇佣；③自家贷款购买货车，每月固定还贷；④家庭无货车，与企业签订劳动合同构成长期雇佣关系。尽管获取运输的类型不同，但他们都是来自农村，没有其他谋生手段的劳动者。

本节主要采取访谈与观察及追踪调查相结合的形式，收集并整理实地调查信息。

4.4.2　实地调查内容

4.4.2.1　自家有车、无车贷的司机

男，40岁，小学文化，不抽烟不喝酒，平时开车经常喝据称有助提神效果的饮料。

身体状况：患有糖尿病、肾结石，脱发严重。

家庭背景：家里有老母亲需要赡养，有三个儿子（当年超生曾被罚款）都在上学：大儿子在北京上学，每月开销很大；二儿子在寄宿制学校读高中，每学期资料费花费较多；老婆在家待业，祖辈没有田地。

家庭经济来源与支出：①收入：每月预计收入为1万元，但不固定。现在货源越来越不好找，往往好几个月都在等待货源，这几个月就没有收入。②支出：自己的货车车贷已经还清，但家里还有银行贷款5万元，每月都要还款，压力非常大；现在油价涨得非常厉害，高速公路过路费高，货车每年都要上几万元的保险；每个月需花费一两千元保养车辆，每月随份子至少1000元，尤其是冬天结婚的人非常多，常常为了随份子需要加班加点多跑几趟车。三个儿子学费也高，尤其是大儿子在北京上学。

出车现状：没有固定的工作时间，啥时候有货就啥时候出发。每次开长途车，都是早上6点开车到晚上12点睡觉，中途吃午饭后会休息1小时，遇到货主催货的情况，中途一般不会停车休息。每天24小时几乎都在车上，为了节省开支，吃住也都在车上解决。出发之前会带干粮、米饭和切好的肉，饿了就把米饭和肉倒进电饭锅，煮好后在车上解决。

如果货物实效长、货主不催，还可以保证有一定的休息时间，但是像水果这样容易腐烂的货物就得连夜送货，一天也就休息四五个小时，货物送到后得睡好

几天才能缓过劲儿。

现在跑长途运输的人越来越多，货源却越来越少，有时候等好几天才能等一车货，还不一定有好的运价。如果在家找不到货源还好说，毕竟在家里开销比较小，但是如果没能提前联系好货源或者货主方出现了问题，会产生很大的开销，常常在外地一等就是十几天。住的问题还可以在车里解决，但是时间太久带的干粮吃完后饮食开支会很大。运输期间的一切损耗，包括货物丢失、油箱或轮胎被盗、超载罚款等都需要司机自己承担，如果空车回来成本会更大，这一趟就相当于白跑了。

由于我们镇货车司机大多数且都是个体经营，工作时间自由灵活，天气太热或者太冷的月份容易偷懒，想要少跑一两趟，但是整天待在家街坊邻居免不了议论。做人还是要勤快一点。

4.4.2.2 自己无车、依靠短租为生的司机

男，35 岁，小学文化，基本识字，不抽烟但是经常喝酒。

身体状况：视力近些年明显下降，患有腰椎间盘突出、胃病。

家庭背景：家里八口人，父母健在但没有劳动能力，一儿三女都在上学且年龄较小，妻子也没有工作。

家庭经济来源与支出：①收入：每月收入不固定，情况好的话可以每月六七千元，没活的时候几乎没有收入。②支出：银行贷款 5 万元，房贷还有 10 万元，家庭最大的开销是子女学费，尤其小女儿正在上幼儿园，给家中经济带来很大一笔支出。

出车现状：和车主轮流开车，每人差不多六小时，一直到目的地。由于货车不能进城，住路边的旅馆比较费钱，环境也不好，所以晚上都睡在驾驶室的床上，两人开车时一般轮流休息，每趟比较节省时间，偶尔需要洗澡时才会住宾馆。

遇到下雨或者下雪天注意力必须高度集中，还得每隔一段时间停车检查货物和车辆，天气恶劣时检查车辆非常消耗体力。

货车司机以前只要肯吃苦，还是一个很赚钱的行业，但是近些年货车司机越来越多，车主挣钱也不容易了，所以很多车主都不雇用司机，而是选择和妻子一起跑长途车。路上还可以帮忙做饭，聊天解闷，所以很难找到长期固定的雇主，自己又没有钱买货车，只能联系镇上的熟人跑车时尽量带着自己，所以收入不高而且很不稳定。

4.4.2.3 自己有车有贷的司机

男，36 岁，初中文化，没有其他的谋生手段，之前不抽烟，但是开车容易

犯困所以开始依靠抽烟提神。

身体状况：患有腰椎间盘突出，肾结石，严重耳鸣。

家庭背景：家中九口人，父母身体非常不好，经常生病住院，一儿四女年龄较小，都在上学，妻子无业。

家庭经济来源与支出：①收入：每月收入 1 万元左右。②支出：银行有 10 万元贷款，早年间欠他人贷款 10 万元，车贷有 30 万元，子女上学费用高，父母有病在身，每月都有高额的医疗费。

出车现状：白天要么在找货，要么在开车。如果雇司机帮忙一般需要支付每月六七千元的工资，只好我一个人全天开车，一般超过 12 小时。

货车车厢每次装货后都需要盖上防雨防晒的篷布，单独雇人帮忙每次都需要多几百元的价钱，为了省钱大部分司机都会自己盖，又重又脏的篷布非常难盖，尤其是冬天太冷、夏天太热，每次遇到交警检查的时候还得把篷布掀开再重新盖。

周围五十几岁的人都还每个月出车两三趟，自己又需要每月还车贷，根本无法长时间在家休息。现在货主不愁找不到司机，所以拖欠运输费用的行为越来越严重，常常每趟跑完尾款好多天都拿不到。

每趟如果不超载的话利润非常少，但是超载的罚款费用很高，是一种非常冒险但在生意不好的月份又不得已的行为，所以往往只能趁着晚上路况好、限行少的时候开车。夜间容易疲劳，照明不足容易发生交通事故，但是能够降低成本、减少运输时间。

4.4.2.4　自家无车但有长期货运合同的司机

男，37 岁，初中文化，除了开车没考虑过其他职业，抽烟。

身体状况：脱发严重，经常耳鸣，患有腰椎间盘突出。

家庭背景：家里有七口人，两个儿子，大儿子临近结婚年龄，小儿子在上学，还都没有工作，妻子在家务农，父亲有退休工资补贴家用，母亲没有劳动能力。

家庭经济来源与支出：①收入：每月工资收入固定为 8000 元。②支出：家中债务较少，但大儿子马上面临结婚，需要至少 20 万元的彩礼，小儿子在学阿拉伯语，学费很高，家里日常开销高，经常入不敷出。

出车现状：每天基本固定早上 7 点发车，到中午 12 点吃饭，吃完继续开，到晚上 10 点休息。公司有具体的安排，和沿途的宾馆都有长期合作，所以每晚都有固定住所。不过宾馆环境不好，有时路上遇到特殊情况，为了不耽误送货会选择住在车里，午饭也比较固定，经常走同一条路线，所以沿途饭馆都很熟悉。

拉的货物基本都是煤炭，每天都要发车，连续开十几个小时的车，面对的场景单一枯燥，非常容易产生视觉疲劳，尤其夜间行车非常容易发生交通事故。这一行业风气不好，报假账现象泛滥，给公司干活每趟车都严重超载。不过路途中，尤其是在服务区休息时，常常会遇到趁货车司机休息时偷油、偷货物、偷备胎的人，货车每次加满一箱油得 1000 元左右，这种意外损失需要自己承担，因此很多司机不会选择在服务区休息，但是在路边休息也担惊受怕。

运输行程随公司安排，公司发展好了也就干得舒服，发展不好就会失业。

4.4.3　实地调查资料分析

4.4.3.1　体力过劳的典型形象

受访者均处于典型的过度劳动状态：①每天工作约 12 小时，中途一般只会有短暂休息；连续工作时间长，需要长时间集中注意力，工作场景单一枯燥，危险系数高，没有明显的工作和休息的场所区分，每天吃、住、工作都在密闭的驾驶舱内，饮食和休息条件恶劣。②装卸货物和检查车辆货物都非常消耗体力。③身体状况不佳，多患有腰椎间盘突出、脱发、肾结石、耳鸣、胃病等职业病。

职业发展前景黯淡：月收入 6000～10000 元，但收入仰仗于货源情况，非常不稳定；增加收入的唯一办法就是增加劳动时长；与此同时，货车保险、保养、加油费用高昂；夜间行车、疲劳驾驶、货主拖欠运输费用，货物、汽油被盗等现象普遍存在。

上述四位受访者有很多相似之处：他们都是已婚中年男性；文化水平不高，多为小学和初中毕业，缺乏其他谋生手段。家庭负担重：家中人口众多（至少六口人），妻子均无工作，老人体弱多病，孩子均处于读书阶段；家中均有负债，有银行贷款，还贷、孩子学费、父母住院医疗费用、彩礼等为主要支出。

这是一个令人尴尬的现实。研究结果告诉我们，生育意愿一般随着国家经济发展水平的提高而下降，人们对于生育的关注会逐步从数量转移到质量（马志越和王金营，2020）：国家在放开"二孩"政策后，我国符合条件的 1100 万对夫妇中，只有 70 万对提出申请，其中 62 万对获批，远远低于官方预期（每年将增加超过 200 万个新生儿）。在国家整体生育力下降的同时，选择更多生育的群体在我们受访人群中出现了：参与采访的长途货车司机均为多子女。De La Croix（2008）等研究显示：个体的生育决策和教育决策相互影响，穷人更倾向于多生孩子并较少投资于教育，较低的教育投入会拉低整体人群的平均教育水平，不仅增加家庭的代际跨层的难度，同时也会阻碍国家经济增长。

毋庸置疑，人口红利在我国的经济增长过程中发挥了至关重要的作用。提高人口出生率，对我国经济发展具有极其深远的意义，相关研究告诉我们，同样经济发展水平国家的人口生育政策会显著影响该地区公民的生育行为。一个国家的社会福利越好，公民生育意愿越高。既然人口趋势是国家层面的问题，生育权不仅是人权问题，也是关乎整个国家、社会的持续健康发展，因此制度层面需要加大力气提高公共服务水平，提高社会福利从而普遍提高适龄家庭的生育意愿。

4.4.3.2 "囚徒困境"的现实版

我们在访谈中曾经涉及有关超载的话题，但他们大多用"不超载不赚钱"一语带过，不知道是否有意回避。作为经济学领域的工作者，我们都知道有没有利润是由供求关系决定的。多年前，大客车也曾经用这个理由解释超载原因。事实证明，只要下定决心"根治"，各种运输乱象是可以得到有效整治的。但是，从公路承载能力、运输成本以及流通成本各个角度进行评估，也许我们可以推测市场管理者接受这样一个观点：承受超载的危害，是提高城市供给效率（如低价物流）的必要代价。归根结底，这是一个成本和收益的问题。和美国的陆运成本相比，我国显然低估了超载成本，而看重超载的收益。在各种背景下，我国交通执法不严，超载罚得轻，更有可以人为操作的被罚可能性，结果"赢者通吃"。正如司机老板们所言，总有便宜货运在和自己争，自己涨价，别人不涨价，生意马上就没了。

这种描述非常像经济学博弈论中涉及的"囚徒困境"。原有的囚徒困境描述了一种合作对所有人好，但为了防止最差结果每个人都选择不合作的境遇。长途货运司机面临的困境似乎是"囚徒困境"的进阶版本：现实已经有了一种规则，如果违反了规则，需要有人出来主持规则，确保规则执行下去，这样对大家都好；但是如果制度执行者担心被报复或者不想失去执行过程中赚取的私利，就不会实施积极性的惩罚，致使规则成为"一纸空文"，得不到遵守。

在这样的制度及执法环境下，因为违法超载的大货车太多导致运费便宜，而运费便宜导致不超载的司机赚不到钱，最终逼得大家都超载，劣币驱除良币。市场在普遍超载的情况下，自由竞争仍然会让超载的价格下降，成功将货运市场改造成一个普遍超载维持薄利、不超载无法生存的市场。可以说，中长途货运司机的基本生存环境对司机是极其不友好的。因为司机的价格弹性很低，没有工会，他们就没有条件组织起来和货车老板进行基本的讨价还价，保护自己的权益。货车老板一定会将司机的收入对标于当地社会平均水平，尽可能多地把收益放在自己手里。

4.5 总结

随着我国经济的快速发展，"过劳"问题也随之频繁出现在公众视野之中，引发社会的广泛关注。在全球化时代的今天，有关医生、高校教师、IT工作者等脑力劳动者"过劳死"的报道尤为突出，过劳研究的聚集地点也主要集中在北京、上海等一线、二线城市。大量的过劳报道往往针对互联网行业，以及银行职员、医生护士等白领工作岗位。与之相对的，社会对广泛存在于我国各大中小城市的建筑工人、出租车司机、车间一线工人、长途司机等体力劳动者的关注度显然不够。在舆论层面上，我们基本听不到农民这个阶层发出的声音，该群体不会发表文章，尽管有学者就农民工群体进行了研究，但整体而言，社会对"农民工"的社会责任担负不足。就目前而言，舆论的传播更是掌握在有一定知识功底的人手里，有关农民工的生活现状就更是被人有意无意地忽视。可以说，这些基层的体力劳动者在默默地承受着生活重压。这些劳苦大众在抗争中坚信努力的作用，只要在努力中能有所收获，他们就会越发痴迷于努力。

在这里，我们在对受访者群体进行整体概括描述的基础上，着重从个体身份以及劳动价值入手分析访谈结果。同时，我们要强调以下观点：出现过劳的原因复杂，诸多因素造成个体的过劳状态；引发个体过劳的外部环境一样值得我们关注，对于这些影响因素，我们将在完成第5章的个案研究之后进行统一分析。

4.5.1 受访者的过劳现状

《2016年全国农民工监测调查报告》指出，2016年农民工平均周工作时间为49.5小时，日工作时长超过8小时的农民工占比64.4%，周工作时间超过44小时的农民工占比78.4%，表明农民工群体普遍工作时间过长。可以说，他们在时代的裹挟中身不由己、无能为力。

4.5.1.1 收入困境

农民工群体是我国社会发展的特殊产物，其劳动供给行为与城镇职工存在明显差异。新生代农民工向往大城市和新兴行业，他们奔向大城市谋生。这一群体中的绝大多数人教育受限，普遍为初高中文化水平，他们基本承接了城市所有的基层体力劳动，如保洁、餐厅服务、快递、建筑。依据劳动力市场的分割理论，农民工和城镇职工被分割在不同的劳动力市场，农民工作为弱势劳动力一般被迫进入二级市场就业。在二级市场中，农民工群体的拥挤导致他们丧失对工资的议价能力，雇主的决策导致他们较低的时薪水平，为了提高收入他们只能增加工作时间，如表 4－1 所示。我们有理由认为：较低的时薪水平与过度劳动有着密切的因果关系。

表 4－1　农民工群体收入与过度劳动分布状况汇总①

基本特征	总体		男性		女性	
	低收入	中高收入	低收入	中高收入	低收入	中高收入
小时工资（元）	11.55	39.16	12.09	39.05	10.98	39.41
工作周小时数	62.96	4835	64.81	49.58	60.98	45.48
过度劳动（%）	77.34	44.00	82.85	47.83	71.41	35.10
样本数	71573	33632	37073	23519	34500	10113

国家统计局数据显示，我国 2018 年农民工总量已经达到 2.88 亿人，规模庞大的农民工是推动我国经济发展的重要力量。然而与农民工持续增长的就业数量相比，农民工的就业质量不容乐观。工资水平低、工作时间长，与城镇职工相比，农民工工资收入相对较低，农民工超时劳动现象更为严重，长时间的劳动供给与其较低的工资收入形成鲜明的反差。统计数据显示，2017 年农民工工资月收入为 3805 元，而城镇职工工资月收入为 6343 元，后者是前者的 1.67 倍②。

大量学者关注了这些劳动经济学里的无技能劳动者（Unskilled Labour），Frenkel 和 Yu（2015）指出，这些外来务工人员往往选择 3D 工作（Dangerous、Dirty 和 Demanding），而没有其他的选择。2018 年 MIT 也曾发表综述文章③，阐述了学者们已经得出的相当一致的观点：尽管目前的人工智能和自动化技术距离构建一个可以依赖机器人生存的时代还有相当距离，但在未来的 5~15 年，自动化就可以取代很多教育程度较低、无技能劳动者的工作机会。简言之，自动化这一技术革命可能会为低技能劳动者的职业生涯和生计画上句号。当然，这种取代需要一个"过渡期"，在这个过渡期中，这些劳动力掌握的技能没有足够大的劳

---

① 韩东. 农民工就业质量研究——基于与城镇职工的比较［D］. 吉林大学博士学位论文，2019.

② 中国统计局. 中国统计年鉴 2018［M］. 北京：中国统计出版社，2018.

③ https：//www.technologyreview.com/s/610005/every－study－we－could－find－on－what－automation－will－do－to－jobs－in－one－chart/.

动力需求，不能容纳很大的劳动力供应，简单的供需关系就决定他们在劳务市场缺乏议价能力。如图4-2所示，尽管农民工工资绝对数值有明显提升，但相对位置不容乐观。

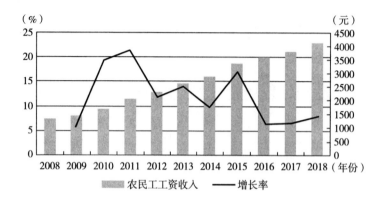

图4-2　2008～2018年农民工工资收入及增长率

当前社会资源分配不均，收入差距较大，2016年全国居民收入基尼系数高达0.465。甘梨等（2018）的研究结果如图4-3所示，我国的财富不平等程度在迅速升高。而我们的访谈也验证了这一观点。我们对受访者的收入水平进行了初步分析，得出的结论是：上述受访者中有相当比例很可能在努力获取收入的同时，也在被社会财富的平均水平抛离得越来越远。

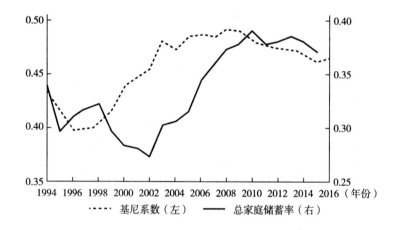

图4-3　1994～2016年中国家庭总储蓄率与基尼系数

资料来源：2009～2018年《农民工监测调查报告》。

大量的统计数据显示，相对于拥有较多财富的群体，贫穷往往对个体产生多方面的影响，其中最典型的结论包括：贫穷会限制个体包括想象力在内的认知能力的发展（Mani et al.，2013）；相对于富有群体，穷人的工作态度和工作产出更差（Kim et al.，2006）、对自己的财物状况掌控更差、身体状况更差。虽然这些要素很可能是导致个体贫穷的重要原因，但从另一个方面我们也不难发现，"继承性贫穷"、因病致贫等因素也会导致个体成为一个表现更差的劳动者。一个不具有竞争力的劳动者，在劳动力市场中必然会遇到更多被筛选乃至被淘汰的风险。为了应对失业风险，接受增加工作时间的过度劳动成为个体可以掌控的必要的议价条件。显然这是一个令人绝望的闭环：受贫穷以及受教育水平所限，诸多不利的原因导致个体成为一个在劳动力市场中不具有竞争力优势的候选者，为了被雇主接受，个体只能接受增加工作时间的工作准入要求；工作时间越长、越忙越不容易参与培训和自我提升，就越容易重复原有的选择和决策以及重复以往的失败行为，没有与雇主议价的能力，收入越难以提升。

4.5.1.2　从吃苦到麻木

中国文化对吃苦推崇至极，上述劳动者的工作生活条件很差，但他们还是对低劣的生活表现出极强的耐受力，这种隐忍与其不佳的早期儿童经历一脉相承。例如，由于父母进城打工，作为留守儿童缺少亲情、营养不良、认知水平受限、情绪发展不足；由于农村基础教育师资不足，孩子们没有得到更多的鼓励、没有享受到平等的对待，更多的校园霸凌往往会让他们更加厌学畏学，导致初中、高中毕业率不足。如果他们没有学会如何在极端贫苦中捍卫自己的体面和尊严，甚至"以苦为乐""以苦为荣"，那么就不难推测，他们在过度劳动的环境中也会"甘之如饴"，甚至激发了一些虚幻的崇高感，认为"吃得苦中苦，方为人上人"，只要拼命就能挣到钱，就能改善个人生活。

4.5.2　不是农民的农民

传统农民有其特点，英国历史学家艾伦·麦克法兰（2008）认为，传统农民至少具有十个特点，如以家庭为单位开展基本社会活动和经济活动、在家庭内部完成生产和消费、村庄高度自治、人口流动少等。如果以上述标准对应当代中国农民的现实生活状况，我国户口中显示的身份为"农民"的适龄劳动者大多已经不是真正意义上的"农民"。

从全球和发达国家经济体人口流动经验看，人口流向一、二线大城市、大都市圈及部分区域中心城市聚集的趋势不可逆转。在城市化大趋势背景下，我国逐渐形成了长三角、珠三角、京津冀等几个大城市群，这些区域的 GDP 占全国 GDP 的一半以上。基于"人随产业走"的人口流动逻辑，上述区域吸引了大量的就业人口。人口流动数据显示，该趋势已持续多年并仍将持续下去。北京、上海、深圳等大都市（圈）核心城市虹吸效应显著。汇总我国各地统计局人口流动数据可以看出如下趋势：一、二、三线城市的常住人口仍将持续流入，而五、六线城市的人口仍将大幅流出。2017 年国家卫计委发布的《中国流动人口发展报告 2017》显示，中国跨省人口流动放缓，省内人口流动增加，人口大省中的经济强市崛起。不管怎样，大量的农民工离开故乡来到城市谋生是事实。

在中国 40 多年快速城镇化过程中，人口大规模的流动成为常态，大量的农业劳动者进入城市，转换身份，步入第二产业或者第三产业，为社会创造更多财富，也为个人和家庭谋求更好的生活。陈蓉（2019）基于 2000～2017 年全国 31 个省份的数据，构建了省级面板数据模型，来考察跨省人口迁移对整体宏观经济及各省份经济增长的影响。结果发现：人口迁移具有明显的方向偏好性和年龄选择性，大规模的、以劳动力为主体的人口从欠发达省份向发达省份迁移集聚；省际人口迁移整体上促进了我国宏观经济的增长，但对不同省份的效应有所差别，对人口净迁入省份大多具有显著的正效应，对中西部人口净流失省份，或仅有微弱的正效应，或呈现不显著的负效应，或已具有显著的负效应。在这个背景下，受访者做出了不同的选择：有受访者背井离乡进入大城市成为产业工人，有受访者进入现代服务业，也有受访者选择利用当地资源，努力介入现代生活。选择不同，收益不同，代价也不一样。但其共同点就是：农民身份并没有改变，他们成了不种地的农民。中国的城乡二元制把他们束缚在农村，城市公共资源配置依旧以"出身"论，"农民工"在城市中的生存面临着一系列挑战；与此同时，农村老人依靠极低的成本养老，养老条件和水平极其恶劣。省际人口迁移对各地区人口规模的影响如图 4–4 所示。

4.5.2.1　住房

简单而言，我国政府选择的土地制度就是限制大城市的规模。《全国土地利用总体规划 2006—2020》① 提出：守住 18 亿亩耕地红线，全国耕地保有量到 2010 年和 2020 年分别保持在 18.18 亿亩和 18.05 亿亩。事实上，2005 年我国的耕地面积为 18.31 亿亩，这一土地总规模基本锁死了我国耕地的减少空间，而这一任务层层分解，就是各省市的"耕地红线"任务及保留的耕地指标。以 2017

---

① http：//www. mnr. gov. cn/dt/zb/2008/20081028bstdlyztghxbdsdhhy/beijingziliao/200810/t20081024_2131004. htm.

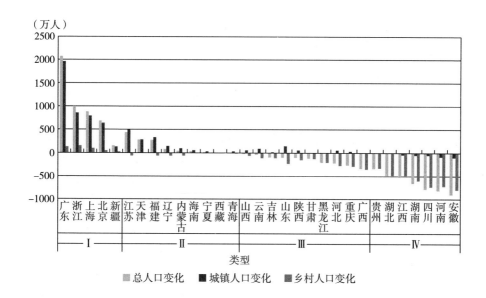

图4-4 省际人口迁移对各地区人口规模的影响

资料来源：杨传开，宁越敏．中国省际人口迁移格局演变及其对城镇化发展的影响［J］．地理研究，2015（34）：1492-1506．

年为例，中国常住人口城镇化率达到58%：城镇建成区面积为5万平方千米，农村居民点面积为16万平方千米。这一数据指向的现实是，我国一半以上的人口住在不到1/4的可居住房屋里。

国家统计局相关数据显示：2018年中国住房市值321万亿元，是GDP的3.6倍，房子占股债房总市值的71%，显著高于其他国家；我国人地严重错配，一、二线城市人口流入但土地供给严重不足致使高房价，三、四线城市人口流出但土地供给过高致使高库存，从而导致全国住房市值较高[1]。这些数字背后凸显了一个残酷的现实：相较于其他国家的相似城市，我国大城市的生存难度更高。不夸张地说，农村年轻人跨越制度障碍进入城市往往需要耗尽一个家庭的积蓄。

4.5.2.2 养老与医疗

根据国家统计局的数字，2017年我国出生人口1723万，生育率为12.43‰，我国正呈现日渐老龄化态势。根据联合国的定义，65岁以上的老人所占比重超过7%就意味着该地区进入了老龄化社会。世界卫生组织2016年出版的《中国

---

① http：//finance. sina. com. cn/zl/china/2019-10-23/zl-iicezuev4180997. shtml.

老龄化与健康国家评估报告》指出[1]，我国人口老龄化进程远远快于大多数国家；而人口的城乡流动造成了农村地区人口迅速老龄化；到2030年，中国农村和城市地区60岁及以上人口的比例将分别达到21.8%和14.8%。养老问题涉及每个人的切身利益，成为全社会需要越来越重视的重大课题，而农村老年人位于养老保障的最底层。

中国经济的发展在很大程度上表现在城市化，而在这种城市化过程中，城乡之间存在结构性差距。《中国民生发展报告2014》指出，城乡差异等结构性因素是造成中国财产不平等的重要原因；从全国分布来看，中国家庭消费模式呈现出两极分化：一方面是不消费、抑制消费的家庭（如蚂蚁型）或者医疗、教育、住房负担沉重的家庭（如蜗牛型、贫病型）占大多数；城乡消费模式差异大，农村贫病型家庭较多。相比之下，城镇贫病型家庭较少，享乐型、稳妥型家庭明显多于农村。显然，农村人口中的大部分可支配财富有限，多数老人的养老保障极其有限。调查显示，约31%的农村人口无力支付合理的医疗服务，农村老人的处境尤为严峻（Li et al.，2014）。如果无法完成对财产的集聚，农村人就很难完成社会阶层的跨越。一个农村老人生一场大病，就可能让他的儿子或者孙子失去到城市买房的积蓄。

4.5.2.3 基础教育

美国斯坦福大学的发展经济学教授[2] Scott Douglas Rozelle 认为，中国是世界第二大经济体，经济高速发展却一直处于"中等收入陷阱"中，根本原因在于中国农村受过高中以上教育的占比太低：高等收入国家的劳动力平均每4个人中至少有3个人高中毕业；相对应的数据，中等收入国家是每3个人对1个人，而我国是每4个人对1个人。其中，我国城市孩子中93%上过高中，而农村的相应比例只有37%，乡村与城市的教育两极分化突出。中国农村的教育问题很可能严重拖累中国经济、社会的发展。即使单就劳动力市场而言，提高农民的基础教育水平也是确保该群体能够跟上我国经济转型、产业升级步伐的必要保障。

改革开放40多年来，我国经历了房地产、国有企业改制和互联网三次财富"大跃进"。在这个过程中，农村面临资本的侵蚀，进一步推进了农民的边缘化，社会的发展拉大了城乡之间的差距。曾政伟和赵淑娉指出，资源分配不均主要突出表现为教育资源、经济资源、政治资源三方面分配的不均衡。胡美玲（2013）

---

[1] https：//apps. who. int/iris/bitstream/handle/10665/194271/9789245509318 – chi. pdf；sequence = 5.

[2] https：//reap. fsi. stanford. edu/people/scott_ rozelle? combine = journal_ article&page = 0, 0, 0, 0, 0, 0, 0, 0, 0, 0, 1.

指出，目前我国经济资源、教育资源分配的不均衡主要表现在城乡之间。

总之，有关农民工工作状况的研究一直集中在两个方面：一个是以公民权理论为基础的"农民工"研究，另一个是以劳工理论为基本视角的"工人阶级"研究。近年来，有关"青年民工""二代民工"的议题受到了更多人的关注。在全球化背景下，农民工在现行体制中生存状况的复杂面引起了人们的关注。

4.5.3 缺乏议价能力的劳动者

马歇尔派生需求规则（Marshalll's Rules of Derived Demand）指出，生产的其他要素（如资本）的供给弹性越大，对劳动力需求就越富有弹性。这意味着中国和美国有完全不同的劳动力背景：美国资源丰富，生产要素充裕，劳动力需求富有弹性，那市场就更有可能善待劳动者；中国资源有限，弹性不足，劳动竞争的一面就更为残酷。

4.5.3.1 代工厂的低纯利润率

Ian Wilson（2013）指出，电子行业和服装行业的 OEM 企业的利润会随着产业的不断发展扩大而逐步降低。现实也的确如此，以富士康为例，中国高速发展期间，富士康依靠低税率、低工资、低地价形成的成本优势，从而推动企业高速发展，但这种模式的可持续性不强。经过多年的高速发展，目前我国代工企业数量多，服务同质化严重，以至于不具有和客户进行产品议价的能力，只能获取微薄的代工费，从而导致代工厂持续发展动力不足。近几年富士康代工厂所在地域的优惠政策逐步到期，人力成本在人口红利消耗背景下不再廉价，新一代的农民工对生活、劳动待遇和就业环境都有了更高的要求，代工厂的利润大幅下降。富士康一直以全球最大的电子产品制造商闻名，处于产业链的中间环节，利润率与产品附加值下滑趋势非常明显。如何在微利润时代的全球竞争中获利？怎样选择企业的竞争战略并高效实施？这不仅是富士康面临的问题，也是每一个中国代工企业面临的难题。

在这样一个激烈的代工行业竞争环境中，代工厂采取的一系列竞争战略中一定包括对成本更为严格的控制。作为代工厂，富士康在技术革新、开发和设计等环节的绝对优势不明显，它降低整体成本的方式更有可能是压缩这些环节中匹配的劳动力工资。富士康承认，目前它的主要盈利来源于客户支付的代工费用和实际支付工资的差额。也就是说，资本的盈利冲突，从客户到富士康，最终传导到工人的工资收入上。

尽管随着人口红利的消失，近几年富士康的工资水平一直在逐步提高，总体而言高于行业平均水平，但由于低端职业工人群体的替代性高、专业技术门槛低，工资水平降低对劳动力的供给影响并不是断崖式变化，因此我们仍旧可以发现，一个纯利润率不高而且还在显著下滑的企业不会给它的基层工作人员开出增长率更高的所谓高工资。

4.5.3.2　平台"数据化控制"下的虚假自由

个体只有顺势而为，入职于一个利润率较高的行业会更有可能获得高工资。因此，很多新一代农民工为了获取比在代工厂更高的收入涌进互联网行业，从而跳进了另一个"坑"。

尽管我们的受访对象是快递员，但经过这几年的技术发展和更新，快递员平台的"数据化管理"逐步和外卖平台趋同。考虑到有关外卖平台的文献介绍这几年较多，因此我们以外卖平台的数据化管理为例进行物流行业的人员管理分析。简单而言，外卖平台利用技术手段和算法更新，对骑手进行了更为深入的"数据化控制"（Datafication Control），将"更快"的送餐理念发挥到极致。平台企业设计了骑手参与的"自发游戏"，游戏规则包括以下指标：限时计件工资、奖惩规则和等级排行榜，以此强调跑单速度的重要性。与平台游戏规则相呼应，骑手完成的"自发游戏"包括近路探寻、私下转单、交互配送、提前送达。这样，骑手在配送的过程中，平台通过收集、分析数据，实际控制了骑手的配送行为，这种"数据化控制"的精准并不断挤压骑手自主性发挥的空间，促使骑手主动投入你争我抢的竞争和比拼中，提升配送效率。

骑手可以自由选择自己的工作时间，看似自主，但事实上所谓的劳动选择在平台劳动时间的条件控制下加深了骑手的劳动禁锢。在目前的系统设置下，平台设置的抢单机制使快速和准时的时间观念内化到骑手的观念中，在通过所谓的"游戏"消解高强度劳动的艰辛的同时，使骑手忽略了劳动过程中的风险，塑造了骑手的集体无意识，更为隐蔽地控制了劳动者的工作时间，模糊了工作和生活的边界。计件工资制度使骑手不得不主动延长工作时间、接受全天候的劳动安排。劳动时间的选择自由沦为劳动者自我加码的工具。由于劳动技术含量较低，骑手面对强势的平台只能接受平台的时间控制，主动延长劳动时间并提升劳动强度。最终，送餐时间通过骑手更快地传送数据返回平台，送餐时间以不易觉察的方式不断压缩，骑手比以前更快但依旧忙碌送外卖，与此同时，收入并不能得到相应地增加。

综上所述，无论是长期奔波的长途货运司机，还是富士康流水线工人，抑或是平台骑手，他们的工作时长远远超过国家规定的一周40小时，成为典型的体力劳动过劳者。他们普遍受教育水平不高，我们采访的这些劳动者受教育水平普遍是初中，高中的都是少数。让采访者很有感触的一点是：他们都不习惯阅读文字，和采访者沟通更接受面对面的方式，如果需要微信联系更多地使用语音留言，不会使用沟通效率更高、更准确的文字留言。较低的文化水平也导致他们参与的工作门槛低，缺少议价能力。他们的生活目标简单——挣钱，年轻单身的为结婚准备彩礼和房子，结婚生子的已婚人士花费更高，他们需要供孩子上学，还要为父母和自己的养老做准备。长途货车司机群体家中有病人的比例不低，家庭负担更重，甚至有较大的因病致贫风险。这些受访者有共同的特点：埋头苦干，利用加班加点提高收入体力消耗几近极限。另外，受访者也表现出一定的差异性，有的受访者能更灵活地面对不断变化的外界环境，在自己可接触的范围内，努力开放挣钱渠道，如受采访的一位富士康流水线工人一边当工人，一边通过网络直播等渠道为工厂招聘工人从中赚取中介费，使自己的工作更有收益。从心态上看，受访者心态平和，并不抱怨社会的资源分配不公，所谓的"只管低头拉车，从不抬头看路"，中国人典型的"认命"信念表现突出。尽管新一代的农民工和第一代农民工相比，自我意识已经开始觉醒，但整体而言他们的自我意识还局限在对自己的体力和精力的充分挖掘上，如果能找到更多的挣钱渠道就会更辛苦地投入工作。大多数受访者的计划都是能干的时候就在城里干，等干不动了就拿钱回老家生活。可以用一句话总结他们的过劳特点：为了多挣钱拼命干活，很令人心疼的是，他们出的更多的往往是笨力气，性价比低。

5　城市知识群体的过劳动态特征分析

　　城市化是社会发展的必然，关注城市市民的工作现状，就是关注社会的现在和未来。新闻报道中出现的过劳群体，如创业者、医生、程序员等往往是立足于城市背景的知识群体。不同行业表现出不同的过劳特点，但究其本质该群体过劳往往突出表现在脑力劳动和情绪劳动两个方面。也就是说，这些过劳者往往在接受脑力劳动冲击的同时，又耗损了大量的情绪劳动。

　　本章将关注城市知识群体的过劳者，看看他们的过劳表现。需要首先声明的是：相较于第 4 章的单纯体力过劳者，专业群体中过劳者的过劳表现更为复杂，导致过劳的原因也更为多元。在多媒体时代，我们通过网络招募，寻找过劳人。接到联系邮件，我们会根据应募者提交的个人过劳简单描述，寻找满足以下条件的受访候选人：言语表达清晰、逻辑性强；个人的描述内容具有典型性，突出过劳的代表性。随后，专家根据候选人的职业分类及电话联络最后敲定了五类受访者：创业者、企业高层管理者、专业技术人员、普通基层工作人员以及能表达典型中国式过劳内容的中国妈妈。

　　我们相信：人性相同，随着城市化进程的推进，原有的单纯体力过劳者也将或早或晚地面对本章中提及的正在发生的过劳问题。如果我们能静下心来抽丝剥茧，梳理清楚过劳的来龙去脉，不仅能改善我们现在的工作环境，而且也能提升我们未来的工作环境，从而提高国民的生活水准。

5.1　自我奋斗者

5.1.1　背景信息

　　受访对象，钱先生，35 岁，"985"名校研究生毕业，电子行业的创业者，自称"创业狗"，实为私营业主。2008 年开始自主创业，目前公司有员工 40 名，公司年营业额 8000 万元。

在本项目组网上招募过劳对象时，其妻子（高校年轻教师）热心应招，为我们和受访者牵线搭桥。因为善解人意的妻子认为自己的老公过劳严重（时常有心悸），他需要表达自我、宣泄情绪，并在这个过程中反省自己的工作量，从而能意识到自己的过劳问题，以助于其积极采取应对措施。以下是受访对象对自己一日行程的描述以及访谈内容。

5.1.2 一日行程

7：35 起床，先去厨房烧水，然后上厕所及洗漱，出来把面煮上，利用这个空当穿好衣服，面条煮好后用凉水过一下，就着黄豆酱立马开吃，2 分钟左右吃完，20 秒内刷完碗，出门，等电梯时发现没带手机，火速返回取，拿到手机返回电梯口时电梯还没到。到地下车库开车，在离车 100 米时用钥匙远程启动车辆，目的是上车无须预热，立即开走，一路并线穿梭，8：20 左右到达办公室。

8：30 左右开始整理一整天的工作。

9：00 开始开会，主题是核查员工成长计划落实情况，跟 8 名没有出差的员工面对面地沟通，大家普遍对出差时间过长表示理解但表示越来越不能接受。虽然公司制定了完善的出差补助、调休等一系列制度，但在公司的生存面前，制度的执行往往变得脆弱：工作性质决定了必须出差，如果公司严格执行这些制度确实会增加员工的舒适感或者幸福感，但社会不会保护公司，这两方面很矛盾，甚至很无奈。我们只能继续完善公司制度，更灵活地对待每一个人，总体上没有迅速改变现状的好办法，"打鸡血"已经没有太大用处，小额的物质奖励已经没有刺激作用，大额的物质奖励公司又支付不起。只能从源头上争取更优质的订单，进一步提高产品化程度，进一步提高远程实施和运维的能力，进一步加快老带新的步伐。有望在 1~2 年内缓解这种现象，目前就是硬着头皮跟大家解释现状的原因及接下来的对策，大家相信多少也不好说，有时候自己都没有足够信心。

11：00 接到某发电集团山东公司的电话，要求下午 1 点赶到其办公大楼召开集团数据汇总及深度利用方面的会议，最好提供演示版本。于是赶紧安排 3 名技术人员，对前一段时间准备的初稿进行完善。这个活是别人没干好后我们来接手的，如果这次演示不能在 10 分钟内打动领导，将彻底没戏。

12：10 开饭，紧急扒两口，12：20 从公司出发，12：55 到达目的地楼下，小跑着登记上楼，好在跟门口的保安很熟，否则得迟到。会议持续了 1 个小时，领导对展示效果很满意，要求立刻开始部署，无预付款，施工要求紧急，春节前能基本运行。无预付款，费用不能超过 50 万元，必要时仍要走一下招投标流程，这种项目基本就是糊口，没有利润而言，但必须占领这样的山头，换得以后的机会，就是这样一个小活，我已经盯了好几个月。因为大集团有完善的流程制度，付款信誉一般都有保障，但在保证高质量开发及部署的前提下，仍要疏通 N 层关系，维护好 N 个重要负责人，才能真正缩短流程，完成事情的闭环，大小项目皆如此，世间人难逃过，把事情做好仅仅是必需的工作之一。太多事情受流程制度保障的同时，也必定受其所害，一言难尽。

15：30 左右返回办公室，立即布置这个小项目的开发实施工作，人员已经很紧张，只能从山西供热项目撤下 3 个人临时参与进来，这又势必影响另一个大项目，而那个大项目是与民营企业打交道。对方虽然也有完善的管理制度，但已经延迟付款 8 个多月了。

16：00 左右布置完该小项目的人员安排，估算了项目的大体进度。

16：10 开始打电话进行催款，年底应收账款很多，还有前年干完的活没给钱的，对方是央企下属企业，制度及管理流程严密程度堪称一绝，但就是不付款，说是大环境不好，企业持续亏损。当 10 个客户中有 9 个付款违约时，再说不要抱怨那是谎话，大环境往往才是让人彻底绝望的根本，你的努力、严谨、勤奋、创新都可以让你在一段时间内或好或坏地坚持下去，但当大环境持续不好时，才会明白你的坚持和不服根本就是螳臂挡车。创业 10 多年来，还能活下来，还能继续创新，根本不屑评价各种打击甚至鼓励。

17：00 下班，开车去吃饭的地方，17：50 到达饭店。考虑到可能要喝点酒，我先问了一下附近好不好约代驾。跟税务局的人吃饭，即便是朋友，也不敢说太多、太透。说的太多，言多必失，说的太少，酒算白喝了，商务礼仪里不会有人教你，分寸只能靠一次次的吃亏慢慢掌握。

22：00 回家，洗漱一下，被老婆埋怨一整天也没个消息。

"创业狗"的每一天都上满了发条，几乎每一秒都是紧张和焦虑的，很多时候无比忙碌的目的不是高大上的人生理想，而是为了有一整段的时间可以漫无目的地刷一会儿手机，能让精神有片刻的放松。至于理想或者幻想，那是不用说出来的，否则这样的日子，大多数人一个月都坚持不了。

5.1.3 访谈内容

5.1.3.1 不规范的创业环境

钱先生创业十几年，对于我国当下实业"高成本、低回报"的怪圈义愤填膺。据受访者说，有几个同行，他们挣的钱根本就不是靠产品。这些同行基本以零利润的价格卖出产品，关键是压账期，半年一压甚至一年一压；然后全部以现金的形式结款，这样一来他们就有了现金流；然后他们就拿这些钱去投资，甚至跑路，结果把产品价格搞得乌烟瘴气。这些人的存在严重扰乱了市场，压得我们老老实实做产品的根本喘不过气来，价格不占优势，只能被下游销售压账期。要钱真是太费劲了。年底农民工讨薪媒体报道不少，政府也开始关注这个群体，事实上，企业欠款往往是企业倒闭的重要原因，但政府并没有出台相关政策严格管理这种不公平的竞争环境。坦率地说，创业环境很恶劣。

钱先生感慨，自己搞实业的朋友尤其是制造业纷纷转行到了地产业和金融业。自己每年的销售额做到了大几千万元，但毛利本来就不高，还需要支出地方税费、销售费用、物流费用、管理费用、银行利息，算起来还不如出租厂房的房东挣得多，单从收益上看这样坚持下去实在是不划算。自己投入了很多，如果关门，剩下的就是给自己创收一堆自己用不了的电子产品和一屁股的三角债务，这怎么甘心？欲罢不能只能咬牙坚持下去。现在的年轻人都喜欢去做金融，前两年搞 P2P 和众筹，现在开始虚拟货币和区块链，都想要 "一夜暴富"，都想动动嘴皮子就能挣钱。钱从哪里来？总要有人踏踏实实地去创造财富。也许这就是钱先生现实和理想纠结下坚持实业的原因，他不想当 "赌徒"。

5.1.3.2　对成功的渴望

针对钱先生乐此不疲的高强度工作量，研究者在访谈中着重分析了其工作动机。钱先生侃侃而谈，显然是一个渴望成功的个体。他说："如果不能在 40 岁之前成为亿万富翁就觉得自己很失败。"他理性上知道努力不一定能成功，但也坦率地承认：如果自己不努力，一定会很焦虑。

钱先生成就动机非常突出，对自己有极其严格的要求，每天不管多忙都要有一定时间的阅读；每年都有既定计划，他说："自己总是投入工作中，每日工作每日毕，强迫自己按照自己的工作日志一个一个地做下去，只要有一个没有按照计划完成，我就会很焦虑，总觉得只有完成了计划心里才能感到满足。不完成任务，我就有很强烈地去完成它们的饥渴感，这种饥渴感真让人不舒服，但却让我持续兴奋。但是很奇怪，完成了我也只是感到疲倦，然后再给自己安排更多的工作。毕竟，我还没有完成我的小目标。"为了自己的目标，钱先生工作起来就兴奋地停不下来，但结果并不愉快。"我忙得停不下来，每天被焦虑感驱动向前，累得要死，一懈怠就悔恨得不行。尽管项目结束的那一会儿也会高兴，然后就又陷入下一个忙碌循环。我总是为了一个目标努力再努力，一旦达到目标，我就再次下意识地设定新的目标，再去努力又努力，再去接近新的目标。问题是，目标哪会那么容易达成，我好像总是经历挫折。就像在沙漠中不断地找水，越来越渴。"

累是一定的，不能说身体被掏空，但真的很累。钱先生希望自己的产品能够得以推广，希望自己的产品在社会中发挥作用，一想到这个结果就感觉自己的生命很有意义。产品被认可，不管是名还是利也就都成功了。钱先生说：我希望不白来世上一遭，无论是个人生活还是工作，我希望自己是一个成功者。

5.1.4 访谈资料分析

5.1.4.1 制度焦虑

制度的制定相当于给国家经济发展提供了交通工具和规矩。一般常识是，没有规矩无以成方圆；有了规则，市民工商百姓官员才能各守其道相安无事。但问题是，现有规则是否鼓励个体投入实业？中国希望通过创新驱动发展、加快迈进中高端产业，优化产业结构、加快产业升级。要想达成这个目标，政府应该对高新技术企业产业政策进行倾斜，减小企业压力，让企业专注于提高国际竞争力。只有这样，企业才能提升自主创新能力，不断优化升级，提升高新技术实力。钱先生在访谈中对政府有关"宣传口径（说的）和具体实施（做的）"的一致性提出了质疑。可以说，这种"制度焦虑"是我国相当数量的精英分子在职场中劳心劳神的重要方面。

任正非说：活下去是华为的最低纲领，也是最高纲领。为了活下去，企业和企业家有赚取更多财富的天性。因此，能够赚取更多财富的行业，就会聚集更多的资本和精英。中信银行与胡润研究院联合发布的《进取·使命·思变 2019 解码中国"新生力"白皮书》(*A New Generation of Chinese Entrepreneurs* 2019) 显示，更多二代企业家选择金融投资、房地产，而并不是进入父代从事的制造业。如表 5-1 所示。

这就从一个角度说明，金融、房地产是比制造业更容易赚钱的领域。整体而言，我国实体经济投资周期长、获利空间低，社会已然形成了一个"轻实业、重资本"的运行规则。据世界银行发布的《2020 年营商环境报告》，2019 年中国企业总税率（含社保交费率）为 59.2%，虽然比 2018 年降低了 4.8%，但与发达经济体相比仍严重偏高，比 OECD 成员均值高 19.3%，比美国、越南分别高 22.6%、26.0%。《中国财政报告》(2019) 显示：我国的制造业面临转移压力，以至于我国整体经济金融化，热钱流入金融市场。资本天生具有聚集的倾向，聚

表5-1 中国"新生力"与其父辈的行业选择分布

	"新生力"		一代企业家	
金融与投资	21%		11%	
房地产	15%		9%	
制造业	13%		30%	
科技/媒体/通信（TMT）	9%		5%	
贸易	8%		17%	
能源	7%		12%	
医药	5%		3%	
零售	4%		2%	
食品饮料	4%		2%	
建筑	2%		5%	
其他 包括农林渔牧、娱乐文化、社会服务等，因比例较小或变化不大而省略	12%		4%	

集越多、效率越高、越容易积累。这往往意味着：资本化会导致贫富差距拉大、市场竞争加剧、所得波动性增加。与此趋势相矛盾的问题是，社会的稳定往往与资本分散、贫富均等、人有恒产相联系。也就是说，当人们追逐资本，促使资本在社会发展中占据越来越重要的地位时，"马太效应"很可能会和我们期盼的和谐生活背道而驰。

钱先生的这种"制度焦虑"并不限于国家经济金融制度范畴，而且还包含了对社会运行的反思。例如，我国目前的法律制度依旧不健全，执行又不给力，这就从某种程度上保护了特权阶层的利益，为某些利益集团掳掠提供了便利；同时，资本市场的犯罪成本太低，金融诈骗防不胜防，骗子得不到应有的惩罚就是对遵纪守法者的伤害。这种广义的"制度焦虑"与职场范畴的过度劳动运行机制一脉相承，应引起我们的关注。

5.1.4.2 微观的政治关联

毋庸置疑，政治影响企业行为，相关研究主要包括宏观的政治不确定性和微观的政治关联，而本书立足于访谈对象，决定了我们更多的是从小微私营业主的角度研究政治对企业的影响。从访谈中可以看出，受访者在维持与官员关系上投入了大量的时间和精力，这一现象恰恰回应了新制度经济学者强调的：制度环境对企业行为有显著影响（徐业坤，2013）。考虑到我国特殊的政治制度（如行政审批、贷款担保等各项优惠政策均由地方政府执行），我国地方官员实际上比西方国家的地方官员有更大的政治影响力（林挺进，2007）。政治关联在很大程度上决定了企业行为的得失和成败。尤其是对于民营企业，维系好与地方政府特别是官员的关系是企业得以生存和长期发展的关键要素（Li et al.，2008）。具体而言，执法人员的执法力度有相当弹性：有些人面对法律可以超越，不必受到法律的限制；与此相对地，普通人必须无条件地接受规则。这种不公平的创业环境导致钱先生要把大量精力投入与官员的沟通、维持关系中，努力让自己不要成为激烈市场竞争中的牺牲品。正如陈运森等（2009）指出的：政治关联对企业投资尤其是对投资效率有明显影响。简言之，官员对企业态度不同会导致企业不同的经济后果；官员和企业关系密切，企业会获得更好的投资机会甚至过度投资（蔡卫星等，2011）。

吴晓波曾经公开表示：中国经济变革的四大动力之一就是制度创新。他说"所谓的制度创新不是顶层设计的结果，所有的改革都是从违法开始的"。也就是说，当现行规则与那些更深层面的规则（公平公正、道德良知）相冲突时，人们有权利质疑规则、审视规则。不可否认，这种对于规则的突破有其积极的一面，但钱先生的询问也是中肯的：没有背景的创业者谁敢"不守规矩"？"不守规矩"在某种程度上是一个足以导致企业和个体毁灭的否定评价。因此，建立和维系与官员的密切联系成为我国企业人士，尤其是私营业主的必要选择。

进一步分析实际操作，一些成功的创业者在公开或者私人场所理直气壮地鼓吹类似的观点：野蛮生长、丛林法则、唯快至上。只要有足够的政治关联，有些企业为了业绩、为了市场的"跑马圈地"、为了"唯我独尊"的老大地位、为了威风八面的"独角兽"，一本万利的诱惑会促使这些企业混淆"恶"的概念，进行所谓的"制度创新"。受访的钱先生感慨，如果作恶的成本太低，就是诱惑犯罪，赌徒陷阱会吸引人豪赌一把。当然，人不会直接宣称自己"作恶"。相反，他们会把这种"恶"包装成"善"，以便吸引无知者追随其后上当受骗，从而增加社会正常的运营成本。这样一个不公平的社会环境会让创业者的"应当行为"和"现实行为"割裂。当两者之间产生强烈冲突时，大多数人的利己选择会是"妥协于现实"。尽管这种利己选择有利于个体的现实利益，但有意思的是，即使他们得益，如果他们认为这是不公平的竞争结果，他们也很难产生感恩、自我肯定等积极情绪；相反，个体内心的真实感受不会消亡。现实往往是：他们表面顺从和接受甚至自得，而内心却是抵触和反感或者恐慌，情绪劳动日益严重。微观环境中个体虚伪的普遍化必然会营造出一个缺少诚信的创业环境，而一个互害模式下的创业环境无法产生任何社会效益，却消耗了创业者大量的时间和精力，劳心劳力，加大过劳风险。

5.2　人生不可承载之成功

调查对象：国际大公司中国公司营销总监，徐先生
了解方式：观察加访谈
访谈时间：2018 年 9 月 14 日
地点：调查对象办公室

5.2.1　背景信息

5.2.1.1　基本背景信息

Top1 本科毕业，现在世界 500 强公司担任高级销售总监，年薪不低（按照行业职位推测年薪应该在 200 万元以上），两个孩子，儿子 7 岁、女儿 2 岁，太太辞职在家带孩子。双方老人都已经赋闲在家。2016 年楼市新政前置换了大平层，有巨额贷款，贷款年限 20 年。儿子一直上的私立国际幼儿园，一年学费要15 万元，上公立小学，但女儿马上又要上幼儿园了，两个孩子的教育经费只会越来越高。每年的国内外旅行费用 10 万元，每年医疗保险费用 10 万元，夫妻双方老人生活费各 10 万元，日常水电等开销保养车的费用 4 万元。老婆辛苦，每年会买两个奢侈品包包，衣服化妆品也有不少支出；为了健康，戒烟戒酒，这是家里唯一的消费降级。

我们部门几乎每个人都有各种各样的问题，四个女同事，一个离婚、一个把孩子放在老家、一个 35 岁了还没有结婚，还有一个快 40 岁了也不敢要孩子。我的腰椎不好，一犯病就得趴着睡，在床上不能动很痛苦。这也是我投入大量医疗保险的原因。就是怕我这个顶梁柱倒下了，家里还能有个保险。我很担心，如果我身体出了问题，家里老人生了病，或者自己工作有变动失业了，简直不敢想象。这样一想，我这样能一家四口在一起就算不错了。我现在就是努力工作，维持现状，把孩子顺利养大。

一方面，的确很累，家里家外处处都要依靠你，而你却无处可以依靠；另一方面，被人依赖也是挺自豪的，被人需要总是一个很有成就的感觉。很复杂的情

绪。但整体而言，工作的压力、人事的争斗、中年的危机、一个人养家、各种支出、大额的房贷、身体亮"红灯"、父母的需要、家里的琐事，我还是感到不堪重负！

5.2.1.2　工作现状

外企高管听着风光，但这样的大企业其实管理层级很多，徐先生事实上处于中层偏上的位置，上传下达，沟通环节很复杂。各种派系的斗争非常复杂，顶头上司一年一换都不止。我现在的直系上司是表面的赢家、实际的失败者，我们下属就倒霉了，总是受很多其他部门的夹板气，每天需要打起十二分精神应付各种事件。每次开会都是我们被公司里大大小小的高管们围攻。

每天不得闲，下属也一样过着没有质量的生活。"5＋2""白＋黑"，人们一天到晚忙工作，没有正常的节假日，法定休息不过是"法定"而已。说一个最简单的例子，我的业务签单要走好几道程序，和好几个部门联系。老板天南地北地飞，我手机的时间设定包括世界各地4个时区，我需要在深夜和美国上班的老板联系，很多时候也需要和欧洲、澳洲的老总联系，休息时间被割裂得支离破碎，加班非常多。

我们部门的同事都想慢下来，只是慢下来谁干活？我的下属要是想闲下来我都会恶狠狠地腹诽："好好休息吧，不要来上班了。"绩效考核一定会记上一笔，我老板也会这样的，谁受得了。有成果还好，有时候就是扯皮，一个领导上来就是一种思路，这个思路还没有实施好，领导就换了，又是一套新思路，这种政治斗争，真的影响公司的整体发展。如今外企已经不复当年，国企、民企迎头赶上，技术壁垒被逐个击破，政府不再提供超国民待遇，中美贸易摩擦越来越大，既受制于美国法律国内业务也受限。向上看，升迁艰难，毕竟是外国人的公司，不可能让你成为核心领导；向下看，一群20多岁的年轻人正对自己的职位虎视眈眈。

5.2.1.3　职业发展焦虑

整体而言，这个世界对失败的中年人的惩罚是远胜于年轻人的，无论是我们都担心的通货膨胀还是行业变迁、技术进步，年轻人更容易应对。先看年轻人，一方面他们年轻，身体好，可以通过超长的工作时间来提高收入；另一方面由于学习能力强，可以紧跟技术进步进入新兴行业。再看中年人，他们在一个行业内个人或许根本就不用做错什么，可能还没有到退休就被裁员，赔偿金非常有限，而且四五十岁了，转行也不现实：第一，各种生活支出牵制着精力，学习难度可想而知，第二，不等被裁，自己出去也很难。外企的特点在于流程明确，分工细化，工作效率高但也导致自己对工作缺乏宏观上的理解和掌控，只见树木不见森林，丧失了到外面闯荡的能力。这点儿有些像公务员，外面人想象着里面花好月圆，里面人憧憬着外面海阔天空。我总想着如果业务不好，我就辞职出去。但事实上我又舍不得，企业提供的福利待遇、收入水平天然地难以抗拒，真从公司辞职出去还真是没有勇气。但冷静下来我也知道：资本是无情的，看着业务发展状况，我又不自觉地对公司的发展患得患失，担心有一天业务不赚钱了，被公司毫不犹豫地踢开。总想起那句话：时代抛弃你时，连一声再见都不会说。怎么办呢？这都是压力，可还得硬撑着干下去，到这个层级岗位已经有限，机会很少；实体经济遇冷，短时间内好工作也不是那么好找。

5.2.2　访谈资料分析

很难想象一个外表光鲜的外企高管会有这么多焦虑不安。在访谈者眼里，这些努力向上拼搏的所谓社会精英，成功掌控着每一个似乎改变他们自身命运的机会。但给访谈者留下的印象是：他们全身心地投入工作中，不敢有丝毫懈怠，与其说是为了获取成功，不如说是为了躲避踏空时代的焦虑。

5.2.2.1　职业危机

人的发展往往和他所在的时代发展休戚与共。这些年我国经济飞速发展，带动了很多行业，也给很多人带来了前所未有的机遇。这些中年人往往享受了行业上升期带来的各种红利，对未来产生过于乐观的预期。很多人以为：未来的每一天都会像昨天一样，不会有什么大的变化。但很遗憾，这种稳定感只是让我们失去了对未来的警惕。可以说，经济快速上行结束的后果是一年比一年艰难，5G出来之后会好一阵，但也到不了巅峰时期的状态。很多行业的基础红利期已过，后面的竞争会越来越激烈。

人工智能的发展、经济模式的转型、行业高峰与低谷的出现往往出乎我们的预期。技术进步的加速更新，产品或产业生命周期缩短，21世纪的行业更迭速度如此之快，如果一个年轻人获取同龄人两三倍的起薪，那我们推测他们不仅是个人能力卓越，而且应该是拿到了行业上升期的红利。既然获得了远高于他个人能力的收益，那他最好未雨绸缪，为行业下行期的阵痛做好准备。但天性使然，基于基本归因偏差，个体会在成功时更多地看到社会对于个人能力的认可，会想当然地认为有自己的能力傍身，他就应该可以仰仗自身能力一直得到已得的报酬。事实是，职业发展趋势是只有少数人能拥有"永久性"的工作。作为工业革命时代的产物，终身依附一个组织的固定职业正在不断削减。Linkedln（领英）《2018年中国人才招聘趋势报告》显示，中国职场人平均跳槽频率仍在加快中，平均在职时间从两年前的34个月缩短到22个月。显然，个人职业不确定性的增加导致了受访者徐先生对自己职业稳定性的担忧。

塔勒布（2014）在《反脆弱从不确定性中受益》一书中明确指出："一个系统越精密、越有序，就越不容易抵抗风险和冲击。为了提高反脆弱，适度的冗余、袭击和不适是必要的。"换句话说，"单一的生存和发展模式难以持久，更好的做法是拥抱和保持多元化"。徐先生身处世界500强，该企业的整体架构完整地契合了工业革命时代的工作设计：组织特征相对独立于外部环境和内部组织结构的变化；组织内部活动序列可预期；工作流程易于分割成独立单元；职能和责任范围相对明晰、易于分解。长期身处现在这样的工作环境（精密而有序），个体能很好地融于一个固定的职位要求（单一的生存和发展模式），缺乏甚至丧失对外界变化和发展的应对能力，应对风险和冲击难度增加。总之，在我们仔细分析了一个人所处环境时，我们就能够理解他的行为，明白他的这种职业焦虑。

5.2.2.2 难以自拔的完美主义倾向

受访者解释自己要在2016年买下大平层，背负高额房贷的原因是他希望自己是一个"优质父母"。他的原话："年轻人在购置资产方面很吃亏，M2狂飙、房价飞涨。这就需要代际支援，如果我买了房子就等于给子女准备好了享受城市红利和人口红利带来的资产升值，孩子大了又争气去风口行业赚时代高薪，这个家族就起来了。要是我没有给孩子准备好，等于让孩子丧失了资产升值的本钱，我不敢想我怎么能这么失职。"

他对双方父母的责任感也很强，认为老人培养他们不容易，老了还帮着带孩子，希望能尽可能多地给予老人照顾。每年的过年红包一家10万元，两家就是20万元。与此同时，他还说到医疗，他认为目前的医保不足以给家人足够的保障，他的原话："很多病都可以治疗，前提就是钱，如白血病，诺华CAR-T上市了，定价为47.5万美元，也就是要300多万元人民币治疗一次。我无法想象家人要是病了我却拿不出钱治病，那我绝对是要自责内疚得无以复加。"

显然，他希望成功，但他更多的是希望自己达成各个社会角色的期许。在受访者描述自己辛苦的时候，访谈者感到了他为给家人提供了优渥物质保障而有的骄傲和享受。不难理解，人都有被需要的基本需要，当他意识到亲人都仰仗于他的付出时，个体必然激发出很强的成就感而欲罢不能。他们会自觉不自觉地强迫自己沉迷于某种状态，投入更多的个人资源以期获得更多的成功。但人的精力有限，当他将更多的精力、时间等个人资源投入一件事情时，就必然牺牲能够给他带来幸福的其他东西——和谐的社会关系、安静的时间、内心的反思与宁静、健康的身体等。这样，他们可以被人仰仗的事物就越来越局限于他们成就的特定侧面。只要他们还认为被人需要和仰仗是个人成就，是他们不能放弃的责任，他们就会类似于成瘾（Addiction）一般强迫自己持续下去，即使这些行为导致过度劳动，进而产生不良后果，他们也会坚持，不愿意停止。

事实上，这种欲罢不能的成瘾行为也可以从"棘轮效应"（Ratchet Effects）的角度进行解释。"棘轮效应"首先由詹姆斯·杜森贝里（James Stemble Duesenberry）应用于消费市场，指人的消费习惯在形成以后具有不可逆性，而且易于向上调整，难以向下调整。这个强调人们消费习惯的效应正好回应了我国的那句古话：由俭入奢易，由奢入俭难。正如受访者描述的那样，很多所谓的社会精英凭借自身的能力，充分发挥平台优势，在社会高速发展期获得较高收入。随着社会发展速度的递减，其预期收入不可避免地出现不确定性，但其已经习惯了高收入时的支出水平，房贷、子女教育、老人养老，高支出成为常态。王敏等（2012）的研究表明，成年人的身份焦虑和他们的地位消费显著正相关，这很好理解：他们自认为他们应该有的消费支出依赖于他们的收入，但遗憾的是，他们开始对自己的收入信心不足，患得患失的心态必然加重个体的恐慌和焦虑。

5.3 程序员——典型的过劳群体

5.3.1 背景信息

采访对象：小沈，30 岁，男性，某著名大型网络公司资深软件工程师（使用语言 C＋＋/Java/Python 等）曾参与多项知名手游开发。毕业于北京某著名"985"大学。从中学就着迷于计算机，被母亲严防死守，直到考上大学，进入计算机相关专业才算兴趣爱好和专业完美结合。其很满意自己的职业选择。

5.3.2 访谈内容

5.3.2.1 不确定的工作状态

公司的工作一直比较混乱，各部门之间的协调能力差，直接和客户接洽的商务部门盲目答应客户的很多要求，这些都会压到我们开发部。因为是一系列的连锁问题，我们的工作处于救火员状态，出了 BUG，有时候天南海北地飞去现场处理，法定假期也得先处理 BUG，好久没有放松地休过假了。没办法，每一个客户都说自己有问题急需要处理，弄得我们团团转。这一段时间感觉累、特别累，白天工作时间被十几个客户的电话轰炸，晚上还要熬夜写程序。

要命的是，作为新兴产业，很多相关的法律条文都不完善。如果网络上突然开始呼吁抵制或者政策有了新要求，我们手头的项目可能就需要重新设计。比如说，我们做一个 App，做直播的，原本项目挺顺利，后来政策开始着手规范整个行业，我们的 UI 设计又要加入新的举报通道，未成年人也要有向平台报备的通道，突然开始强制要求，我们组就会措手不及。客户的需求总是变动，只要客户不满意我们就要重新来过，但是项目总时长又是不能变的，我们老板只看最后的结果，时间就是一个"紧箍咒"把我们卡得死死的。

但让人感慨的是，评价自己的工作时，受访者坦诚对于自己工作很满意。因为和其他行业相比，程序员的工资真的算高了，工作生活可以说简单明确。而且程序按照自己预想的样子运行，非常有成就感，多巴胺分泌加剧，解决一个很难查到的 BUG 感觉非常爽。他说：程序员的工作风险算低，精神压力算小，看看收入在同一水平线的其他行业，我其实觉得现在过得还算挺幸福的。想趁现在还年轻身体好多挣点钱，让家人有更好的生活。对于加班小沈有清醒的认识，他说"同事都不反抗加班，我怎么敢反抗？反抗老板吗？老板不用我就是了，很多人等着我这个职位呢。和我竞争的不是老板，是同事"。

5.3.2.2　重复"造轮子"

工作上最让我忍不住吐槽的是，我们这么大的科技公司，不少新产品的开发都要重新把最基础的技术再做一遍，因为程序员开发的代码相互都看不到，反反复复、重复"造轮子"，没完没了地投入精力，重复技术、内耗严重。如果有一个技术中台，把大量标准化的技术拿来即用，每做一个产品不用从头到尾开发技术，整体效率可以提高很多。这么多年了，每个产品为了快速制胜必须形成闭环，就要拥有一支只服务于自己的技术团队。等哪个公共团队做出了成熟技术，用户早就走光了。每个团队都是这样自给自足，但互不打通，成功了拥有成功的技术，自然就能生存下去，活得好好的当然没有动力改变。这几年我一直在重复工作，感觉就在一个技术沙漠上，特别没有成就感。各个事业群各成体系，各自为政，很难用通用技术服务所有人，中间一旦不打通，就很难在前瞻性技术上有所作为。

新的技术突破才是公司持续发展的基本保障，竞争对手如果有技术中台支撑着的集团军作战，在技术上有所突破，我们公司就会输在技术上。我很担心公司的未来，在公司里好几年了，技术更新不够，很希望公司能在技术整合上有所作为，既然一个人单打独斗闯出一片天地太难，就盼着我们公司这艘大船能走远一些，如果大船走不远，我也就会跟着沉下去了。

5.3.3 访谈资料分析

整体而言，本次访谈给我们的印象是，由于技术迭代太快，不确定性过高，即使是互联网行业领袖的危机感也是非常强的。在赢者通吃（The Winner Take All）的市场背景下，阿里巴巴和腾讯对外持续投资各类创业公司，唯恐不能进入下一个风口行业，对内也本能地选择激发员工释放潜力，大家都知道互联网的加班加点情况突出，从本质上看这都是组织能够找到的、让其在高速发展行业中全力保持渠道或产品优势的必要手段。可以说，既然选择了在这种变化极快但潜力巨大的领域谋求生存，程序员似乎只能在高工资面前妥协。

5.3.3.1 超长工作时间 vs. 《中华人民共和国劳动法》

有数据显示，互联网领域的劳动群体只有 39.5% 每天工作 8 小时，30.2% 每天工作 9~10 小时，14% 每天工作 11~12 小时，10% 每天工作 12 小时以上，6.3% 每天工作时间不固定；52.7% 每个月休息天数少于 4 天，其中 22.5% 上个月没有休息过，23.4% 只休息了 1~2 天。

近年来，超长工作时长的现象愈演愈烈。许多公司对互联网相关技术从业人员提出了"996"工作制度，严重违背了我国现行劳动法律。《中华人民共和国劳动法》第四十一条规定："用人单位由于生产经营需要职工加班，应当与工会和劳动者协商才可以延长工作时间，一般每日加班不得超过一小时；因特殊原因需要延长工作时间的，在保障劳动者身体健康的条件下延长工作时间每日不得超过三小时，并且每月不得超过三十六小时。"可以说，超长工作时间与《中华人民共和国劳动法》并存的现象明显。

应该说，法律的制定条件需要结合每一个时代的具体情境。借鉴美国历史（任东来，2004），1895 年纽约州政府针对当时面包工人的工作时长制定了《面包坊法案》，该法案在纽约州议会众议院以 1200 票全票通过，参议院以 200 票得以批准，说明这项立法得到了各方政治势力的广泛支持。该法案规定：面包工人每天劳动时间不得超过 10 小时，一周不可超过 60 小时。实际上，当时纽约州的面包坊工人一般每天要工作 12 小时以上，每周工作 7 天。面对这样一个法律，因为违法被罚的面包店店主洛克纳（Lochner）不服两级法院的轻罪判罚，一直将自己的案子上诉到联邦最高法院，最终得以胜诉并推翻了纽约州的《面包坊法案》。美国最高法院认为"每个人都有签订合同的自由权利"，大多数法官认为纽约州规定面包坊工人日最高工时的立法违反了宪法，契约自由受宪法保护。"经济实质性正当程序"理论在实践中的统治地位在此后依旧大行其道。这个著名的洛克纳诉纽约州提醒我们，在不同时代背景下，司法与实践会有冲突；每个法律条文背后都是不同利益派系的博弈。客观分析，限制工作时长有利于行业内部工作效率的提高，已经在行业中占据优势地位的"领头羊"；强制工作时长可以把所有人拉回到同样的起跑线，进而防止后来的赶超者用"玩儿命"的方式参与竞争。在这个背景下放眼全球，我国互联网行业想要在激烈的行业竞争中站稳脚跟，督促业内工作人员辛劳工作更符合企业的长远利益。

这一历史事件给我们一个重要启示：虽然包含工作时长最高限额的《中华人民共和国劳动法》已经颁布数载，但包括阿里巴巴、腾讯、京东、百度在内的互联网大公司还在用超长的工作时间努力向上扩展，以期在全球范围内占有更为有利的位置，拥有更多的话语权，而法律也妥协于这个现实并没有发挥其应有的作用。

对于个人而言，面对超长的工作时间，他们的抗争对象并不是企业业主或者管理者，而是和他们一起竞争同一岗位的求职者。智联招聘 2019 年数据显示（见图 5－1），互联网相关行业的求职者向大城市的流动趋势明显。

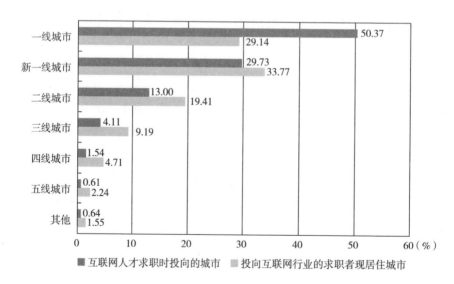

图 5－1　投向互联网产业求职者来源城市 vs. 互联网人才求职投向城市

资料来源：https://www.sohu.com/a/348969493_115588，2020－04－04.

求职市场竞争激烈（见图5-2），满足条件的岗位候选人人数众多，为了能够获得这个职位，求职者似乎也就只能接受更多的就业要求。残酷的现实已经告诉我们，加班加点、"996"的工作现状目前得到了绝大多数互联网从业人员的接受。

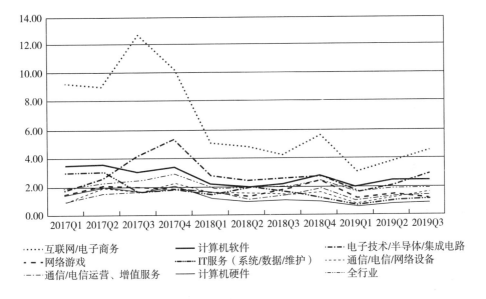

图5-2 互联网各子行业 CIER 指数对比

注：CIER 指数由中国人民大学中国就业研究所与智联招聘共同定义，具体计算公式：CIER 指数 = 招聘需求人数/求职申请人数；大于1代表人才供不应求，小于1代表人才供过于求。

资料来源：智联招聘：www.zhaopin.com，https：//www.sohu.com/a/348969493_115588。

5.3.3.2 反创新的管理架构

尽管上述内容让人感觉丧气，但仔细分析还是可以看到，这种过度劳动并不是程序员的宿命，纠正企业管理中的不足，这些过度劳动行业还是存在缓解过度劳动或者更有效劳动空间的。

互联网公司往往存在产品、运营以及软件开发等部门，产品经理和运营大多要为业务 KPI 负责。以产品经理为例，他们在客户和程序员之间做"用户的代言人"受夹板气，可以说两头挨打。而且由于体验带来的收益周期太长，在这个快速更迭的行业中，这种体验身份的岗位根本得不到领导的重视。业绩压力加上职业前景不明，产品经理只能频繁跳槽。在这一背景下，追求短期价值基本就变成了产品经理（运营的背景类似）的共识：努力完成 KPI、OKR，导流主 APP 到自己的产品，而这些导流过来的用户需要什么、未来如何运营对于一两年就会离职的人而言并不重要。从受访者描述的忙碌（给产品经理补台）和低效工作（如反复"造轮子"）可以看出：互联网公司各个部门之间的绩效评估导致他们相互争抢资源，而不是互帮互助的共赢关系；不同项目之间存在各自为政，没有长远战略考量的短视表现。在这样的管理模式下，无论是一线的程序员还是技术支持者，都无法对自己的工作内容有长期稳定的预期，这又进一步强化了技术人员的无所适从，唯一可以把控的就是以完成具体绩效考核指标作为工作核心。遗憾的是，完成具体绩效考核指标与激发创新的基本条件相矛盾。

数十年的经济、社会发展趋势告诉我们：员工的创造力是组织创新行为的源泉（Nonaka，1991）。孙健敏等（2018）的研究显示，要想提高员工的创新行为水平，需要领导者、员工和组织三方面的努力；工作资源和工作压力是影响员工创新行为水平的重要影响因素。如果只是给员工更多的责任和工作量（工作压力），而没有同时给员工更多的资源支持，这些工作压力不但不会促进员工的工作创新反而只会适得其反。Sternberg（1999）明确指出：创造力来源于个人与环境多种因素的组合，必须将个人因素与环境、社会因素相融合，才能促进个体创造力和创新行为（Csikszentmihalyi，1996）。实证研究表明，改变环境增强员工的创造力比激发员工进行创造性思考更能催生个体创新行为（Amabile，1996）；工作环境对创造力程度和频率具有显著影响。如果个体对于其创新行为的结果预期积极，认为通过创新可以获得较好的物质和精神收益，这种预期就会促进员工积极创新意愿；相反，如果员工预期其创新行为会带来物质或者精神损失，这种消极的预期则会使之产生消极的创新意愿，从而抑制创造力的产生（张毅和游达明，2014）。

出色的企业家都想带领自己的企业做大做强，成为行业领军者，在实际管理中，战略目标往往和现实操作产生明显错位，所谓的"长期价值属于老板，短期价值属于员工"的绩效评估系统对公司技术投入不利，同时对产品开发、客户、业务的长期维护和扩展不利，唯一得利的似乎是跳槽员工，而这就进一步强化了在职员工的短视行为，进而形成恶性循环，严重阻碍了企业健康、长期发展。换句话说，互联网公司的产品经理和运营虽然口头上都回应公司高层管理者的期望说要做大做强，但实际上只是做快做好。我国现有互联网公司的管理架构往往导致员工产生"怎么快速做出业绩、怎么证明自己厉害、怎么多学点东西"的打工心态，而不能充分激发员工创新动力；创新产品有限，公司产品附加值也不足以给予组织和员工体面收益，从而加剧低效的过劳行为。

最后，我们需要补充几句话：在筛选受访者时，我们是将程序员看作一个相对单纯的脑力劳动者而定位的，属纯技术岗位。我们放弃呈现医生的采访记录，就是因为我们认为和程序员相比，医生的过劳表现和原因更为复杂，和医生相关的过劳影响因素每一条拿出来都很典型，但考虑到这些因素在其他领域的受访者身上都有表现，呈现出来未免重复。因此，我们有意选择程序员这一相对单纯的行业进行案例分析，在这里努力呈现更为典型的技术岗位过劳特征。即便如此，我们还是要说，程序员描述的过劳几乎都涉及情绪劳动的问题，所谓"有人的地方就有江湖"，他们往往尊重自己的专业，虽然也会抱怨项目太急，不够睡觉，但即使是在脑力消耗巨大的同时往往情绪过劳也如影随形。而在目前，他们更多的不满来自情绪劳动的无谓消耗。总之，我们认为，目前单纯的脑力过劳者比重不多，一方面可能是因为以脑力劳动为主的个体往往接受了长期的思维训练，他们已经习惯了高强度的思维要求；另一方面就是由于管理的局限，他们的工作受到太多因素的干扰。这一现象值得我们对管理效率进行深刻反思。

5.4 身心俱疲的小科员

5.4.1 背景信息

采访对象：女性（以下称为小张），工作 2 年，单身，住单位提供的集体宿舍，硕士研究生毕业后进入某行政机关下属理论研究所，公务员编制，已经取得北京户口。所在科室编制为 6 个人，在岗 5 人。其中，科长 1 名，副科长 1 名，资深科员（一个 30 多岁、一个 40 多岁，均为女性） 2 名以及本人。据说在小张入职前他们科室的一名业务骨干刚刚离职。

访谈方法：微信沟通。访谈者请受访者在方便时描述一下自己目前的工作内容和状态。下面基本上是受访者本人的手稿。

5.4.2 访谈内容

5.4.2.1 工作超负荷

我的主要工作就是写文书。科室的绩效评价类似于科研院所评估，很多来自各种论文写作和课题项目申报，领导主要是到政府寻找资源，然后由科员来完成标书等文档的写作及修改。这两年工作日基本上都要晚上八九点才回宿舍，周末加班怎么也要一天。领导的确厉害，我也羡慕领导的见识，高屋建瓴，也挺想和领导一样多出去走走见见世面，但基本不可能。每天的工作就是写、写、写，感觉脑子都要被掏空了。我挺想表现的，领导给任务不会拒绝，而且我就住在单位附近的集体宿舍，没有男朋友，领导让干活我有什么理由说不呢？

不要看我们除了科长还有3个干活的，其实干活的就我自己。那两个大姐对我挺好的，还说给我介绍男朋友。我挺感激她们的，人家有孩子，一个大姐的孩子上小学，孩子下学早不到下班点儿就撤了；一个大姐的孩子是考学关键期，初三，下班就走，不能耽误。人家总是笑眯眯的，我怎么好意思说请给我时间，只有有社交才能交到男朋友。我发现领导派活儿总是当着我们三个人的面，但其实就是对我说。大姐们从来不会推三阻四，脸上总是挂着微笑，然后转过头就交给我说"年轻人真厉害，手快，你来你来"。然后这个工作就交给我了，我实在忙不过来就说分分，结果分给人家，很多时候她们完成的工作我必须再帮她们返工，干了活还不是自己干的。如果人家和我争名吧，我也好和领导说我的苦处，可人家态度特别好，每次领导看我们成果，人家都说："没办法啊，我这个学习能力真是不行了，小张体谅我们啊，业务好，上手真快。"我发现她们在领导那里树立的标签就是：能力不行，但是态度没有问题。其实时间长了我算是明白了，就是态度有问题。

5.4.2.2 潜在的通勤成本

单位集体宿舍就在我们单位大院里，单位有事加班，加班也没有晚回的什么危险问题，尴尬的是我又没有男朋友，好像也没有理由拒绝。我甚至想要出去租房子，但租房离单位近的太贵，单位给的租房补贴也就够在郊区租房子，离单位远通勤成本太高了。可这样做就是把加班变成了通勤，又有什么意义？我有朋友住在顺义的南法信，每天早高峰根本挤不上地铁，地铁开过来的时候总是满满当当的，最多挤上去两三个人。三趟车过去还上不去，不知道要等几辆车才能挤上去，总是迟到。没办法，我朋友只能提前出门，坐上反向的地铁到始发站，只有这样才能保证自己能上车。虽然我们是不一样的选择，但累是一样的。算了，我也只有认命。

5.4.2.3 未来无望

我就是觉得累，算起来每天10小时，一周6天，每周的工作时间60小时，太可怕了！有时候我躺在床上就想：我要想活下去，应该学学大姐们的生存之道，她们能自认自己能力不行真是聪明。想想我刚来的时候，一腔热血，踌躇满志，想着留在北京一定要干出一番天地。可现在我也很绝望，绩效按照小组算，我们这样半死不活的，啥时候能买得起房子。我就是希望能找到一个可以一起奋斗的老公，能有一个自己的家，可是我哪有时间去找。大姐说帮我找对象，我特想跟大姐说，你能不能帮我干一下活，不要老让我加班；可反过来我想，要是我不多加班，大姐估计也不会这么客气给我介绍对象。我现在也想明白了：这个年龄的小伙子哪有热情和一个一周见一次面都难的女性保持联系。所以，我只能单身。

更让我担心的是，体制内的工资本来就不高，就盼着长期稳定向上走，可稳定的一潭死水我真的会绝望，想着领导努力向上，但他们上去了我也上不去，这两个大姐怎么也要在我上面，我要干到什么时候才是个头。我真是绝望了一段时间。但是很有意思，这一段时间科室合并、调岗的小道消息不断，我又开始担心这种不稳定会影响自己的职业生涯发展。我能被调到哪里？每天写的东西就不说了，我的能力得到提升了吗？每天上班我就很绝望，不管心里多着急，脸上总是要笑着。其实，我挺想调换个单位，可是能去哪里呢？我也很困惑。

5.4.3 访谈资料分析

5.4.3.1 "老油条"与工作效率

对包括政府在内的非营利机构的活动规律分析中，经济学中的公共选择学派的观点很有意思。该学派强调人性的统一，认为个体无论在什么样的组织内部，都会在可能范围内追求利益最大化，就像小张描述的体制内存在的占着编制不干活的"老油条"。不言而喻，单位中有"老油条"，基层干活的人就会更辛苦。小张的访谈内容很明显涉及了这一滥竽充数群体，导致小张脑力过劳的同时也情绪过劳。3个人（事实上是4个人的编制）的工作量几乎都压到一个人身上，小张长期加班，脑力负荷过重的同时，还要长期克制自己的情绪，从容应对自己忙得团团转而同事按时甚至提早下班的现实。

很无奈的是，我们的访谈发现：除去地域和单位的影响，体制内受访者或多或少都会谈到"老油条"，也就是说，"老油条"在体制内大量存在。"只能进不能出"的体制的确给人一种稳定感，但如果这种稳定感导致人们认为拿到"铁饭碗"就一劳永逸，是不是会吸引大量不思进取的工作人员？我们总是从不同渠道得到一些自相矛盾的信息：一方面，财政供养人口相较于其他发达国家比例更高，体制内人力成本开支巨大；另一方面，基层工作人员工作负荷重，干活的人总是不够。如何进行有效政府设置、科学决策与管理政府工作，是政府基层人员过劳的制度问题。在具体工作中，如何适当应用"鞭打快牛"的管理模式也是领导工作的一部分。可以说，改善体制内工作人员绩效评估方式，提高体制工作绩效迫在眉睫。

5.4.3.2 外来人口的生存环境

访谈中，访谈者可以深切体会到一个外地驻京人员（无论是男性还是女性）独自留在北京打拼的艰辛。因为老家父母的社交圈子对她的帮助有限，在一个陌生社会，想要结识志同道合的伙伴乃至伴侣，很大一部分就要依赖于同事的介绍。这位小张的选择非常典型：一方面，加班可以讨好身边的大姐，大姐更有可能给她介绍对象；另一方面，加班让她的社交时间微乎其微，从而降低了个体和他人加深了解的机会。这种矛盾，或者其他的矛盾，都让我们看到人们在残酷的现实面前负重前行。

费孝通曾经详细描述了在熟人社会中的主要特点：以情感关系为主导建构社会。随着我国经济水平的提高、社会流动的加剧，熟人社会逐渐向陌生人社会转换，社会网络由情感关系为主导转向以利益关系为主导。在原有的熟人社会中，子女婚嫁建立在父母的社会网络关系中，父母通过自己多年建立的人际关系为适龄子女选择适合的婚嫁对象，父母尽心尽力，恨不能眼观六路耳听八方，为子女选择一个好姻缘；但在现在的社会中，很多子女远离父母独立生活和工作，原有的熟人关系网络能够提供的支持力度有限。在这种情况下，同事关系、同学关系甚至是网络关系就成为现代社会人的主要信息平台。可以想象，平等的成年人交往、相互照应、利益互换成为人际交往的前提。

让人觉得无奈的是，在很多行政机关或者事业单位里，传统文化中"情感为主"理念的正统地位还在，这样就导致一个后果：在传统文化环境下，人们并没有把"利益"放在谈判桌上，而只是放在心里。在这样的"嘴上说得道貌岸然，心里都是利益算计"的工作环境下，令人讽刺的一幕常常出现：人们在表现大度和亲热的同时，无法明确表达个人的利益诉求，从而导致"老实人吃亏"或者"劣币驱逐良币"。通常而言，在以利益关系为基础建立的人际关系中，关系资源更少、社会地位更低的职场新人往往居于利益互换中的弱势地位，他们一般没有勇气拒绝对方的不合理要求，以期通过自己的付出换取对方认可，进而可以关照自己（刘少杰，2014）。这种付出的回报率我们不得而知，但他们的付出是有目共睹的。

5.4.3.3 内卷下的个体选择

黄宗智（2000）将内卷（Involution）的概念引入经济发展理论与社会变迁。目前，这一概念又从经济学领域发展到了政治学领域，用于描述不同领域发生的"停滞不前的量变"。受访者小张住顺义的朋友描述的早高峰通勤景象很生动地展示了目前社会一种典型的内卷现象。在有限的地铁运力面前，个人应对的方式就是早起半小时坐反向车去始发站再坐回来。南法信乘客当然不愿意早起坐反向车，但是不早起就挤不上去；地铁方也不开心，付出了额外运力却没有收到相应的费用。也就是说，乘客早起坐反向车的过程没有赢家。事实上，这个过程中没有人受益，但在这种情况下，乘客除了早起坐反向车似乎也没有确保自己坐上地铁按时上班的其他选择。

想要改变这种现状，地铁方需要投入很多：或者增加发车频次，提高地铁运力（做大蛋糕）；或者从始发站开始进行限流，避免开始的两站就把车厢填满（不同资源分配制度）。地铁方不作为，只能导致早起坐反向车的乘客越来越多，极端情况导致只有始发车才能上车，那就倒逼越来越多的人早起坐反向车，从始发站就开始需要挤车。在这个消耗过程中，人们付出的越来越多，越来越辛苦，生存环境越来越恶劣。与此同时，却没有任何社会效益的提升。

总之，并不是只有早晚高峰，在资源不足的情况下，太多人为了在现有资源分配中获得更多而付出很多努力。这种努力不仅无法改善供需不平衡的矛盾，相反它不可避免地加剧了包括个体自身在内的所有人的痛苦程度。这是中国式过劳的典型内容。

5.5 不是过劳的过劳者

访谈对象：某北京市属高校女性教师（以下称为李老师）
访谈时间：2016 年 10 月 2 日
访谈地点：西城区一家培训机构的家长休息室

5.5.1 背景信息

李老师，40 多岁，有一名上高中的儿子；丈夫在金融机构上班，工作很忙。

北京新市民，李老师在结婚生子后选择到北京读书，博士毕业后留在北京工作。

李老师的周末基本上围着儿子的课外培训转，访谈日是李老师与一个托福培训机构的签约日，我们就把访谈地点约在培训机构。

5.5.2 访谈内容

李老师说自己有几年非常辛苦，感觉很累，但不是因为工作，而是因为儿子的教育。也因为这个原因，我们的访谈主要围绕孩子教育。

5.5.2.1 两地奔波

李老师原来在河北省石家庄市的一所高校工作，脱产就读于北京师范大学，2006 年博士毕业后选择留在北京工作。那时候儿子已经到了上小学的年纪，因为还没有在北京买房子，李老师和丈夫决定先让儿子在老家石家庄上小学。儿子上小学一、二年级时，李老师就在北京、石家庄两地往返奔波，她尽量把学校的课安排得紧凑一些，上完课就回石家庄，一周一往返，体重达到了多年来的最低点。

她说："那一段真是不堪回首，坐在火车上一安静下来就会莫名其妙地流眼泪，觉得委屈，主要是孩子，总是病，让我这个当妈妈的愧疚加焦虑。如果让我重新选择，我估计就不会这么无知无畏，选择在当了妈妈以后读博士就好，但博士毕业后调动工作进京就还是算了。来回跑很累，有一次坐火车回石家庄，我竟然克制不住地呕吐，现在想想应该就是身心疲惫，身体抗议了。"事实上，她在北京—石家庄往返的那段时间一到周末就发烧，周一就好。性格焦躁，有典型的抑郁倾向。

5.5.2.2 小升初的无助

2009 年，她和丈夫经过两年的准备，终于在北京西城区买了一套住房，接小学 3 年级的儿子来北京上学。给孩子找学校的过程还算顺利，毕竟是北京的教育高地，资源不错，但孩子上学后就面临很多问题。

回想起来最揪心的是小升初。李老师承认西城是北京的教育高地，但还是明确了自己一个观点："哪个家长愿意让孩子听天由命地由抽签决定上哪所学校呢？"不想听天由命就要走推优，推优资格怎么选择？一个孩子一个特点，他人的经验可以借鉴但也只能因地制宜。李老师感慨地说自己孩子在北京上学以后才慢慢知道，孩子上学有那么多门道。每天遇到朋友熟人，聊的都是孩子的教育，希望能从中得到有益信息，她儿子的课外培训机构、培训老师、小升初学校选择都是在不断的信息收集、沟通、筛选中确定下来的。

李老师儿子就读的小学早早就让孩子们放学，慢慢地李老师发现：课后才是孩子们比拼的主战场。他们多方尝试，最后还是走上了奥数之路。

整个小学高年级阶段，李老师基本陪伴在儿子身边，孩子父亲也是抽空就帮助儿子解题。

小学的培训费用李老师在访谈中没有详细陈述，只是说每个月两个奥数班、一个英语班，李老师工资一半就没有了。显然，小升初前找人花的费用并没有算在里面。

5.5.2.3 初中的折腾

孩子通过择优上了西城区重点中学，比上不足比下有余。这学校挺能折腾，一入学就分班，选拔出两个项目班，可以直升本校高中。这里要说一下，小学上奥数的作用显露出来，孩子说分班考试主要就是奥数内容，儿子被选上。学校承诺组织本校教师的优质资源进行教学。这让人很纠结：作为西城的区属重点中学，本校教学质量不上不下，按照历年高中升学经验看，本校初中毕业生不到1/3的学生考入市重点，还有不到1/3的孩子考入本校，剩下差不多一半的孩子高中就会去一个更不理想的学校。家长的选择很功利，既然资源集中在项目班，上了这个班至少有本校兜底。上吧，没有选择。

项目班尊崇素质教育，但经过一年的观察和反省，家长逐渐发现问题所在，在普通班期中、期末考试的时候，他们项目班就去各地考察，花钱不说，问题是孩子们学习知识需要有总结、强化的环节，没有这个过程知识掌握实在不扎实，而且各科教学赶进度，2年学完3年的初中课程，初三就学高中的知识点，完全没有中考前的准备，这就导致孩子们几乎没有能力和参加中考的同学竞争。家长的意见是，孩子即使躲过了中考，高考还是躲不掉的，中考就是一次重要的练兵，不能稀里糊涂地结束初中学习。

学校不给项目班针对性复习，学生家长就自己组织小班教学。家长先后组织了英语班、数学班、语文班，辅导班老师换了又换。为了确保小班教学质量，家长还轮流值班，组织学生课后作业的检查。学期中就是晚上和周末开班，寒暑假就租房子安排全天教学。初二、初三整整两年就是这样过来的，一年除了春节休息几天，孩子不停地上课，看着都累。家长能辅导的作业越来越少，但找老师、安排各个科目的教学、组织学生，完全不得消停。补课不仅孩子累，家长也累，天天琢磨给孩子找老师，找东找西，好老师不好找。找到一个新老师就更要监控孩子成绩，看看成绩是不是提高了。如果没有提高，需要考虑"这是不是孩子的问题？"家长间互相沟通，如果孩子们的成绩都没有提高，就要琢磨换老师；如果只是自家孩子成绩没有提高，就要督促孩子，帮助孩子寻找问题所在。

孩子初中上的可以用惊心动魄来形容。学校吸引好孩子来项目班，入学的时候承诺"项目班不淘汰，本校高中兜底"。可是孩子还小，随着年龄增长，孩子成绩也在分化。初一结束，学校就以"没有压力就没有动力"的理由想要淘汰部分学生返回普通班。家长紧张啊，项目班和普通班的教学进度不同，返回普通班万一不适应，结果会不会高中连本校都保不住？孩子家长都下意识地想要给孩子兜底，集体抗议、向北京市教委反映学校出尔反尔的行为。最后，初二的淘汰制没有落实下来，拔尖的孩子倒是有 3 位主动要求回到普通班，摆脱项目班有关"高中必须留在本校"的紧箍咒。另外，还有 1 位成绩不错的孩子选择出国做小留学生。家长们看着这个不断变化方案的学校，不断调整的老师队伍，心里七上八下，而且高考指挥棒又没有变，所以就把更多精力放在孩子的学习效果上，补课的背景就是这么来的。

李老师的评价很客观，她认为孩子初中的老师都很认真，但教学进度和时间安排应该是学校的整体设计，老师也无能为力。现在想来，这个中学应该是希望把以往中考有可能考上市重点的尖子生留在本校，提升本校的高考升学率。但问题是，在学校分层如此严重的现实中，集中资源搞重点班，重点班学生中考分数如果达到了更好学校的录取分数，学生家长十之八九会让学生去自己心仪的重点中学。学校不甘心给他人作嫁衣，就弄了一个不伦不类的教育改革，绕开中考另辟蹊径。这种思路虽然可以理解，但一个学校的教育改革课程规划能有多成熟？家长群里有人说孩子反映：初一提前开物理课，物理老师需要先给孩子们补习相关数学知识，简直是笑话。

整个初二以及初三到中考前，孩子们白天上一个学，周末寒暑假再上一个学，很多家长都对这个项目班极度失望，希望另寻出路。李老师儿子的中考成绩不够上市重点高中，但好在达到了一个市重点中学国际校的成绩，国际校的录取不受"项目班直升本校高中"的限制，他们就动了去国际校的念头。孩子运气好，那两年孩子爸爸所在的证券公司收入不错，咬咬牙就让孩子上了国际校。

5.5.2.4 自己的职业发展

从小升初到孩子整个初中的几年时间里，李老师成了学校的老副教授。没有精力看文献，写不出论文，没有资格评教授。李老师安慰自己：一辈子当副教授也行。她很乐观知足地表达，但语气和肢体语言还是能让人感到她的不甘，最后她还是坦率地承认"可是你想想，一年一年的，我上了多少年学，读博士的人谁没有成就动机？看着年轻老师发表一篇又一篇论文，只能感慨：后生可畏！"然后，李老师深呼吸并表示"年轻老师也不容易，学校的合同就是非升即走，几年不上副教授、教授就走人，他们能不拼？幸好我老了，老人老办法，也算给我一条活路"。

5.5.2.5 补充信息

2018 年，李老师的儿子已经被加州大学录取。李老师感慨自己在儿子高中的三年时间有精力投入工作，儿子在学习上完全自主。从本质上来说，对李老师而言，家长对儿子的陪伴形式从时间改为金钱，李老师笑谈"能用钱解决的问题就不是问题，但钱就是个问题"。但李老师显然不想多谈经济压力，认为这是隐私，因此访谈就此打住。

李老师认为，国内中考或者高考的应对策略是：查漏补缺，要上市重点高中、上好大学就需要强化训练，一分一分地挣；在国际校的学习更像是扬长避短，不喜欢、不擅长的课程达到基本标准就行，可以把更多精力放在自己更擅长的领域，通过获奖得到自己梦寐以求高校的青睐。儿子学习兴趣盎然，基本就不需要家长督促。我们从李老师单位的网站了解到，她在这几年里评上了教授，我们推测她已经有精力投入自己的学术工作中。

5.5.3 访谈资料分析

5.5.3.1 流动与留守

虽然是几句话带过，但李老师有关孩子在老家、自己每周奔波在火车上呕吐的描述还是让我感慨。在这个流动的社会，留守儿童的类型多种多样，李老师的家庭同样也曾存在着留守问题。理性而言，与长年累月见不到儿女的家长相比，李老师虽然是每周奔波，但能和孩子经常见面，还是有其幸运之处。每周的奔波对人的影响不仅是体力上的，更是心理上的伤害。李老师在访谈中描述了一个细节：留守在老家的儿子在学校考试，最后一道语文题：妈妈的爱。孩子大哭，说不会做。访谈者能明显感觉到作为母亲的李老师在回忆这个情景时的那种歉疚、自责（访谈时，这件事情已经过去将近 7 年，情绪波动还在）。在孩子到北京以后，李老师夫妻二人全力以赴要让孩子接受更好的教育，估计也与这种补偿心理有关。成人的这种"做出选择，之后愧疚，自责，然后只能做下去的"决策心理过程中，冲突如此强烈而痛苦，心力消耗巨大，必定辛苦。

事实上，在以"流动性"（Mobility）为核心的现代社会中（林晓珊，2014），"在路上"成为很多现代人的生活常态。总体而言，这样的奔波人员数量相当惊人。随着城市化进程的推进，很多人会在一个地方（往往是北上广深或者省会城市）工作（只有这些城市有工作者的对口工作，能给工作者带来更大收益），而他们的子女和老人由于各种原因（如户籍及教育、医疗保险等局限）不得不留在老家。作为一个很有中国特色的现象，"留守"让我们看到人间的悲欢离合。

"留守"相关研究的关注对象集中在留守儿童或者留守老人，而与"留守"相关的有关导致家庭流动的关键人物——流动成年人的研究微乎其微。李建民等

（2018）以"个体健康的自评指标"为研究的结果变量，得到如下研究结论：健康的人更倾向于选择流动，但随着时间的推移，这些人的健康状况会不断恶化。其中，工作强度是导致他们健康损耗的重要因素之一，具体信息如表 5-2 所示。

表 5-2　自述身体健康水平的 Logit 回归分析

	模型 1	模型 2		模型 1	模型 2
流动状态（城镇居民）			健康损耗因素		
流动 1~3 年	0.958 (0.288)	0.784 * (0.134)	吸烟		1.298 ** (0.121)
流动 4~6 年	0.920 * (0.047)	0.810 (0.315)	家庭饮用水不健康		1.544 *** (0.116)
流动 7~9 年	0.961 (0.231)	1.079 * (0.042)	家庭内部脏乱		1.450 *** (0.102)
流动 10~13 年	1.368 * (0.188)	1.262 * (0.134)	社区环境污染严重		1.469 *** (0.114)
流动 14~15 年	2.627 *** (0.251)	2.392 *** (0.278)	工作中需要繁重的体力劳动		1.159 (0.101)
流动 16 年及以上	1.746 *** (0.123)	1.288 * (0.138)	工作中需要大量的脑力劳动		1.286 ** (0.111)
年龄		1.036 *** (0.006)	月加班小时数		1.006 *** (0.001)
男性		0.722 *** (0.128)			
健康维持因素					
个体收入剥夺		5.862 *** (0.298)			
医疗保险		1.311 * (0.147)			
夫妻同住		0.663 ** (0.186)			
月锻炼身体次数		0.997 (0.062)			

注：Logit 回归系数为概率数，括号内为稳健标准误。* 、** 、*** 分别表示在 0.5% 、0.1% 、1% 水平下显著。

这个结论让人唏嘘不已：这意味着，更多的健康工作者被吸引到了超大城市或者大城市，他们在付出体力、脑力和心力的同时，更有可能失去健康。流动在带来社会繁荣、家庭希望的同时，也给个体带来了伤害——至少是身体上的伤害。显然，这是对社会中优质人力资本的过度损耗。

流动是现代社会的基本特征，我们不可能违背社会发展的趋势去禁止流动，但面对流动我们需要考虑很多问题，如城市可以更友好地欢迎流动人口吗？如果移动城市提供更为公平、友好的保险制度、教育资源、身份认同，随迁比重就会增加，父母、夫妻还有子女就更可能选择同进退，增加个体健康维持因素的作用。

5.5.3.2 基础教育投入

教育是一场结合心力、智力、财力的综合比拼，在李老师的访谈中充分展示了这个观点。一方面，作为一个理性的现代知识女性，受访者并没有过多情绪色彩的描述，基本是事实陈述，虽然她努力克制自己的情绪，但说到和孩子分居两地、自己来回奔波时，还是有明显的情绪波动；另一方面，看到李老师对自己这几年的生活安排如数家珍、脱口而出，充分说明在这些事件中她投入了大量的精力。当然，也有金钱投入，虽然访谈主要涉及的是家长精力或者时间，但我们还是从李老师的言谈话语中推测出：他们在孩子教育上的金钱投入不菲，在他们的家庭支出中占比很高。

教育产业发展如火如荼，教育产业相关数据可以反映出家庭的教育支出巨大且持续增长。我们教育类公司在国内上市极少，王磊（2018）指出，截至2018年8月，我国的教育类企业在境外上市已经形成相当的规模：美股上市教育机构13家，港股上市及相关本地机构已经达到23家。教育行业在需求推动下，将持续上行。这从资本层面充分反映了资本市场的投资者对于特定企业未来发展的预期。简单说就是：投资者预计中国家庭在未来会在这些教育机构有更高的投入。

2017年底，新浪《中国家庭教育消费白皮书》数据显示：中国家庭非常舍得在教育上花钱。教育支出占家庭年支出的50%以上；30%的家长愿意支付超出消费能力的学费；八成以上孩子上过辅导班；1/3家庭高考花费在2万~5万元。这些数据从微观层面反映出中国家长在子女教育上的支出之大，剧场效应明显。

相关研究显示，公共教育支出可以缓解子女教育水平对家庭收入的依赖，从而降低子女教育中父母的负担，这些结论都在提醒国家在基础教育中的职责。李祥云等（2018）的研究表明，增加公共教育支出，可以降低居民收入的分配不平等现状。或者说，提高国家的公共教育支出，可以缓解教育市场中的不公平问题。白雪梅等（2004）的研究表达了同样的观点：政府应该增加公共教育支出，尤其是基础教育支出。但白雪梅等的研究似乎在告诉我们：增加公共教育支出可以更好地缓解低收入家庭的支出压力，对于较高收入家庭的影响却不甚明显。

随着国际化水平的提高和网络化程度的深入，人们的视野逐步拓宽，需求不断提高，子女教育途径也在不断增多，如果子女有更多教育机会的选择，中国的父母对于教育的执着让人咋舌。可以说，无论是相关公司的报表，还是微观的家庭调查数据，都得出一个结论：子女的教育支出是当代中国家庭支出的一座大山。需求的增加需要资金的支持，促使劳动者渴求更高的收入，为了获取更高的收入，人们的选择是什么？从李老师的只言片语中可以看到：家庭中教育投入增加，经济需求进一步加大，李老师夫妻二人的过劳不可避免。

5.6　过劳原因的质性分析

尽管受访者的年龄、学位以及社会身份和家庭背景千差万别，但他们都具有超长的工作时间、超负荷的身体消耗，以致身心俱疲。通过对这样一批典型的受访过劳者的个案研究不难做出以下判断：我们的受访者群体表现出相当典型的不确定性效应下的个体行为反应。

受访者面对的外部环境具有较高的不确定性。受访者工作外部环境的不确定性表现在各个方面：随着技术不断提高、竞争不断加剧，富士康进入微利润时代，工人的工资成了工厂控制成本的核心要素；骑手工作行为的受控性在数据参与下越来越具有欺骗性，骑手貌似可以自由选择工作时间，但一旦工作，送单时间被严格管控且不断缩短，骑手不得不持续挑战自己送单时间的极限。换句话说，骑手的工作要求不稳定，合格标准在技术进步下不断提升，在不断提升的工作标准面前，骑手工作环境的严苛性可想而知；长途货车司机很可能要应对一路上的吃拿卡要，有货运司机为了消除路霸等不稳定性因素而选择服务于路运公司。创业者、外资高管也明确说自己要投入很大精力应对管理部门，政府政策的不确定性让他们整日惶惶。程序员面临的技术更新更是典型，以致公司都难以确定自己公司的业务方向和技术方向，未来发展方向的不确定性从客观上导致技术人员的技术短视，做程序就事论事，从而降低工作绩效和创新能力。总之，快速发展的社会，技术的不确定性、制度的不确定性都从根本上导致组织、企业的管理方向难以稳定，管理方向的摆动最终体现在个体行为上，很可能就是工作行为的反复变化而无法持续。我们发现：在这个不确定的环境中，竞争会让个体缺乏议价能力，企业为了盈利成为资本的仆人，行业公司的战略方向不断随着资本发生变动，并因此不断调整其对员工的要求，员工就在这种不断提高要求，甚至不断变化要求方向的就业环境中工作。我们看到：商业竞争的惨烈不仅出现在体力劳动者所处的行业，在相对体面的知识群体中甚至变本加厉，"内卷"的概念很准确地描述了这种竞争的惨烈后果。

在这样的不确定性环境下，受访者表现出典型的不确定性效应下的行为反应：①更多地获取金钱是受访者的共识。收入水平本身（客观收入水平）就处于劣势的受访者坦诚表达"干活就是为了挣钱"的态度，而收入水平处于社会上游的所谓高收入人群，他们也表现出对更高收入的预期和追求。换句话说，他们的主观收入水平似乎还无法满足他们的需要。对于知识分子阶层，因为受访者对于当代环境的不确定性有较为清晰的认识，他们就格外希望在充满不确定性的生活中找到确定性的事物，提高收入是他们寻找控制感的重要途径。具体而言，富士康流水线工人、骑手以及长途货车司机的工作目的非常单纯就是挣钱，富士康工人明确地说，"我不需要那么多休息日，我来这里就是挣钱的，休息还不如干活，挣钱还不花钱"。知识分子对钱的态度更复杂，金钱不仅意味着基本生活保障，往往还意味着认可、尊重和成功。创业者强调："要是我挣不到钱，就说明我不被市场认可，我就是失败者。"小科员会在心里琢磨领导会给自己的工作多少奖金，"让我白干当然不开心，我又不是傻子"；外企高管说："每年加薪是对员工工作的认可，如果我要表达对下属工作的不满，来年我就不给他加薪；我也一样，老板给我的加薪如果超预期会感到被尊重。别说不给加薪，就是加得少我都会感到危机感，认为老板不满意我的工作"。②他们普遍认为：勤奋是多挣钱的正确途径。尽管不同受访者所处的生活现状天上地下，他们需要解决的困难也存在显著差异，但他们都有意无意地坚信努力的力量。体力劳动者如果收入不足，为了挣钱他们更可能采用加长工作时间来增加收入，例如：快递小哥说"收入少了就多拉几单，简单"。知识分子的思维更复杂，不能挣到钱、不能被认可、不能获得成功，他们甚至因此产生自我否定，乃至罪恶感，认为结果不如意是因为自己不够努力。程序员说"干啊，不干哪儿来钱"；创业者说"不拼命怎么能成功，我就是一个拼命三郎"；高校老师说"人家真能干，只有这样才能有论文，不服不行"。

总之，我们可以看到项目组的受访者群体在不确定的外部就业环境中，尤其是面对我国更为典型的随处可见的激烈的商业竞争、非正式雇佣的泛滥、通信手段日益精确，过度劳动不仅可能而且可行；与此同时，在这样的外部环境下，中国文化充分肯定勤奋的价值，劳动者个体对自我努力存在道德层面的认可甚至迷信。个体如果在生活方式上受到消费型倾向的引导，中国式的过度劳动就不可避免地应运而生。

既然收入低，不能满足个人生活需要是导致劳动者过度劳动的重要原因，我们就从导致员工工资难以提升开始分析我国劳动者过度劳动的原因。

5.6.1　较低的生产效率

改革开放以来，依靠劳动力、土地等资源要素禀赋和资源环境低约束，中国经济持续快速发展，已经建立了门类齐全、独立完整的产业体系。但受金融危机的影响，全球经济增长持续低迷，尤其是全要素生产率的增长率近几年几乎为零，甚至有所下降（潘毛毛和赵玉林，2020）。中国亟须推动经济发展实现结构变革、效率变革，将经济由高速增长阶段转向高质量发展阶段。

年均工作时长是国际通用劳动强度测量指标，用以表示各国的工作状态以及劳动生产率。数据显示，虽然我国经济正在迈向高收入国家的行列，其人均工作时间和发达国家相比却很长。中国国家统计局 2018 年的数据显示，我国劳动者的年劳动时间达到 2200 小时以上；英国《卫报》的一项调查结果与此相似，该数据显示，和其他国家相比，我国的劳动时间排在全球第二位（墨西哥排名第一）。这说明我国现在基本上还是依靠低劳动成本和低附加值产品扩展国际市场。如图 5 - 3 所示，发达国家工作时间短，人均 GDP 高，说明其生产效率高。这就意味我们国家劳动者想要获得同样的收入就要工作更长时间。有数据显示，2013 ~ 2014 年，美国、英国、德国、日本、韩国的人均月工资分别是 3263 美元、3065 美元、2720 美元、2500 美元、2903 美元，我国对应的数据是 656 美元（吴伟炯，2016）。图 5 - 4 从单位工作时间 GDP 的角度显示了同样的结论：不同国家劳动者相同工作时长的收益有显著的差异。

生产效率低下在低端劳动者群体中表现得尤为突出。在受访者群体中，流水线工人、骑手和长途货运司机的周工作时间平均都在 50 小时以上。劳动经济学家认为，在前几轮的技术革命中，低端劳动者还可以通过再教育和培训获得新的工作技能和工作机会，而这一轮的技术革命，一个无特殊技能的劳动力即使经过更多的培训，所掌握的技能也可能会被人工智能取代的。大量文化水平低下的劳动力只能打杂工，进行流水线作业。缺乏竞争力，不能提高生产力，最终会导致劳动者被劳动力市场淘汰。

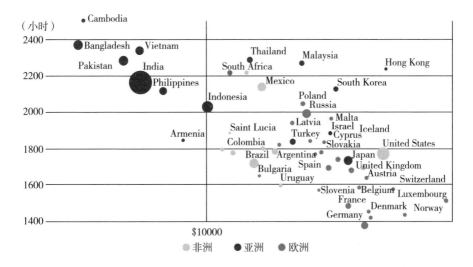

图 5 – 3   各国或地区 2017 年的年平均工作时长与 GDP

资料来源：Annual working hours vs. GDP per capita, 2017 (ourworldindata. org).

5.6.2   不完善的社会保障制度

党的十九大报告指出，中国特色社会主义进入了新时代，中国社会主要矛盾已经转化为人民日益增长的美好生活需要和不平衡、不充分的发展之间的矛盾。

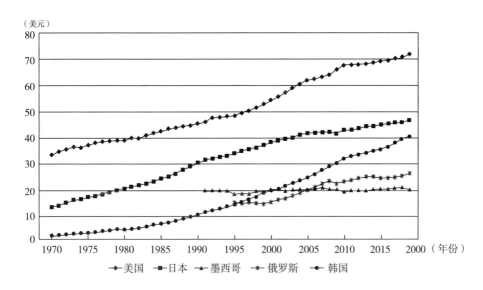

图 5 – 4   1970～2020 年 5 个国家单位工作时间的 GDP

资料来源：Productivity – GDP per hour worked – OECD Data.

这种不平衡、不充分的发展特点在我国社会保障领域表现得相当明显。

我国的城乡二元结构形成于 20 世纪 50 年代，它以二元户籍制度为核心，人为地从政治、经济、文化等方面把统一的中国社会分割成两部分：一个是由市民组成的城市社会，另一个是由农民组成的农村社会。二元结构以严格的户籍制度和各种政策将农民限制在土地上，使土地成为农民的生活保障，同时也不可避免地造成农民对土地的依附，无法离开土地独立生存，从而使农民丧失了和整个社会平等博弈的权力和机会。以我国人均年收入为例，改革开放以来我国人均年收入不断提高，其中城镇居民人均可支配收入由 1979 年的 405 元提升到 2015 年的 31790.3 元，农村居民家庭人均纯收入由 160.2 元提升到 10772 元，城乡收入差距在绝对量上不断地扩大，二者之间的差距从 244.8 元上升至 21018.3 元，二者之间的相对差距虽然在近几年出现下滑的态势，城乡收入比由 2009 年的最高点 3.33 下降至 2015 年的 2.95，但是相对差距依然处于高位：城市居民的平均收入水平约为农村居民收入的 3 倍。如图 5-5 所示。

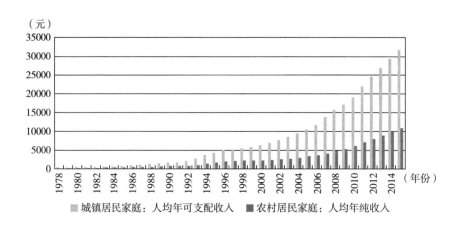

图 5-5　中国城镇居民与农村居民收入对比

资料来源：由国家统计局相关数据汇总，https://news.futunn.com/post/4568391。

截至目前，我国的城乡差距依旧明显。针对受访对象群体可以看出，不管是快递员、长途客运司机还是流水线工人，这些劳动者的一个典型特点是：受教育程度较低。这一现象正面验证了农村基础教育不足的现实。受访对象（无论是快递员还是富士康代工厂的进城务工人员）所分得的经济资源、教育资源、信息资源明显地少于中等收入人群和高收入人群，这也就令他们受到的教育、积攒的人脉都要少于高收入人群。如此一来，社会资源的缺乏使社会弱势群体处于社会底层，而正因为处于社会底层，他们很难获得更丰富的社会资源来改善自己的现状（胡美玲，2013），他们的职业选择范围便小了许多，只能局限于对学历、技术要求低的行业；与此同时，明显不足的社会保障水平又进一步加剧了他们的经济动机，从而使快递员或者富士康流水线工人这种虽然累却工资可观且能够按时发放的工作成为他们的优选，大量劳动力的涌入为这些行业提供了充足的劳动力供给，使资本方掌握了议价主动权，从而加剧了农民工就业选择的劣势地位，如果工作选择的主动权一直掌握在公司手中，同时也没有完善的社会保障制度，上述职业的过劳现状在中国将会在相当长一段时间内持续存在。

进入21世纪，我国城市化提速，城市在经济增长中的地位越来越重要。与此相对，农村逐渐丧失了拉动经济增长的功能，农村的打工经济逐渐兴起，老年人在家务农，青壮年劳动力到城市务工，以谋求家庭的长远发展。有学者将农业型地区的农民划分为四类：进城户、半工半耕户、中间农民户、老弱病残户。其中，进城户如果成为市场竞争的优胜者就可以在城市扎根，而他们在此过程中往往会遭到社会保障不健全、工资待遇较低、居住条件较差的情况，可以说，这是他们过度劳动的根本制度性原因。

下面我们再关注城市社会保障的不充分。虽然我们首先讨论农民工的过度劳动问题与我国城乡二元结构的关系，但这并不意味着城市劳动者不存在过度劳动问题。事实上，城市劳动者的过度劳动表现得更为复杂。依据访谈内容，我们分析城市受访者的焦虑无外乎来自以下几个方面，而它们恰恰印证了胡润《2018中国新中产圈层白皮书》[①] 的调查报告：（新中产）各种焦虑主要聚焦于子女教育（45%）、投资理财（42%）、职业发展（27%）、健康医疗（26%）、父母养老（17%）等方面。这说明包括子女教育、健康医疗和养老在内的社会保障相关内容受到相当的关注。而这些社会保障的不充分导致劳动者必须仰仗自己寻求保障。"一边挣钱一边焦虑，害怕无法化解潜在风险"就是这一群劳动者的典型表现。

无论是农民工还是城市劳动者，生活保障是公民生存权最基本的内容，医疗、养老与国民基本生活水平息息相关，理应受到国家的重点关注。我们都知道，社会保障建设目标取决于当时的经济社会发展水平及政治愿景。在改革开放的40多年的历程中，大规模经济转型和社会转型促进了国家的蓬勃发展，但许多潜在的和现实的社会防线日益凸显，通过构建社会保障体系化解社会风险、促

---

① http：//res. hurun. net/Upload/file/20181123/20181123144279775571. pdf.

进全社会可持续发展是我国国家治理的重大战略选择。随着社会建设的推进，政府理应在社会福利方面给予更有利的支持。

5.6.3　"天道酬勤"的文化导向

作为中华传统美德，天道酬勤的概念由来已久。中国，尤其是中原文化形成于大陆，长期以农业为经济基础，人的勤奋努力对于经济收入具有较大的影响，例如开垦一亩地和开垦十亩地的收成截然不同，因此中国形成"天道酬勤"的观念并延续至今。整理文献可以发现，"勤劳概念"早在春秋时代就已经出现，《左传》曰："民生在勤，勤则不匮"，认为辛勤劳动能够让人物质财富丰富。战国时期，以孔子为代表的儒家提倡自强不息、勤劳进取。明代冯梦龙在《醒世恒言》中写道，"富贵本无根，尽从勤里得"；清朝的曾国藩认为"勤则兴，懒则败"，依照心、手、口、眼、身，进一步将"勤"分为"五勤"。大量的诗词俗语，如"千淘万漉虽辛苦，吹尽狂沙始到金""不是一番寒彻骨，怎得梅花扑鼻香""天降大任于斯人也，必先苦其心志，劳其筋骨""卧薪尝胆""吃苦耐劳"，都可以看到"天道酬勤"观念的表现。

20世纪50年代，美国人类学家 A. L. Kroeber 等对不同文化模式进行考察和对比时提出如下观点：文化系统像生物系统存在控制性状的生物基因一样存在文化基因。追根溯源，中国从古至今有关勤劳的理解从道德层面上都将勤劳作为做人的首要美德进行评价。由于文化基因是心理结构和思维模式，针对具体事件时，这种心理结构和思维模式通过转录和编码成具体的符号表达我们的核心文化——天道酬勤。

一个人如果接受"天道酬勤"的观念，就意味着他将自己的成功归因为"主观努力"，而不是技术更新等外部因素或者能力这一内部稳定因素，那么个人想保持成功、挣到钱，或者避免失败不破产，就不能有懈怠。这种观念回应着心理学中归因理论的观点：个人对自己行为后果的努力归因会促使个体如果想要在未来取得成功就要持续努力。显然，"天道酬勤"的观念促使"情感上的召唤和鼓励"与"行动上的努力"形成了一个"情感—行为"的激励闭环，强化了个体随着自我感动的努力行为。受访者几乎无一遗漏地表达了该观念的各种变形。体力劳动者说："钱不禁花，我得加把劲；活着干，死了算；不干活，等死吗？"程序员说："点子就是磨出来的，哪有那么多的灵光乍现啊。"创业者说："我这里是逆水行舟不进则退，小富即安就是等着被吞并，哪里有退路。"小科员说："我没有依靠，没有门路，除了加班加点证明自己还有点用，我还能怎么办？"总之，受访者面对各种问题，他们的应对方式却惊人的一致，那就是更努力。尽管有人意识到单纯的努力效果不佳，但他们同时又会说：我除了努力还能做什么，我努力了就不后悔，用勤奋的道德高地安慰自己内心的慌乱。可以说，努力是他们能抓住的没有争议的对自己生活负责的唯一因素。

5.6.4　"自我意识弱化"的认知倾向

《道德经》中说"知人者智，自知者明"。自我意识是个体对自己身心状态及自己同客观世界关系的认知，高度的自我意识有助于人监督个人行为，理性客观地看待问题。无论是谁，对自己拥有清晰的认知和角色定位是和外界建立关系的第一步。

心理学研究告诉我们，一个人基于选择做出一个行为时，除非行为人自己是基于自身内在动机，自由做出选择，个体的行为才会具有信念和力量。先看自由的问题：美国心理学家弗洛姆说，自由有两种含义：一种是不被外在力量控制；另一种是按照自我的理性力量去行动。仅仅拥有第一种含义的自由只是外在的自由，拥有第二种含义的自由才是内在的自由。显然，我们的受访者的工作行为往往缺乏内在动机，也没有自由进行行为选择。骑手的行进时间、程序员的KPI，有时他们也面对两种甚至更多选择，但不管他们怎么犹豫不决，决定都取决于与个体相对的外部，外部世界决定个体的行为导致个体自我意识无法激发出和自我意识相连的潜意识力量，这种力量往往包含着一种弥足珍贵的承诺，这种承诺不仅坚定个体的行为，而且往往意味着个体准备好了承担行为后果。没有激发出承诺，个体就不会如我们所愿地承担起自己的责任，无法激发出个体较高级的心理需求、迈向自我实现，个体的自我意识弱化。

自我意识弱化下的个体缺乏独立思考问题的能力，自身价值观被裹挟，缺乏坚定的信念，容易盲目跟风社会舆论，出现言论盲从和行为去个性化。在当前的社会环境下，人与人的关系不稳定，生活的环境、技术不稳定，对工作成果的评价甚至都不稳定，虽然变化会给人们带来很多机会和便捷，但不确定的外部环境还是会导致个体的焦虑不安。在快生命史策略的作用下，人们往往图利图快，对自己的定位往往受制于环境的变化而做出改变。人本主义心理学家罗杰斯认为，当个体无法用当前的经验支持自我概念，或者说自我概念与经验不协调的时候，个体的自我完整性就受到破坏，也就是说在一定程度上"失去自我"。失去自我的个体首先会经历焦虑，困惑自己还是不是自己想象的样子，或者自己到底是个什么样子。创业者就是在和同学的比较中对自己产生了否定，出现焦虑而不能自拔。他说，他有个同学已经给他们的母校捐了一栋楼，创业者说"这多有面子，我和他比差太多"。他想尽快身价过亿，因为他执着于追求世俗人眼里的成功，可以说在世俗成功的评价体系中难以自拔，充满焦虑。伴随着焦虑，我们推测受访者会经历一段痛苦的新的自我形成的过程。让人担心的是，随着自我意识的弱化，个体很难摆脱与他人的比较而形成更为稳定的个人标准，他的焦虑更有可能伴随世俗的成功或失败而对他产生消极影响，甚至给予毁灭性的打击。

其他受访者面临的具体问题不同，但从本质上讲，他们的工作节奏完全受制于外界环境的诱惑或者要求，而他们却并不自知地忙碌着。比如，外卖骑手在运送游戏中就像一个运送机器，依据设定好的程序运行，无法根据自身身体状况、天气变化、路况信息而相对自由地调整运送时间。程序员也是 KPI 的重度依赖者，需要遵从项目的时间安排夜以继日地工作，以确保能够在截止日期前完成任务。虽然访谈时抱怨重复"造轮子"，但回到工作岗位，程序员照旧"造轮子"而不争取资源整合。企业高级管理者也需要依据公司的制度条例，事无巨细地上报申请，在自己的工作职责范围内往往也无法自主安排工作，从而丧失很多工作中的主动权和积极性。即便如此，他的工作侧重点依旧是如何让老板满意而不是尝试让老板能根据变化的现实情况调整管理环节。整体而言，个案中的受访者自我评价维度相对单一，受访者往往将收入或者资产的高低作为自己是否应该获取成功或者认可的依据，这个依据即使不是唯一的至少也是最重要的指标。

受访者也会遵从传统观念采取个人行为。比如生育，相当比例的访谈者——无论是基层的体力劳动者还是所谓的社会精英——都由于和生育有关的选择而让自己更深地陷入了财务（潜在）危机中而不得不选择过劳。在现实生活中，经常有年轻人根本没有成熟的生育观念，他们遵从了传统，"在什么年龄做什么事""趁着年轻生孩子"，催婚催育的压力在受访群体中也有体现。在农村生活的长途货运司机的子女数量不少于 2 个，没有一个服从当时的独生子女政策，家庭负担都很重。城市受访者在生育之后被"社会焦虑的贩卖者"灌输似是而非的观念，认定"不能让孩子输在起跑线上"，父母要全身心地投入儿女教育，盲目冲动选择一方辞职，这很可能意味着一个人的收入要承担一个家庭的所有支出。这种状况导致家庭财务在支出急剧增加的同时，收入显著下滑，进一步加重了就业者的过劳风险。

总之，受访者自我意识弱化，对过劳危害麻木，个体不会反省自身的成长之路，无法清醒地意识到自己所处的位置；相当比例的受访者选择逆来顺受，不会尝试做出改变，也不会反省自己的育儿方式。需要提醒他们：客观评价勤奋的价值，找到改变的出口，不要因麻木而忽视了改变生活的机会；至少要努力帮助子女摆脱原生家庭的认知局限，最终打破消极的代际传承。

综上所述，尽管参加生产活动的劳动者才是过度劳动的真正载体，但考虑到制度先行约定了劳动规则与负荷，劳动者只有在企业标准下才可能展开竞争和生产活动，因此我们对于过劳的原因分析从制度开始。

和不确定性效应相呼应，我们相信劳动者过度劳动的核心是经济动机，因此我们首先从"劳动者收入低"开始进行过劳原因的讨论。我们对比了几组指标得出以下基本判断：较低的生产效率导致劳动者工资收入不高，以致劳动者需要加班加点去争取体面生活。一个人通过加长工作时间增加收入的方法是中外通用的，有关过劳的中国特色更多体现在人们从产生"金钱欲望"到采取"过劳行为"的过程中。显然，过劳运行机制复杂，存在相当多的调节因素，调节因素的表现不同，个体最终的行为也不同。不同国家的制度和文化不同，有些制度和文化缓解了国民的过劳行为，而我们的制度和文化从一定程度上强化了劳动者选择过劳行为的数量和程度。其中，最典型的强化因素包括我国的社会保障因素。尽管我们的社会保障体系在不断完善，但"人民日益增长的美好生活需要和不平衡不充分的发展"之间的矛盾导致个体需要更多地依靠自己的奋斗来保障自己的生活。我国的"城乡二元制"在这里表现得尤为突出，以致农民工与城市市民过劳的状况、导致过劳的影响因素存在显著差异。这也是我们用独立的两章分别分析这两类人群过度劳动现状的重要原因。进而，中国的文化又充分肯定了我们的努力，"道德上的优越感"对人的行为控制力显而易见。最后，所有的外部环境的影响通过个体的认知系统作用于个体的行为，这时，自我意识弱化导致个体丧失了外部环境控制个人行为的最后一道防线。换句话说，自我意识较弱的个体会遵从外部环境的舆论方向，很难对抗外界环境的引导和控制。

如果个体所处的工作环境生产效率不高，社会保障体系支持力度不足，文化氛围又一致性地鼓励个体吃苦耐劳。如果个体想生存还想要好的生活，他的选择其实很有限，就是努力工作获取更高工作报酬，因此社会上出现普遍过劳的现象完全可以理解。随着技术尤其是 AI 技术的进步以及精细化管理的深入，我们相信：①我国的体力过劳，无论是从人数上还是从体力消耗程度上都会越来越少；②脑力劳动的强度会逐步接近人类的极限，这种脑力过劳的问题将和目前脑力心力混合过劳的现状有本质区别；③被人长期忽视的情绪过劳会日益突出。

5.7　总结

我们努力寻找典型行业的过劳者进行访谈和观察，但最终呈现在这里的个体极其有限。管中窥豹，影响过度劳动的主要因素在这些个体身上或多或少地得到体现。整体而言，这群受过高等教育、拥有体面工作的劳动者，由于对未来的不确定性而与焦虑相伴，这种焦虑的核心就是身份焦虑。

尽管从这些个体案例身上可以看到制度、管理、文化等宏观要素的影子，但这些外部因素终究都要通过个人的认知和评价引发观念，进而激发个体的情绪和行为。我们有理由相信，身份焦虑同样是外部环境作用于个体认知而出现的。因此，我们首先描述受访者群体的身份焦虑的具体表现。之后，我们会描述强化个体身份焦虑、过劳行为的典型信念或者认知（Belief）内容。

5.7.1　身份焦虑

Hong 等（2000）提出，人为了减少不确定性会努力提高社会认同，主观确定性能为个体提供存在感，从而降低他们在社会生活中的主观不确定性。身份是一个人的符号，象征着个体的社会地位。他们努力明确自己的身份，有了这些身份他们就可以依据身份指导自己的行动，从而降低个体在社会生活中的无常感，提供他们在社会认知上的安全感。在确定身份的过程中，个体表现出一种伴随心理紧张状态的身份焦虑（郝宇青和陈凤，2012），并在这种身份焦虑中产生出对于角色定位的迷茫，例如：自己现在是什么人？未来又会成为什么样的人？自己的子女又会成为什么样的人？

5.7.1.1　个人身份的不确定性

"人生而平等"的价值观是我们倡导的，但研究表明，人拥有自我意识，一个社会人在定义自己的社会特征时，很难找到客观标准，而只能在与周围人的比较中获得意义。在一个理想社会中，个体所处阶层相对稳定，个体的身份焦虑水平相对较低；相反，在一个快速变化的社会中，价值体系混乱往往意味着个体人生观、价值观的迷失。如果没有明确的价值坐标，缺乏对自我的基本身份认知，人的一切行为往往就是从众选择，随波逐流、人云亦云，缺乏基本的自我反思与评估。中国改革开放的几十年正是处于这样一种状态：变化太快，呈现出无规则的运行态势。在利益先行的价值引导下，市场投机行为盛行；政府干预扭曲甚至破坏市场，更是加大了市场经济发展过程中的人为因素，权力垄断引发的混乱引起以权力为中心的身份焦虑：得利者担心自己失去权力，无法保持和延续自己的利益；失利者为了改变自己的劣势地位，更容易受到"一切皆有可能"的一夜暴富、一夜成名的刺激，无法平静地接受自己原有的身份和位置，从而陷入自我认知的危机。

社会中以非体力劳动为主的中间阶层，他们接受了高等教育，在青少年的学业竞争中处于优势地位，原有的"优等生"经历使之在进入社会后，习惯性地想要成为"社会设定的成功典范"（阿兰·德波顿，2007）。何谓典范？在达尔文主义价值观影响下，如果个体想要成为他人导向的"典范"，他往往就无法拒绝他人用个人资产水平对自身的成功与否进行判断。

将表5-3中的资产数值和我国家庭平均年收入进行对比，两者之间的差异对大多数人而言产生的都是挫败感。个体无法和成功典范保持一致的"失败"，他就很难安之若素，自我否定的身份焦虑不可避免。我们的受访者或多或少地都表现出这种挫败，如那位年轻的基层公务员，她在描述中完全没有对自己的肯定，完全无视她如何在将近100名的职位应聘者中脱颖而出成为"新北京人"的事实，入职后她又迅速成为工作骨干表现出突出的学习能力。当然即使成功，成为所谓的"强者"，个体也会产生对于资产产生如何保值增值等方面的担心，无法获得持久、稳定的自我认可和自尊。例如创业者，他一直对政策的朝令夕改保持高度警惕，既担心不能在变革中扩大自己的业务，又害怕已经在手的收益会成为纸上富贵。

表5-3 不同机构对中国中产阶层的测算

机构	发表年份	收入/财富标准	规划
麦肯锡全球研究所	2013	城镇居民家庭可支配年收入9000~34000美元（6万~21万元人民币）	约68%的城镇家庭，1.8亿户
经济学人智库	2016	人均可支配年收入2100~32100美元（1.4万~21万元人民币）	约60%的总人口，8.3亿人
国家统计局	2017	按2016年全国居民五等分（人数各占20%）分组人均年可支配收入分组：低收入组5529元中等偏下收入组，12899元中等收入组，20924元；中等偏上收入组，31990元；高收入组，59259元	按中等偏上及高收入组中合计40%人口测算，约5.5亿人

续表

机构	发表年份	收入/财富标准	规划
世界银行	2017	家庭年收入 14600~146000 美元（10 万~96 万元人民币）	约22%的总人口，3 亿人，7500 万户家庭（4 人/户）
瑞士信贷研究所	2015	以美国当地拥有 50000~500000（30 万~300 万元人民币）的财富标准	约10.7%的全国成年人口，1.1 亿人
	2017	以全球财富标准 10000~100000 美元（7 万~66 万元人民币）	约28%的总人口，3.9 亿人

资料来源：笔者根据相关资料整理所得。

5.7.1.2 代际传承的不稳定性

目前社会中努力向上，通过个人努力改变自身状况的以非体力劳动为主的社会中坚力量，往往有"知识改变命运"的所谓成功经历，坚信教育背景在相当程度上决定子女未来的社会地位和身份。不可否认，知识是个体拥有适应快速变化社会能力的重要载体，如果想要拥有未来的成功，个体应该拥有知识。遗憾的是，"知识"这种成功因素无法实现直接的代际传递。邵挺等（2017）的研究指出：2011~2013 年的麦可思（Mycos）中国高校毕业生就业数据（见表5-4）显示，教育的代际传递显著。的确，父母是研究生，他们的子女上更好学校、接受更好教育的机会显著高于其他教育程度父母的孩子（谭远发，2015）；但是，从另一个角度来看，拥有研究生学历的父母其子女拥有"211""985"高校学历的比例总和不到60%，差不多有一半拥有研究生学历的父母，他们的子女没有进入"211"高校。这一数据告诉父辈的事实就是：实现身份的代际传承还有相当的不确定性。

表5-4 2011~2013 年教育代际相关性情况[1]

子女 \ 父母	小学及以下	初中	高中	大学	研究生
"985"高校	3.59%	4.90%	5.86%	9.59%	14.03%

[1] 邵挺，王瑞民，王微. 中国社会流动性的测度和影响机制——基于高校毕业生就业数据的实证研究［J］. 管理世界，2017（2）：24-29. 数据时间跨度为 2011~2013 年，有效问卷数分别为 75954 份、32919 份和 85998 份。

子女 \ 父母	小学及以下	初中	高中	大学	研究生
"211"高校	8.85%	11.58%	12.97%	16.85%	19.89%
非"211"本科	59.56%	59.28%	63.60%	62.44%	56.42%
高职高专	27.99%	24.25%	17.57%	11.11%	9.66%
样本量	102772	34524	39662	16495	1418

资料来源：笔者根据相关资料整理所得。

为了让子女拥有他们认为的"知识"这个成功因素，这些父母十有八九会做出本能的选择——重视子女教育，期望孩子"勤奋学习"。与家长重视子女教育相冲突的是国家对基础教育的改革。目前我国的基础义务教育逐步走向"宽松"，实施中小学生减负措施。"减负"的目的是希望学生能够有更多的时间提高个人的综合素质，但这种改革在实践中却意味着：学生很可能不能依赖学校教育在升学竞争中胜出。教委不再要求教师承担更多的责任，甚至严查超纲、严禁奥赛、降低高考理工科考试难度，实质上是矮化了原有的教育高度。教育的扁平化、教育的不学或者释放天性，本质上都是否定孩子的苦学，从而迫使或者方便父母权力在子女教育中的资源渗透。近一段时间，教育部、各级教委再次出手关闭相当数量的社会培训机构。这样一种教育现状，家长只能在子女教育上投入更大精力，弥补学校教育的不足，甚至适时选择时机脱离我国现有教育体制，解脱自身在子女教育机械训练上的时间投入。显然，这个选择需要以金钱投入为代价。因此，又一个金钱的正反馈路径出现：家庭越需要钱，家长就越倾向于投入工作，发生过劳。

5.7.2 非理性信念

心理学认知理论认为，人们的情绪是由人的思维引起的，个体的非理性思维（Irrational Beliefs）往往会使个体陷入情绪障碍。虽然这些受访者各自有担心的具体问题，但他们面对个人工作和生活的焦虑状态却大同小异，这和他们的思维方式密切相关。仔细分析不难发现，他们的思维有以下共性。

5.7.2.1 灾难化的恐慌

前景理论中的确定性效应（Certainty Effect）指出，人们处理确定性结局和不确定性结局的方式不同，大多数人更喜欢确定性的结局，而会把不确定、前途未卜看作一种威胁加以防止。Geert Hofstede认为，不同民族、不同国家或者地区防止不确定性的迫切程度不同。相对而言，在不确定性规避（Uncertainty Avoidance）较强的社会中，人们普遍有一种高度的紧迫感（刘追和郑倩，2016）。正如古语所言：君子不立于危墙之下，中国人显然更不喜欢不确定性的环境。受过传统教育的社会精英就在这种认知熏陶下建立起很强的风险意识，但这种风范意识往往是无意识地夸大灾难出现的概率，过犹不及地表现出灾难化的恐慌（Awfulizing）。外企高管焦虑到出现睡眠障碍，他说："我没有挣够钱，老人病了怎么办？我不能不做好准备；孩子大了，要上学，上不了重点就麻烦了，校风不好孩子不好好学，上不了好学校我们这个家就没指望了。老板给我的任务我完成不了怎么办？我是不是就没有升职机会了？公司前景不明，我会不会被开除？市场不好，我们公司的产品卖不出去，我们公司会不会破产？"虽然人们担心的具体事物不同，但对于事件发展后果的恐慌却相当一致。这些典型的灾难化恐慌会严重影响个体的情绪和认知判断，促使他们更多地围绕小概率事件决策。如果错误地分配了精力，他们的行为效率降低就在所难免。

诚然，面对可能事件，人们常常会增加对小概率事件的关注，墨菲定律认为"如果事情有变坏的可能，不管这种可能性有多小，它总会发生"。但万事有度，作为一个风险厌恶者，虽然理性分析知道我们应该更多考虑大概率事件的应对，但非理性并不会引导我们理性思考现实问题。时时刻刻想着万一，想要万无一失，就会因为过度考虑事件的灾难性后果而产生恐慌以致无法自制。同一文化背景下的采访者完全可以理解这群受访者希望能够对自己生活中的风险防患于未然，但希望做到万无一失就失去了理性，极大地增加了任务难度。这一批受访者对于金钱的看法比较立体，但不可否认，他们同样表达出对金钱的渴望。手里有粮心里不慌，他们需要金钱给他们做底气，需要金钱来消解他们的各种担心和恐惧。因此，又一个金钱的正反馈路径出现：越是希望万无一失，劳动者的金钱欲望就越强，他们就越倾向于为了增加收入投入工作，从而发生过劳。

5.7.2.2 绝对化的要求

不知道是不是因为多年的应试教育导致受访者或多或少地表现出对"唯一正确答案"的痴迷。他们有稳定的价值观、人生观和世界观，从自己的主观愿望出发，认为某一事件必定会发生或不会发生，常常用"必须"和"应该"的句子表达自己的行为决策和价值判断。例如：我必须努力工作，我应该有求必应；我必须成功，工作应该是公平的，规则应该是合理的，同事应该是要配合我的。这些必须和应该充斥采访记录全程，表现出受访者的思维定式。如果现实和个体的"必须""应该"相悖，个体很容易产生失败感和挫折感，难以接受，难以适应，陷入情绪困扰，出现失落、自责、失望、绝望、愤怒、焦虑等众多负向情绪。要想满足自己认知中要求的"必须"和"应该"，基层公务员从不拒绝同事"搭便车"，因为她觉得自己作为年轻人应该多干一些，她不在领导面前展示自己的功劳，因为她觉得一个团队必须是团结的，年轻人不应该斤斤计较。还有创业者认定自己不挣够1亿元就是失败，忙碌子女教育的母亲认为自己的孩子必须是博士，一代更比一代强，儿子怎么也不能比自己学历差。程序员虽然经常抱怨产品推销员的信口雌黄，但他如果不能满足客户要求就会非常痛苦，为了"程序员的尊严"在加班。总之，这种"必须"和"应该"导致个体偏执的投入欲罢不能，提高了劳动者的过劳风险。

与此同时，我们文化中对勤奋的肯定又进一步推高了劳动者的过劳风险。宾州大学心理学家 Paul Rozin（2013）认为[1]，个体喜欢良性自虐（Benign Masochism），实施从肉体不适中得到精神享受的行为。也就是说，个体会做一些可能让身体"感受到威胁"的事情，与此同时在心理上感到非常享受。Rozin 等在论文中指出，"良性自虐是指个体会享受一些本是消极的行为；这些行为发生时，身体和大脑会错误地感受到威胁。在这个过程中，人们发现大脑被愚弄，实际上却并不存在危险，因此会有一种'驭体于灵'的快感"。和吃辣椒、玩过山车类似，很多人在劳动中感到劳累、疲倦，并自觉地将其归结为是一种良性自虐，在工作中投入了大量的时间、精力和体力，以"应该""必须"为准绳，以"正确"做诱饵，站在责任感、道德感的制高点上欲罢不能。我们的传统文化中经常欣赏"头悬梁、锥刺股"，工作中的"蜡炬成灰泪始干""老黄牛"都是劳动者自我炫耀式的正面评价。但这些"应该"和"必须"的过度劳动并不是良性自虐的领地，体力、精力的不济以及疲劳的确是让身体"感受到威胁"的警钟，如果我们的大脑单纯用文化、观念愚弄自己，个体就会忽视应该对自身生理和心理信号保持足够的敬畏和警惕。总之，勤奋、努力的信念绝不应该是个体沉陷于过度劳动的思维陷阱。

5.7.2.3 过分概况化

过劳导致管窥效应，使个体只能关注他们目前可以看到的"管中"事物。大多受访者表现出对成功或者金钱等特定事物的渴望，认为某一事物是体现人生价值的最重要指标。以成功为例，成功本是一种正向的精神、积极的品质、充沛的意志，每一个体都应该得到社会的鼓励与认可，每一个体也都应该有机会去获

---

[1] https：//blogs. scientificamerican. com/beautiful‐minds/emotionally‐extreme‐experiences‐not‐just‐positive‐or‐negative‐experiences‐are‐more‐meaningful‐in‐life/？

得成功。遗憾的是，随着成功学的泛滥，"成功"成为等同于功利的狭隘词汇，取得成功就是要取得社会认可的权力、地位和金钱，这种过分概括化的成功学与我们和社会宣称的"努力取得成功、获取幸福"的追求目标背道而驰。要知道，人类的基因层面决定了我们只能对感受到的变化保持敏感，同时很容易适应绝对水平值。所以，人要获得长期的幸福就不可能追求一次性的成功，而是需要持续的进步。假如个体要以追求"金钱"为成功目标，那多少钱才是成功？"获得第一桶金"激励个体不断付出，没有成功之前就只有空虚、失落，带来焦虑；即使终于成功，第一桶金带来的幸福感也会很快麻木，然后新的成功目标出现，激励个体不能有稍许懈怠和放松。在过分概括化的思维方式下，用单一事物评价复杂人生价值，常常让人绝望。

综上所述，作为过劳死报道关注的主要群体，这一群体的基本特征是：接受过良好的高等教育；有较强的家庭责任感，受制于父母的期望压力，同时又努力控制子女的发展，与原生家庭密切相连；本人有相当的自尊需要和尊重需要，为了自己和家人获取一定的社会地位而努力奋斗；对个人收入有一定期望。虽然他们面对不同的工作环境，但较好的教育背景、类似的激励环境和文化传统导致他们有相似的信念——"天道酬勤"，这种信念对其行为反应模式产生显著影响。在采访者眼中，这些受访者个体很可能并不会因为不拼命工作就无法生活，然而他们只想努力工作证明自己。虽然这条道路往往让他们充满焦虑，但为了走通这条路，受访者在相当程度上深陷过劳陷阱而不敢挣扎，甚至以此为荣。

6　过度劳动应对策略分析

智联招聘 2019 年的调查数据显示，我国不同行业的工作时长，相较于《中华人民共和国劳动法》规定的每天 8 小时，每周 44 小时的标准普遍超长；虽然互联网行业、医疗行业的过劳现象得到了更多的媒体关注，但事实上互联网行业工作时长并不是最突出的。因此，过度劳动的问题绝不仅仅局限在新闻中常常报道的行业，过度劳动的现象已经成为我国特定发展阶段的特色之一。

不可否认的是，有些行业的过度劳动似乎不可避免，如特定科室的医生为了挽救患者生命经常要和时间赛跑。我们的观点是，即使是这样的行业，我们还是可以发现很多的制度障碍、管理问题加重了他们的过劳。如果我们的制度制定得更科学、更专业，我们的管理和评估手段更有效，更符合现实需要，工作效率会更高、更人性化，破除了制度痼疾、优化了管理框架，大比率的过度劳动现象就可以得到有效遏制。

本章我们将关注那些努力逃离过劳的人，希望他们的经历和选择能带给我们更多应对过劳的思考和实际办法。

6.1　逃离工作

6.1.1　背景信息

徐先生，45 岁，原证券公司工作人员，重点大学本科毕业，已婚，妻子就职于本市事业单位，儿子就读于本市国际高中，正在申请美国本科留学。已向公司老总递交辞呈，老总与之达成年底辞职的安排，方便公司有时间交接工作。见面后最深的直观印象是徐先生很瘦，中等个头，看上去像一根不是很直的竹竿。

年底回访，他已经辞职在家。状态良好，体重明显增加。

6.1.2 访谈内容

6.1.2.1 巨大的工作压力

证券行业知识更新比较快。受访者认为本质上，金融要服务于实体经济，而实体经济涉及众多的行业。比如，传统经济里的养殖业、石油矿业、房地产业，硬核科技新产业里的芯片半导体、云计算大数据。在工作中，无论在大学里学的什么专业，工作中都会遇到新领域及大量知识盲点。从事金融业的工作借用和处理的信息会涉及历史学、心理学、生理学、数学、工程学、生物学、物理学、化学、统计学、经济学等学科，有时候还需要下得了矿井、数得清扇贝①、掌握半导体产业格局、了解5G技术等。上述种种说明，金融投资非常挑战个体跨学科的快速自我迭代能力。金融专业人士不仅要对财务信息进行独立分析，还要全面分析想要投资公司的内部经营情况以及了解其所处的更大的整体"生态系统"。尤其是中国金融市场政策的出台与反复更像是高悬着的"达摩克利斯之剑"，随时需要了解政策。

监管压力也比较大。虽然行业空间还比较大，但券商基层营业部定位为针对普通客户的零售经纪业务。在北京这样的大城市，证券行业早已经历了高速发展期，进入相对饱和的阶段。受访者所在的营业部是2005年成立的，当时客户经理以拉人头方式在银行驻点搞营销，最多时营业部有300多名员工，大部分是营销人员。经过几年的高速发展后，市场基本饱和，增量客户是少数，主要靠存量的竞争，因此就需要从其他券商那里拉客户。银行驻点因政策取消，市场也转为熊市，在业绩考核压力下，员工离职很频繁，现在员工只剩下30来人。公司把增量的重点放在互联网营销上，现有营业部的重点变为维护现有存量客户，增加了各种金融产品的考核权重。

目前工资收入其实还行，但业绩KPI考核压力比较大，管理也很细化。营业部把客户分配给员工维护，客户数量、客户资产、金融产品销售、创新业务、日常沟通频率等都在KPI考核范围内，细化各种权重，对每天呼出电话数量有要求，还有质检，对时长和内容都有管理。经过多年淘汰，能够留下来的员工基本都是营销精英，但大家的平均KPI也只在75分左右。也就是说，大家平均也就拿到绩效工资的75%，而低于60分就有被淘汰的危险，营销数据每天在营业部微信群里公布，有种游街示众的羞辱感。客户是有限的，向客户推销了公司推荐

---

① http://www.xinhuanet.com/food/2019-11/18/c_1125243505.htm.

的基金或金融产品，客户信任你买了，但之后亏钱了，下次就很难再推销。客户池子就那么多，而金融产品的销售目标一年比一年高。在互联网券商的冲击下，客户交易佣金率越来越低，传统的佣金收入持续下降，看不到尽头，没有干下去的动力。

我是因为个人喜爱而转行进入证券业的，但干了这么多年后，工作热情被消耗殆尽，确实不如之前那么想干下去了。

6.1.2.2   无所适从的从业环境

在这家券商干了 10 多年，业务知识、业务能力也说得过去，但现在也遇到了职场的"天花板"，要向上必须往管理上转，而自己的人际关系处理能力只能算一般，和那些人精比起来确有不足。而不向上升职，就要被比自己小十来岁的年轻人管理，面子上有时候也过不去。

还有一种选择就是跳出来。前些年证券行业的流动性是比较大的，去哪里的都有，在券商之间跳的很多，也有去银行、私募基金、第三方财富管理的。前两年 P2P 火的时候去的人也不少，现在看来跳坑里的人也不少。整个金融行业发展确实很快，做金融的人都希望有一个稳定的市场，这个比什么都重要。从目前来看，金融环境的不确定性太大，世界不稳定、国家政策不稳定，都让人寝食难安。尤其是政策收放之间，投资人的命运就有巨大的变化。

相对来说，其实能在券商这里待着是很不错的，收入方面也都不错。但如果不能从事管理岗位，"天花板"的压力是巨大的，这点在基层网点更突出。即使在业务上，由于新客户、年轻客户都是走互联网营业部，现有的存量客户一年年地老化，加上绝大多数客户其实不适合进入资本市场，能力很不足，根本跑不过市场平均收益，只要市场不是大牛市，投资亏损是常态。大量曾经的活跃客户沉淀下来成为死账户或休眠账户。这样，服务重点必须放在大客户和机构客户上，但它们需要的服务更专业，营业部的相关资源不足，总部后台的支持跟不上，我们营业部就很吃力。但对这类客户的竞争更激烈，要是跑一个，KPI 就完了，板子全部打在营业部员工身上。这类客户，几乎是 24 小时随时服务，他看到新闻发觉有什么问题，一条微信发过来或一个电话打过来，你虽然下班了，也要第一时间回应。在这里上班就没有安稳的时候，什么时候一个电话来了就要耐心分析，讲解半个小时一个小时的，讲的内容指不定说过多少遍了。

其实这些大客户、机构客户还算是好的，某些小客户更麻烦。客户基数多了什么人都会有，总会遇到几个不讲理又很折腾的客户。不向他推荐股票说你服务不好，推荐股票买入亏损了意见更大，公司的荐股短信必须很注意，每条都以

"以上投资意见仅供参考。股市有风险，投资需谨慎"结尾。但真的亏钱了，极端客户还要投诉，甚至闹到监管部门。监管部门一级级转下来，摆不平就是你的问题，很大的精力都放在这些问题上，感觉工作论功行赏的时候少，背锅的风险太大。

6.1.2.3 不合理的政策监管环境

为了市场公平，国家法律"一刀切"规定证券从业人员不能炒股。这个十几年前制定的制度沿袭到现在，不合理性越来越明显。直接面对客户的基层服务员工，既不是证券投资部门，也不是证券研究岗位，还不是后台清算部门，在公司内部严格的信息防火墙制度下，和内幕信息基本无缘。但"一刀切"不能持有股票，怎么服务客户呢？如果真严格按照这个规定，连交易软件都用不好，怎么指导客户呢？所以之前大家普遍用家人账户操作。但监管越来越严，手机号码、MAC 地址在公司都有备案，所以几乎每个人都有两部手机。但长期来看，这种法律风险还是太大了。心越来越累，算了，不想干了。既然自己的身体难以支撑这种高压工作，失眠严重，天天睡不着还早早就醒，就想只要合理消费，放弃大富大贵的野心，个人就有给自己提供一定独立空间的可能性，何乐而不为！

6.1.3 访谈资料分析

Xie、Schaubroeck 和 Lam（2008）研究指出，中国人的传统性包括尊重权威、宿命论、外控等非个人意志取向。传统中国人对控制感的需求远不如西方人强烈。然而，随着中国的现代化进程，在互联网、媒体和社会互动等多方面的影响下，中国人的价值观和内在自我无可避免地受到了时代的影响。自我决定理论认为，自主性是人的三大内在基本需求之一，内在需求的满足，关系到个体内在动机和幸福感的形成。马斯洛的需求层次理论揭示了个体在基本需要满足之后会逐渐出现过去没有的、更高级的精神需求。目前，中国人，尤其是知识群体已经从过去渴求温饱发展到对自身生活品质、尊严、成长等目标的追求，自我意识和维权意识明显显现，对个人能力、价值的控制感或自主性的需求有了长足发展。同时，受知识、技能的不断更新，原有传统观念根深蒂固的影响，工作中的自主机会往往成为挑战，从而让个体感到紧张不安，从而加速了个体资源的消耗。持续处于这种身心俱疲的状况下，受访者做出了自己的决定，重新审视自己的职业生涯。

6.1.3.1 重新思考职业兴趣

受访者本人喜欢充满刺激的认知挑战环境，对金融充满热爱，痴迷于对外界信息的收集与整合。在上述的描述中，采访者能清楚地感受到受访者目前工作的痛苦：在如此严苛的绩效评估系统下，服务于各类投资者，其中相当比例都是所谓的"消费性投资者"，徐先生根本没有精力和时间专注于信息的收集和整理，也没有条件和志同道合者沟通交流，心无旁骛地进行投资，从而无法在工作中享受自己选择这个职业的乐趣。

人们似乎都知道兴趣这个概念，但"兴趣"和"职业兴趣"之间有显著差异。兴趣只需要个人喜欢，往往与个人擅长紧密相连；职业兴趣需要得到他人认可，只有在满足职业的业绩指标之后才能确保职业兴趣得以持续。显然，公司的业绩指标是徐先生难以承受的，在职业中无法得到徐先生预期的成就和价值之后，徐先生选择了放弃，回到兴趣本质，避免行业中仓促的不适感[①]（Eilkrankheit）。

徐先生并没有抱怨目前越来越快的工作节奏，他只是冷静地思考如何应对这个现实。徐先生认为，这种变化给自己的生活也带来了机遇和挑战，一方面，越来越快的变化促使公司为了回应外部客户需求不断做出改变，对员工的管理不断调整，员工工作时间越来越长、投入精力越来越多，员工个人承担的风险越来越大，收益却没有同步增长，这是工作的不利之处；另一方面，不确定的经济环境在给自己投资带来风险的同时也带来了更多的可能，离开工作集中精力于个人投资、回避工作的制度风险、隔断服务对象的干扰，就可以充分享受个人兴趣。

徐先生的选择和当代社会的多元文化一致，他的观点也在一定范围内得到了社会认可：既然可能通过兴趣实现安身立命、增加个人确定感，辞职就是一种理性选择，个体没有必要必须遵从传统观念委屈自己来适应工作。

6.1.3.2　以家庭生活为中心

工作至上原则是当今社会主流文化中的核心要素（周海荣，2015），相关观念"人活着并不只是为了工作，但是人却必须为自己的工作而活"，督促现代人承受工作的匆忙与劳碌。随着经济全球化和商业贸易活动广度与深度的不断增加，世界逐渐迈入了信息化和数字化的通信技术时代。人们的工作内容不断扩充，工作形式不断改变，随着无线通信技术的发展，组织、团队和个人的工作突破了时空限制，工作不一定必须在单位，职业培训可以在家里通过网络完成，通信联系也可以 24 小时保持畅通，Schlosser 将这种现象归纳为"工作连通行为"（Work Connectivity）。工作连通行为往往随着个体多重角色参与，承担多角色责任。一个人可能会在上班时间"搭便车"处理与工作无关的其他事务，但也有

[①]　https：//www.enfamily.cn/thread – 976117 – 1 – 1.html.

可能在非工作时间被公事缠身（Chen et al.，2014）。受访者明确表达原来的工作加班过多，严重影响了自己的个人生活。作为一个后工业社会的金融服务从业者，他对"工作至上"的工业社会主流观念提出质疑，认为工作只是让自己更好生活的工具，工作不是人生的全部，生活才是人生的重心。

在现代社会，工作和家庭是个体生活的两个重要组成成分，只有工作—家庭平衡才能提高个体生活质量：平衡越好，个体的工作满意度越高；平衡越差，他们遭遇的工作—家庭冲突会越明显，甚至身体状况也会越差（王媛媛，2019）。在现实生活中，个体同时扮演着多个角色，为了提高每个角色（如工作环境中员工的角色，在家庭生活中父亲或母亲的角色）的参与度，处于连通中的人常常需要进行多重角色的切换（Maccormick，2012）。边界理论（Boundary Theory）认为，工作和家庭是两个存在明显界限的领域，人们每天在工作和家庭两个领域之间来回穿梭，人的精力和时间也会跟随并相互渗透。如果工作连通行为有限，工作和生活界限就会相对清晰；如果工作连通行为参与度高、次数频繁。或者说，个体工作生活长期处于连通状态，对于工作的心理投入时间长、程度高，就可能导致过度劳动、工作倦怠，个体就更有可能渴望终止连通状态得到休息，从而激发个体脱离工作的倾向。

卫生经济学家 Farasatt Bokhari 认为，面对危机，人们需要寻求控制感；同时，人们也会倾向于保护自己，不会为了得到这个控制感而付出不可承受之代价。基于此，我们有理由推测：在不确定性环境下，个体也会做出与遇到危机时类似的反应——不仅寻找控制感，而且对可控程度的付出成本也有相应的要求。就是说，一般劳动者并不会为了获取金钱而不顾性命，但消耗体力、脑力和心力是个体努力的重要标志，持续地消耗个体资源，会导致个体在道德上处于高点，从而很可能导致个体忽视对自身资源的补充，长此以往，过劳在所难免。受访者自称是典型的个人享乐型，他利用辞职摆脱工作连通，明确工作—家庭的界限，从无意义的时间消耗中挣脱出来，在最大程度上实现了自己对个人时间的掌控感，从而把个人生活牢牢地掌握在自己的手里。

当然，这种围绕个人家庭整体收益的选择需要相当的社会支持系统。我们注意到徐先生的家庭背景：家有房产、妻子有稳定工作，可以支撑家庭的基本支出，双方父母退休且都有独立的经济来源。没有后顾之忧促使徐先生可以更多地考虑收益，而不是风险。在更多考虑收益的前提下，我们就更能理解徐先生的辞职决定：即使投资失败，家里基本生活也有保障，而投资成功又可以显著提高家庭的整体生活质量。

6.2 最惨烈的逃离方式

访谈对象：一位失独母亲，以下称为陈老师
访谈时间：2017 年 1 月 28 日（大年初一）
访谈地点：长沙市某小区，陈老师家

6.2.1 背景信息

失独母亲：陈老师，生于 1951 年，广州沿海 Z 城市退休教师，籍贯长沙。

失独父亲：范先生，退休海军大校，工作地点在广州沿海 Z 城市，籍贯长沙，生于 1949 年，访谈时亦有参与；范先生有嗜酒问题（与年轻时长期潜水工作有关），需要家人随时监护。

独子：小范，生于 1977 年 7 月 18 日，猝死于 2016 年 8 月 17 日长沙市自己租住的单身公寓中，去世时年仅 39 岁。

6.2.2 访谈基本内容

6.2.2.1 小范的基本工作线

大年初一接受采访是受访者陈老师提出来的。她说：他们不过年，如果我不忌讳可以到他们家里坐一坐。

陈老师中等身高，偏瘦，面容憔悴但五官清秀。她的丈夫身高不到 170 厘米，可以说身材瘦小但挺拔，声音洪亮，一见面就向我展示他头上的纱布，说是刚做了开颅手术。

陈老师根本不用引导就谈起她已去世的儿子小范，这是我希望访谈她的初衷。但访谈时常被陈老师的丈夫范先生打断，他总是批评儿子不争气，不能达到所有家人的预期目标。陈老师总是礼貌地停在那里，等自己的丈夫讲完再接着讲，相当有修养。

尽管陈老师坚韧克制，但在访谈中还是多次痛哭，访谈被打断几次。以下是陈老师对自己儿子小范工作、生活时间表的基本介绍。

2000 年，儿子小范大学毕业，就职于深圳某私人公司。工作逐渐步入正轨。

2004 年初，购房，准备结婚。

2004 年中，决定单独创业，放弃原来公司的合伙人身份。为了创业启动基金卖房买车。和女友发生分歧，后来分手。

2009 年，创业失败。陈老师的丈夫范先生退休。儿子小范向父母提出：将工作地房子卖掉在深圳买房，一家团聚，也免得自己两地奔波。范先生拒绝，认为儿子小范不争气，不想放弃老屋，陈老师考虑到丈夫范先生因为身体原因（酗酒）医疗费用不低，如果离开夫妻工作地报销实在不方便，也就没有坚持随儿子小范前往深圳定居。儿子小范重新进入原公司，由原来的合伙人身份变成了企业员工。

2009 ~ 2015 年，在此期间范先生的身体由于酗酒问题，每况愈下，三天两头跑医院，儿子小范担心母亲一人照顾父亲身体吃不消，总是一有时间就往老家跑。父亲范先生醉酒时见到儿子小范就是打骂，认为儿子卖房买车，出去创业是愚蠢，导致其处于既没有成家也没有立业的困境，没有出息。

陈老师夹在丈夫和儿子中间非常为难。虽然担心丈夫身体，但丈夫发起酒疯完全无法掌控，骂儿子的话简直不能听，心疼儿子也只能哭。时间久了，就想搬回祖籍长沙。届时，医疗保险实现了跨省的异地就医，医疗费用不再是她太需要顾及的问题。陈老师陈述自己想回老家的理由如下：一是丈夫虽然嗜酒但本质孝顺，在老家有老人在，估计也能让范先生有些忌惮。二是婆家有好几个弟弟妹妹，丈夫发病需要人照顾时还可以替换。虽然这样离深圳较远，但有家人照应，儿子也可以安心工作少跑几次。

2015 年初，陈老师和丈夫卖掉了工作地的房子，在长沙购房定居。

2015 年中，范先生突发脑溢血，病重。当时儿子小范正在深圳机场，要去外地签署产品购买合同，由于时间太紧，小范从机场直接购买机票赶回长沙，合同签署受到了直接影响。后面受到公司责备，小范再次辞职，与公司解约，并签署了 2 年不得从事相关工作的协议，回长沙发展。小范并没有和父母住在一起，而是选择独立租房居住。

2016 年 8 月中，儿子没有在约好的周末出现。陈老师打电话也联系不上儿子，心中不安，周一赶往小范的单身公寓，发现小范已经死亡，死亡时间已经超过 24 小时，在公寓里发现了治疗糖尿病的药物。

6.2.2.2 第三方信息

访谈主要关注的是陈老师的儿子小范。随后我们从范先生的亲属那里也获得了小范的大量信息。

小范从 2004 年开始创业以来一直非常辛苦，天南地北地跑项目；联系时十有八九都在外地出差。自 2004 年辞职后就没有再买房子，一直开着 2004 年买的车，最终选择回到原公司上班。虽然和亲属见面次数不多，沟通有限，但推测应该是创业不成功才选择回原单位上班，从合伙人身份降为员工身份的确很可惜，但是，原单位还能答应他回来，也从侧面说明小范的业务能力和人品在原单位是得到认可的。从卖房创业到创业失败返回原单位，回头来看这十几年的选择很不划算，但在当时又有哪个敢保证他的选择是错的？

没有人知道小范身体有恙。回到长沙后的一年时间里，除了老范有病在医院，亲属见到小范的次数很少，只知道小范没有正式工作，一方面不能在自己熟悉的领域（好像是一个电子行业）做业务，另一方面年近 40 岁，几乎没有哪个地方会接受一个 40 岁的高龄学徒，只能靠朋友介绍打短工，生活不规律。但小范高高大大，体格健壮，每次见面虽然比较沉默，但谁也没有想到一个壮小伙子的身体会有问题。小范死后在其单身公寓发现治疗糖尿病的药，才知道他已经得了糖尿病。

父子关系紧张。父亲范先生不理解、不支持儿子的选择，对已经成人的儿子依旧多次打骂；站在范先生亲属的角度很无奈：范先生酗酒严重，也知道不应该跟范先生计较，但看到小范已近不惑之年还要被父亲当众辱骂，看到一次就受不了，小范作为当事人的痛苦可想而知。2015 年，小范回到老家长沙，家人建议他住家节约开支，但小范坚决反对，选择租房独立居住，应该也是为了避免与父亲发生冲突，以免母亲为难。但小范绝对是个孝子，只要母亲招呼说父亲有病，总是会及时出现，异地就医的报销有很多手续和局限，范先生的报销都是小范前往父母工作地往返完成，牵扯大量精力。

通过访谈，我们想象中的小范自立要强。小范什么事都是自己扛下来，对自己要求很高。工作上要不是那么要强，也不会放弃一个好好的公司合伙人职位自己选择去创业。他不想在小公司待一辈子，想做大、做强，但其他合伙人小富即安，不愿意冒险，他就自己出来闯，可惜失败了；想做好儿子，死前的那个周末还和父母约好了要开车带他们去看演出。小范的几个姑妈对小范的去世也是感慨不已，说小范是个好孩子，受到父亲这样的辱骂也没有抱怨，更没有躲得远远的。一个人什么都要做好太难，最后身体崩了。

6.2.2.3　补充信息

2018 年 1 月 6 日，陈老师因急病去医院治疗，打电话请范先生的妹妹前来照顾范先生，可惜在范先生妹妹尚未赶到家中的时间空当，范先生自行离家。当天的晚些时候，家人在附近一所医院找到了已经受伤的范先生，不知道他是被谁送到的医院；一周后，范先生医治无效死亡。依据以往经验推测范先生是酒后滋事、受伤，被好心人送到了医院。

2018 年春节，访谈者再次回访陈老师，陪同陈老师去墓地扫墓。看着陈老师坚韧、克制但憔悴、孤单的身影，心里五味杂陈：老年丧子、丧夫，晚景凄凉的陈老师独自一人，她要怎么走下去？

6.2.3　访谈资料分析

陈老师的叙述和亲戚、邻居等不同来源的资料相互印证，小范及其重要生活事件的来龙去脉、时间、事件一致，信息可靠、真实。要想平平安安地走完自己的职业生涯，一个人需要防范各种风险。不幸的是，小范屡次入坑无力挣脱。

6.2.3.1　猝死风险[①]

年轻人猝死（Sudden Cardiac Arrest，SCA）的新闻越来越多（Zhang，2016）。年轻人的猝死率从百万人 0.93（14 ~ 35 岁人群）到 6.2（20 ~ 40 岁人群）；与女性相比，男性发生率更高、更年轻化。其中，高血压、糖尿病、高脂血症、肥胖、锻炼不足、睡眠不足等都是导致猝死的危险因素（Marijon，2015）。2017 年基于 162121 名（男性 47.4%）20 ~ 80 岁的健康、非肥胖成人 2018 年的随访研究显示（Deng，2017），每天睡眠 6 小时、空腹血糖升高、高血压、高脂血症、代谢综合征等心血管代谢危险因素导致猝死风险增高。小范微胖，有糖尿病史，生活不规律。这些危险因素在小范这里是显而易见的，而其他的胸痛、呼吸困难、昏厥或心悸等症状已经不得而知。

6.2.3.2　创业风险

深圳市的发展是中国改革开放 40 多年的缩影，小范在这个改革开放的前沿阵地，根据自己的经历做出了相应的选择。

2004 年小范选择自主创业。《深圳市统计年鉴》显示，深圳市中小微企业数量增长迅猛，近年来以年均 20% 的速度增长。2018 年 11 月 25 日，深圳市商事主体总量（企业及个体户）累计 3098001 户，同比增长 2.5%。其中，企业累计 1960134 户，同比增长 12.6%。新登记企业量和个体工商户总量高居全国大中城市首位。按深圳市统计局公布的 2017 年常住人口 1252.83 万人计算，深圳每千人拥有商业主体 247.3 户，拥有企业 156.5 户，创业密度持续稳居全国第一。这个数据过于抽象，我们可以借用任颋的数据说明："截至 2018 年 5 月，全市企业总量已达 322.93 万户；平均每 4 个深圳人中就有一个是创业者；平均每月新增 4 万家创业公司；平均每个小时就有 55 个人开始自己的创业之旅。"这从一个角度

[①] https：//chfs. swufe. edu. cn/thinktank/resultsreport. html？id = 2380.

表明了深圳是我国创新、创业的热土。浸染在这样一个环境中，小范做出自主创业的决定就不难理解了。

经过十年的奔波，小范创业失败，这其实非常正常。有数据显示，创业一年后的存活率也只有一半，创业的成功率整体不到5%。不可否认，我国的企业总税率（含社保缴费率）这几年虽有下降，但和其他发达经济体相比严重偏高，如图6-1所示，企业税负过高、企业负担过重显然不利于企业发展、对抗创业风险。

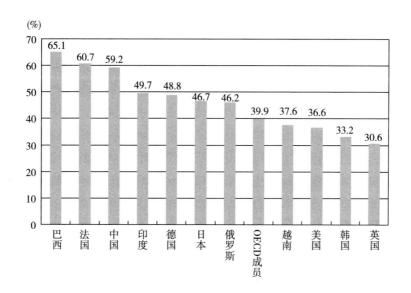

图6-1　2019年中国与其他主要经济体的企业总税率和社会缴纳费率
资料来源：中国财政报告（2019），http：//www.xcf.cn/article/94cfe27e2dfe11eabf3cd4c9efcfdeca.html。

6.2.3.3　房产和投资理财

房地产市场在我国经济与家庭资产组合中扮演着重要角色（任亚军等，2017）。Yang等（2018）的研究显示，我国房地产市场兼具共性与地方属性的特点，各城市房价波动的影响因素中，有来自自身的，也有50%以上的影响来自自身之外的因素，国家政策与深圳的房价有显著关系。

为了创业的启动资金，小范选择卖房，时间在2004年。相关信息显示，2004年深圳房价均值在6000元。经过十年的高速增长，2014年深圳房价已经突破2万元，如图6-2所示。2004年，小范有房、有女友；2014年，小范已经买不起深圳的房子，可以说是一无所有。

（元/平方米）

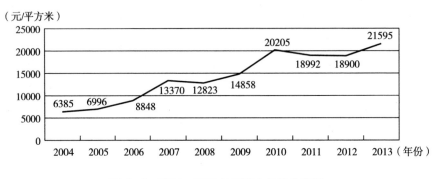

图 6-2　2004～2013 年深圳十年房价走势

房地产价格与住房信贷之间存在显著的正反馈作用机制，涂红等（2018）的研究显示：货币政策对深圳房价具有显著的正向影响。自 2008 年底，深圳房价一路上扬，其中 2009～2013 年累计上涨了 50%。谭政勋（2015）等的研究显示，房产在家庭总资产中占比越来越高，2009 年已经接近 70%。林江（2015）等指出，房地产市场已经形成了银行信贷、居民投资和开发商抵押"三位一体"的资产配置模式。任亚军等（2017）的研究表明，高房价对创业意愿存在明显的挤出效应，其中的挤出效应可以分离成"财富效应""信贷效应""替代效应""房奴效应"。

已有文献指出，在经济不确定性条件下，资源会流向流动性和安全性较好的行业。我国的金融市场不够发达、资本市场不够完备、安全资产相对缺乏，房地产提供的房产相对安全且具有较好的流动性。尤其是世界和中国的经济不确定性加大，我国对"好资产"的需求急剧增加。在这样快速增长的房价面前，人人都能感到压力，何况是卖掉房子选择创业的小范，他心里会是什么感受我们无从知晓，但其压力巨大可想而知。

6.2.3.4　养老与医疗

对于一个创业者而言，启动资金必不可少，小范 2004 年的选择是卖房。2014 年小范放弃创业的时候，也曾提出让父母卖掉工作地房产，随他在深圳安家养老，这就涉及了老人的储蓄金使用问题。Chamon 和 Prasad（2010）指出，教育、住房和医疗支出的不确定性使家庭更倾向于多储蓄。小范的父亲身体不好，2004 年的时候并没有给儿子提供资金支持，小范选择了卖房。陈老师夫妻的选择无可厚非。这种选择和我国居民高储蓄率的相关研究结论相呼应。甘梨等（2018）在研究中指出，我国医疗、住房、社保、高等教育改革、金融体制改革等方面的制度不完善或者不确定都是导致居民储蓄率上升的重要原因。2004 年，养老和医疗问题已经是陈老师夫妻迫在眉睫需要考虑的问题，当时的医疗异地就医制度还没有开始，陈老师夫妻二人一辈子最大的资产就是自己的房子，老人首先希望做到的是不拖累儿子，如果卖了房子去深圳养老，就医是个大问题，以范先生酗酒的发病频率和严重程度，其医疗花费如果没有医疗保险，他们很可能无法承受。2014 年，小范创业失败，虽然已经有了异地就医的基本医疗保障，但随着范先生病症加重，恶劣的父子关系让陈老师完全没有勇气让父子朝夕相处。陈老师夫妇最终选择回到老家长沙，使小范失去了最后一次可能在深圳购房立足的机会。

小范在创业的十年里面临的工作压力我们无从知晓，但他所处时代的养老、医疗以及住房等问题都使他无可逃避。小范的离世有其偶然性，也许是他太自信自己的年轻，自负自己的身体，但他面临的大环境有其典型性：房价的上涨远远超出了他努力成长的脚步；创业的代价远远超出了他能够承受的后果；对父母的责任也让他付出了异地的奔波及情感上的折磨。小范在追随时代脚步的时候，被时代淘汰，这也许是逃离过劳最惨烈的方式。

6.3　过劳应对策略的质性分析

有关过度劳动现象在我国经济发展过程中的显现，不同的人有不同的观点。有研究者认为，我国目前普遍存在的过度劳动现象是我国经济跨越式发展的必然结果。随着经济增长，市场力量会自发地缓解过劳现象，故而采取"可以适度过劳"的态度。这种观点不无道理，但这并不意味着我们应该无为而治。作为世界上最大的发展中国家，对于引发过度劳动的众多因素绝不能仅仰仗于市场自发的调节力量。换句话说，政府应该采取各种宏观调控措施，在推动经济增长过程中处理好"效率与公平"的问题。

回顾第 4 章、第 5 章的访谈内容，我们可以看到不同过劳者面对的问题存在差异，尽管我们在访谈资料分析的时候主要从个体层面对个体过劳现状进行了重点阐述，但结合第 3 章讲述的不确定性效应，我们已经在第 5 章的最后部分就中国式过度劳动的原因进行了跨层次的分析，就不同过劳者面对的普遍存在的导致个体过劳的共通性因素进行了提炼，尽管我们认可导致过劳有个人的选择问题，但我们还是相信：如果只有个别人选择过劳，这件事情大概率可以归因于个体特质，但现实是，我国劳动者中出现了相当多的过劳现象，那么环境因素就难辞其咎。我们将其归结于制度结构、社会保障、文化传统等宏观层面。

在了解产生中国劳动者过劳原因的基础上，本章我们尝试提供针对过度劳动的解决方案。首先描述了三个摆脱过劳经历的案例，两个喜剧一个悲剧。喜剧主角在这里展示出强烈的自我意识，他们都明白自己要的是什么——做自己喜欢的事情，当现实不能控制在自己的手里时，他们果断地选择了拒绝坚持。悲剧告诉我们，当一个人的支持系统不足时，个体是很难主动摆脱过劳现实的，除非他们主动调整自己的规划，把自己的体力、脑力和心力放在满足社会评价之前，如不要透支身体，至少在身体已经出现状况的情况下能够承认自己的所谓缺失和不完美。当然，与寻找产生过劳影响因素相呼应，缓解过度劳动的现状主要还是要针对我国的制度结构、社会保障和文化传统等多层次因素进行考量，针对过劳者劳动和生活状况背后的结构性因素提供建议，以期缩小城乡差距，从根本上改变农民工边缘化，强化城市化过程中资源的分布均衡，化解导致中国劳动者过劳的特有的制度性因素。我们相信，如果能够打破结构性问题并借鉴个体智慧，过劳对于中国劳动者的伤害会得到有效遏制。

6.3.1 提高劳动生产率

知识、技术和创新有助于提高我们的生产力和生活水平，要想缩短劳动者劳动时间，提高劳动者单位时间收入水平，就必须努力提高劳动生产率和全要素生产率。所谓全要素生产率，是指经济活动中剔除各投入要素（如资本和劳动等）之外的其他因素带来的产出增长，来源于技术升级、管理模式改进、产品质量提高。

6.3.1.1 注重科技技术的研发投入

我们对于勤奋和工作投入有一种近乎痴迷的依赖。为了提高收入，无论是对个人还是组织，人们能想到的办法往往是加班加点（Overtime）。在这个思路下，过劳普遍化不难理解。遗憾的是，事实证明较长的工作周（Working Week）并不一定会带来更高的生产率。例如，墨西哥工人每年的轮班时间是世界上最长的，但每小时的 GDP（GDP Per Hour Worked）却是最低的。[①] 如图 6 - 3 所示，美国、英国、法国、日本在技术高速发展时期（时间段大体在 20 世纪 50 ~ 70 年代）的平均年工作时长都出现了大幅度的下降。

---

① https：//stats. oecd. org/Index. aspx？ DataSetCode = ANHRS.

（小时）

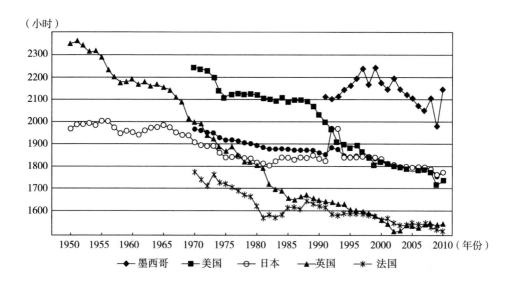

图 6-3　1950～2010 年 5 个国家以及经合组织整体的年均工作时长变化趋势①

资料来源：https：//data. oecd. org/emp/hours - worked. htm.

　　可以说，在自然资源决定 GDP 的时代过去以后，科技、产业的发展成为和人均 GDP 相关的重要影响因素。我们评价一个行业时，往往看重的是"附加值"指标，也就是行业的人均生产率，该指标体现了劳动密集程度和行业平均利润。毫无疑问，盈利能力决定了工资上限，低附加值的产业是无法给员工高工资的。如代工厂的工人、长途货运司机，其入职门槛低，可替代性强，低附加值，很难获得高工资。受访的富士康工人以及我们关注的代工厂工人，技术能力低、盈利能力差，商品直接附加值有限，收入水平达到欧美代工的"天花板"就很难再被突破。例如，墨西哥虽然曾经靠着给欧美代工得到了一段时间的快速发展，但近年来的发展显现颓势。这个惨烈的教训我国一定要深刻吸取。

　　相比较而言，高附加值的产业，如互联网，平均利润率高达 1/3 强，就更容易给员工开出更高的工资。只有最先进的技术才能带来高收入，只有掌握了最先进技术的人才能拿到高工资。中国人不应该像个机器人一样，天天待在流水线上不断地拧螺丝，转型高端制造业是我国实业发展的当务之急。

　　加大研发投入是推动产业转型升级的重要指标，如表 6-1 所示，和研发投入一致，目前我国的高薪机会高度集中在互联网企业以及以智能手机为核心的电

―――――――――

①　Employment - Hours worked - OECD Data.

子制造业。为了在社会中产生更多高薪岗位，大比重、大面积加大研发投入、激发新兴产业的崛起势在必行。例如，由于多年专注于研发电信设备，目前华为的5G技术已经在全球领先，这一转型升级技术帮助华为实现了低技术含量的组装的代工厂和贸易公司向先进制造业的转型。

表 6-1   2015～2017 年我国各行业研发投入   单位：亿元

排名	各行研发 R&D 投入	2015 年	2016 年	2017 年	三年增速
1	计算机、通信和其他电子设备制造业	1611.7	1811	2002.8	24.27
2	电气机械和器材制造业	1012.7	1102.4	1242.4	22.68
3	汽车制造业	904.2	1048.7	1164.6	28.80
4	化学原料和化学制品制造业	794.5	840.7	912.5	14.85
5	通用设备制造业	632.6	665.7	696.8	10.15
6	黑色金属冶炼及压延加工业	561.2	537.7	638.7	13.81
7	专用设备制造业	567.1	517.1	636.9	12.31
8	医药制造业	441.5	488.5	543.2	23.04
9	有色金属冶炼及压延加工业	371.5	406.8	461.6	24.25
10	铁路、船舶、航空航天和其他运输设备制造业	435.9	459.6	428.8	-1.63
11	非金属矿物制品业	277.6	323.1	362.8	30.69
12	金属制品业	282.7	326.3	343.2	21.40
13	橡胶和塑料制品业	242.6	278.8	307.2	26.63
14	农副食品加工业	216.0	249.7	274.6	27.13
15	纺织业	207.7	219.9	233.2	12.28
16	仪器仪表制造业	180.9	185.7	210.2	16.20
17	煤炭开采和洗选业	143.3	132.1	148.9	3.91
18	食品制造业	˙135.4	152.8	148.1	9.38%
19	石油加工、炼焦和核燃料加工业	100.8	119.6	146.6	45.44
20	选纸和纸制品业	107.6	122.8	144.6	34.39
21	纺织服装、服饰业	90.1	107	110.5	22.64
22	酒、饮料和精制茶制造业	90.0	100.6	99.8	10.80

资料来源：https：//www.zhihu.com/topic/19764082/top - answers.

6.3.1.2 改善行政效率

技术革命支持的工作时长缩短有其极限，几乎所有经合组织国家的平均年工作时间长期下降的速度都在新世纪前后放缓,如图 6 - 4 所示。显然,技术革新对于生产力的促进作用已经达到了一定限度,进一步降低工作时长不能单纯仰仗于科学技术这单一要素。行政效率作为影响工作效率的重要因素越来越受到人们的重视。

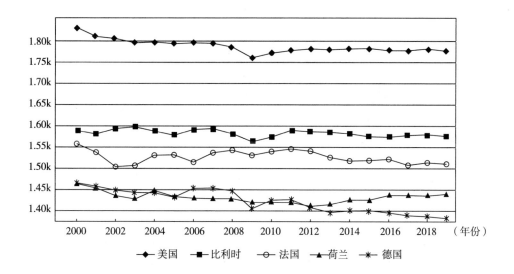

图 6 - 4 2000 ~ 2019 年 5 个国家周工作时长发展趋势

资料来源: From: https: //data. oecd. org/emp/hours - worked. htm.

行政效率(Administrative Efficiency)是指公共组织和行政工作人员从事公共行政管理工作所投入的各种资源与所取得的成果和效益之间的比例关系。其中,资源包括人力、物力、财力和时间等有形、无形的各种资源;效益成果包括经济效益,但更多地指向社会效益,可以说,实现公共利益的程度是衡量社会效益的主要标准。可以说,政府应对问题的投入成本是一个很复杂的经济学问题,包括设施、制度及人员等。

中国财政部数据显示,2019 年全国一般公共预算收入为 190382 亿元,同比增长 3.8%;支出为 238874 亿元,同比增长 8.1%;2019 年全年一般公共预算收支缺口接近 4.85 万亿元,较 2018 年实际缺口 3.76 万亿元扩大了近三成;全国只有上海的财政支出能够做到自给自足,其他省份和地区均入不敷出。针对财政支出的相对增长现象,《瓦格纳法则》(Wagner's Law)指出:随着国民收入的增加,财政支出会以更大的比例增长,随着人均收入水平的提高,政府支出占 GDP 的比重将会提高。我国近年来的财政支出现实回应了这一法则内容(见图6 -

5）：1998～2019 年我国的财政支出增速持续高于同期 GDP 增速。行政成本上升往往意味着更多的财政支出用于供养财政人员，且政府管控增强，经济运行效率下降。该法则提醒我们务必重视政府机关的自我扩张趋势，只有这样才能做到量入而出。

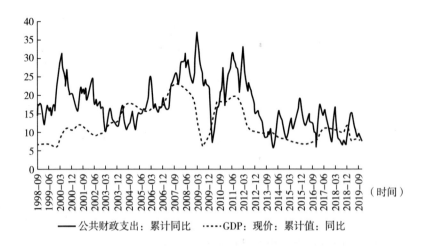

图 6 - 5　1998～2019 年财政支出增速与 GDP 增速对比

资料来源：中国财政报告（2019），http：// www. xcf. cn/article/94 cfe27 e2 dfe11 eabf3 cd4 c9 efcfdeca. html。

2008 年以后，国家统计局就没有再对财政供养人员总数进行统计。人社部《2015 年度人力资源和社会保障事业发展统计公报》显示，截至 2015 年底，全国共有公务员 716.7 万人，这些公务员并不包括事业单位的工作人员，该数据与发达国家公务员的数据并没有可比性，虽然依据该数据说明我国公务员数量少是没有道理的，但我们也不能单纯地凭借财政供养人员数量武断地评价我国行政效率的高低。在此我们想要强调一点：公开财政供养人员数量，是了解我国行政成本中人力投入的前提条件。

行政支出是行政管理机关和外事机构行使其职能所需的费用，一个国家的行政支出总额可以从一个侧面对其行政效率进行评估。如图 6 - 6 所示，我国 2017 年行政支出占财政支出的比重为 15.3%，显著高于西方发达国家的水平（平均为 9.9%），如果和其他国家的收入水平相比，我国的财政支出比重还有相当大的压缩空间。

我们常常用"中国速度"来展示我国政府机关处理问题的行政效率，但评价政府的高效率不仅要看一个可量化的成果或者产品，还必须考虑解决问题时投

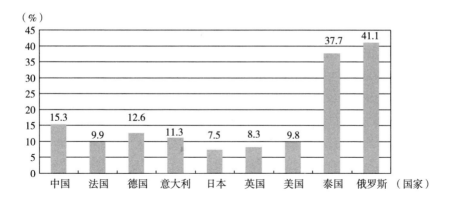

图 6-6 各国行政支出占财政支出比重

入的人力成本、物力成本以及最后的社会效果。例如，某地通向旅游景区的公路年久失修，某年地震公路毁坏严重，政府动员军队力量利用飞机疏散被困游客，对于被困游客而言，作为既定的应急措施，政府办事效率的确是高的，但如果考虑到当地政府没有能够及时维修公路，在灾难面前公路损坏严重、无法第一时间解决公路交通，我们就不能得出当地政府行政效率高的结论。

基辛格说：中国人总是被他们之中最勇敢的人保护得很好；鲁迅也对"中国的脊梁"赞赏有加。似乎要以中国社会运行的基本特征就是：出现问题时要靠牺牲精神维持、要以牺牲生命拯救。然而，当代社会的体制优势不应该是这样的，一个国家强大的行政能力应该是防患于未然，以及问题出现以后不断反思来提高组织和管理能力。正如《万历十五年》中所言：一个具有高效行政效率的政府，具备体制上、技术上的周密，不需要接二连三地在紧急情况下依赖道德观念做救命的符箓。

总之，人们一般从三个层次考察公共组织的行政效率：针对高层决策层的决策效率、针对中间管理层的管理效率，以及针对基层工作人员的工作效率。这三个层次相互影响、互相补充，相辅相成，只有三个层次都实现了高效率，避免了朝令夕改，组织才能表现出真正的高效。否则，一将无能，累死千军，受苦受累的最终还是老百姓。丘吉尔曾说"大楼是为我们建的，但建成的大楼会影响我们的生活"，打破制度壁垒，充分挖掘社会潜能，提高行政效率是降低社会运行成本、提高生产效率的核心问题。

6.3.1.3　优化基础教育结构和投入

联合国教科文组织的数据显示，大学教育水平的劳动者生产效率是中学学历劳动者生产效率的 3 倍、是小学学历劳动者生产效率的 6 倍，劳动力的受教育水平决定了当地的经济生产效率。在知识经济条件下，越来越多的工作包含对知识的加工而不是对物质的处理。制造业业内相关人士指出：随着中国经济的不断崛起，全球第五次产业加速转移。尤其是伴随着中国人口红利的消失，中国制造要以创新为驱动力，加快进入中高端行业，提高制度质量、产品质量。增加本国的核心竞争力，增加自有品牌的数量、质量以及知名度，将产业由劳动密集型向技术、资金、品牌等密集型转移。实现这一过程需要大量更高知识水准、能力的现代产业工人。

黄燕萍等（2013）的研究结果表明：我国基础教育和高等教育均促进经济增长，但基础教育对经济增长的作用更大。因此，提供更高水平的基础教育，让农村的孩子可以接受高等教育或者高中教育有助于个体从纯粹的体力劳动者变成白领，完成劳动转型。根据人力资本理论，学校正规教育与多种类型的培训可以提高个体的人力资本水平。随着人力资本水平的提高，农民工工资水平也会提高。依据反"S"形劳动供给曲线分析，农民工群体通常位于反"S"形劳动供给曲线的下方，工资增加大概率会减少农民工的工作时间，从而缓解该群体的过度劳动状态。

教育财政是国家对教育经费的筹措、分配和使用，是我们国家教育发展的物质保障。从政府到学术研究，我们都相信：教育投入对于学业成绩有着正向影响。自2012年以来，我国财政性教育经费占GDP比重一直保持在4%以上，并形成了教育财政制度的基本格局：省级统筹、以县为主。很多学者对这种分权化管理方式表现出了自己的忧虑，正如罗伟卿（2009）指出的，这种教育支出是过分分权化的，与国际上常见的分权模式（一般中央政府与省/州政府同为主要承担者）有很大不同。如图6-7所示，地方财政教育支出占比基本保持在94%以上，考虑到地方教育经费部分来自中央的转移支付，中央财政事权负责比例大体可以调整为16%。如果缺少足够的收入来源填补，地方政府一定会更侧重于完成绩效考核"硬指标"（如GDP），而对教育质量等软指标的投入变形很可能会导致教育质量的下降。

近年的研究显示，这种担心已经在一定程度上成为现实：若以县为单位，教育经费水平的高低与学生学业产出不再呈现统计上的正相关关系。有研究选取生均公用经费均为800多元的两个县，将义务教育阶段学校公用经费划分为四类：教学、管理（行政教务管理等）、支持性服务（学生支持、教学支持等）和非教学服务（食堂宿舍等），得出如下结论：西部县用于课程教学活动的教学支出仅占经费的13.6%，而东部县的教学支出占比达到了26.0%，而相似口径下的美

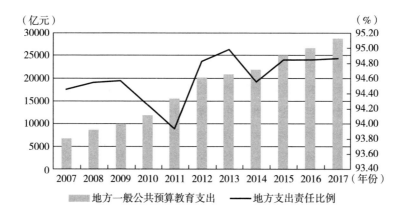

图6-7 2007~2017年全国财政性与非财政性教育经费投入及占比

资料来源：马海涛，郝晓婧.中央和地方财政事权与支出责任划分研究：以公共教育领域为例［J］.东岳论坛，2019，40（3）：46-59，191.

国平均水平在30%以上。① 这说明，学校中相当比重的经费并没有尽如人意地应用于课程教学活动中，如果再考虑到西部经费和东部经费的绝对数额本身就有显著差距，我们就可以知道西部基础教育的投入力度是相当有限的。

随着我国适龄劳动人口规模逐步下降，我国劳动力结构出现了"低端劳动力无法实现自主就业、高端劳动力相对短缺"的局面。只有创造更加平等的受教育机会，提高群体人力资本的投资，才能保证穷人拥有受教育的机会，从而实现国民教育水平的整体提高。

总之，提高劳动者教育水平是提高劳动生产力的基本途径。如何优化教育投入结构，提升教育经费的使用效率成为提升教育效率，为社会提供更多合格乃至优秀劳动者的关键所在。它不仅是"以人为本"理念的体现，也是我国现阶段经济发展的基本要求。

6.3.2 优化社会财富的分配和再分配制度

提高科技固然是国富民强的根本，但与此同时，分配方式也会极大地影响国民财富水平，从而影响国民工作状态的选择。自改革开放以来，我国的经济发展活力不断增强，经济总量快速增长，仅用30多年的时间成为世界第二大经济体。与此同时，我国各个地区之间和地区内部的发展差距有增大趋势。2018年《世

---

① https：//www.iyiou.com/intelligence/insight110254.html.

界不平等报告》指出①，1995～2015 年，我国最富有的 1% 的人群所占国民财富的份额从 15% 增长至 30%；基尼系数（Gini Coefficient）从 20 世纪 90 年代低于 0.40 的水平逐年提高，在 2008 达到了 0.491 的高位，后虽有回落，但一直保持在 0.460 以上的较高水平，高于国际上通用的贫富差距警戒线（0.4），其显示出的我国居民收入分配不平等现象引发了更多学者和官员的重视。如图 6-8 所示。

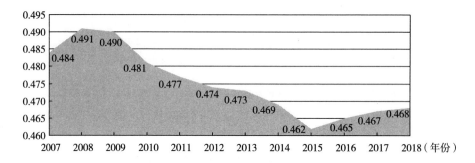

图 6-8　2007～2018 年我国基尼系数发展趋势

资料来源：www. ceicdata. com｜ National Bureau of Statistics.

刘盾（2020）研究显示，我国的经济发展已经由"利润拉动的增长"转变为"工资拉动的增长"阶段，提升居民消费率可以促进经济更快增长，而收入分配不均是我国消费低迷的主要原因。根据《中国统计年鉴》的统计数据可以看出，这种整体收入贫富差距表现出典型的城乡差距、区域差距和行业差距。这些差距的存在表明我国有必要调整国民收入分配制度，科学合理推进城镇化、优化再分配环节、合理运用财税工具、推进基本公共服务均等化，实现城乡以及城市之间的均衡发展。

相对平等的生活环境，较好的基本生活保障、保持在一定的限度之内的人和人之间的差距，不仅是社会和谐发展的必要条件，而且也有助于个体拥有体面生活、保持相对平和的心态，尊重自己的内心选择。否则，过度极端的社会差距往往会导致个体卷入社会比较，弱化自我意识，身不由己地追逐社会公认的、特定有限的外部衡量指标，为了获取金钱超额付出自己有限的体力、脑力和心力，在过劳的情境中无力自拔。

6.3.2.1　城镇化 vs. 城乡二元制

有学者乐观地认为，随着城镇化的深入，我国的农民进城成为市民，城乡二

---

① https：//wir2018. wid. world/files/download/wir2018 - summary - chinese. pdf.

元制就会自然消除。但更多学者认为，城镇化并不只是农民身份的转化问题，城乡关系已经从"剥削性"转变为"保护性"，国家的农业补贴政策和限制工商资本下乡政策相互配合，使农民免遭激烈市场竞争的冲击，实现保护弱势农民利益的效果，从而使城乡二元制表现出了其温情的一面。鉴于此，本书认为，片面强调化解和消除城乡二元制有失理性，本书务实地将该问题聚焦于城乡差距而不单纯是二元制。

现实的复杂性使从根本上化解和消除城乡差距成为我们的一项长期而艰巨的任务：例如，形成稳定的支农资金增长机制和财政支农政策，加大基础设施的投入，完善公用服务设施，改变农村的落后局面；又如，完善修订导致二元结构的相关制度措施，避免农民土地流转中失地失业，建立城乡一体全国统一的户籍管理制度，实行公平的就业政策，实现与城市接轨的农村社会保障制度。整体而言，城镇化过程不是农民向市民的称谓转换，它是增强城乡经济发展活力，加快推进工业化、城市化的基本途径。

避免或者至少缓解过度劳动，我们需要摆脱现有制度的束缚，打破城乡二元制的制度壁垒，在快速的城镇化过程中，一方面为涌入城市的农民工提供基本的公共资源；另一方面扩大现有的劳动力市场，努力实现城镇间的均衡发展。

6.3.2.2 清除城市公共资源的排他性

在我国特定的城市区域管理体制下，任何一座城市都是一个行政区，公共服务供给都是按照行政区域划分的，只有该行政辖区内的户籍居民才能享受特定的公共服务资源，具有强烈的排他性。例如：城市的公务人员、事业单位开支的一部分（包括他们的公共福利）由城市政府提供；城市户籍居民的社保由城市政府的财政负担；城市的教育资源服务于户籍居民；城市的基础设施建设和公共空间的供给也由城市财政承担。这就意味着，不同城市之间的巨大差距仍然会导致个体不同的迁徙地点与驻守的成本存在显著不同。

只有通过上级政府强力的行政干预，这种公共资源供给的排他性才有可能由封闭走向开放。换句话说，只有消除现存的城乡二元制，"农民工"才能不只从概念上，还能从现实层面得到相应的市民待遇，从而使中国特色的过劳不会再分化出城市和乡村两种类型。以流动儿童的教育问题为例：子女基础教育是年轻劳动力进城的核心阻碍之一。如果大城市的公立教育体系接纳流动儿童，从短期看能吸引更多年轻劳动力的流入，从长期看能提高儿童教育质量，并由此提升未来劳动力的经济生产效率。

6.3.2.3 打破不平等的城市关系

企业进入带来的财政收益可以给城市辖区内居民提供更多福利，改善公共设施的供给条件。可以说，城市政府的利益最终体现在政府招商引资的能力上，哪座城市的招商引资能力强，哪座城市就拥有较多的发展机会和较强的税收能力。事实上，我国政府也是以此为标准评价当地官员的政绩。回顾这些年的官员升迁规律，我们不难发现：治理城市的 GDP 高低和当地官员的升迁保持着高度的正相关。这也从管理角度证实了我们的观点——城市需要企业的支撑，城市需要企业的进入。

任何城市的发展都取决于资源的汇集，不同城市权力不同、招商引资的能力差异巨大。我们现行的中央集权行政体制是城市等级化管理（省会—地级市—县区梯级发展），这一体制决定了高等级城市在城市的资源竞争中占有绝对的优势地位（王建国，2015）。高等级城市集中的权力（Power House）可以充分利用等级优势，调动辖区资源向其主城区集中，同时还可以按照行政计划截留各种有限的优质资源。可以想象，当一个城市政府可以充分利用对其行政辖区资源的垄断性，调动可用的土地资源、财力资源和公共服务资源，换取招商引资的优惠条件时，招商引资成功的概率将远远大于其他城市。人跟着工作机会走，这些年的人口走势完全回应了这种城市发展趋势：从全国角度观察，人口从内地流向沿海等区位条件更好的地方；在省级行政辖区内，人口和资源要素也是从辖区内低等级的城镇向高等级的中心城市流动。

总之，城市等级化管理使要素和资源流向了各类高等级城市，而城市公共福利的排他性强化了超大城市人口管理的封闭性，进而导致超大城市的包容性下降。长此以往，城市的两极化不可避免：一方面，有能力调动资源的城市，可以继续增加投资机会；另一方面，不具备区位优势地位、行政等级处于不利地位的中小城市，将面临新的危机。要想解决上述问题，政府需要打破体制障碍，进行相关的户籍管理制度改革和土地管理制度改革，从而破解城市竞争格局下的利益之争，化解城市间竞争的矛盾，释放其他城市可能具有的低成本活力。

只有这样，包括农民工在内的大量过劳流动人口的工作弹性才能实现本质性的提高，从而从根本上消除过度劳动的根源，缓解过度劳动的发生频率和强度。

6.3.2.4　强化社会公共服务

昂纳克寓言是由秦晖提出的。他一针见血地指出，资本有追逐利润的本能，在两类市场的交锋中，低福利的血汗工厂相较于福利国家会更吸引资本。在现实中，劳动力的自由移动受到众多因素限制，不同国家之间的市场环境存在显著差异。如果大量底层劳动者的工作状态是"做得多、拿得少、没保障"，那么资本就会转移到这一成本更低的劳动力市场，实现更高利润。我国在改革开放的这些年里，一直都占据"劳动力低廉"的竞争优势，而这种低廉的劳动力市场仰仗于现行制度的维系。以平台算法为例，系统并不是"死的"，平台的算法、参数设定应该为外卖骑手留出安全空间，技术层面完全可以做到。在时间、位置、距离、路线、订单数量之外，骑手的安全也应当作为算法的重要参数。平台对骑手的管理机制虽然遵从一种追求利润最大化的商业逻辑，但如果任其发展，企业就会丧失"不作恶"的基本底线。毋庸置疑，高效的工作中应该考虑骑手的安全风险，在保障外卖骑手权益方面，监管部门应当对平台形成更多的约束，逐步引导企业组织建立以人为本、安全至上的人性化管理机制。

保障劳动者的基本权益，需要国家规范企业管理机制，而提高国家公民福利水平，同时需要完善国家的公共服务体系。一个国家的公共服务体系对于社会和谐、稳定具有重要的保障作用，这对于企业的健康持续发展和社会资源的效率开发具有重要意义。可以说，制度导致市场环境的差异，不同市场环境下的个体会做出不同行为，而这种行为选择表现出相当的规律性，它在很大程度上投射出个体所处环境对个体的基本要求。

首先，养老保障问题。随着我国人口老龄化进程加速，财政支出中社会保障支出的压力逐渐增加。如图6-9所示，截至2019年，我国65岁以上人口占比已经达到11.47%。《老年人口信息和老龄事业发展状况报告》显示，截至2017年末，我国已经不断逼近深度老龄化。在人口老龄化、社会少子化的共同作用下，一方面，基本退休金只能保障个人基本生活，保障作用有限，更无法维持原有的生活水准；另一方面，国家和企业年金（受惠人口约3000万）有限。目前，我国已经初步形成"国家基本养老、企业补充养老"的养老保障体系，在这种以国家为主，企业和个人补充的养老保障体系中，国家、企业和个人的发展极其不均衡。民革上海市委的调研显示，按1位护理人员平均照顾5位老人的标准，上海在2020年应该有不少于21万名护理人员，但现在上海仅有4万名机构护理人员，缺口相当大。另有资料显示，全国养老机构护理人员数量不足100万，其中，经过专业训练、持证上岗的护理人员不足10%。如果按照国际公认的"3名失能老人配备1名护理人员"的标准计算，我国目前应该要有1000多万名养老护理人员才够用。

综上所述，如果我们不能提升国家社会保障部分的支出占比，老年人养老保障不足，家庭势必会选择储蓄准备养老金（黄敦平等，2020）。偏爱储蓄会制约居民消费的扩张。Wind数据显示，我国居民部门消费占GDP比重仅为美国的1/2左右。

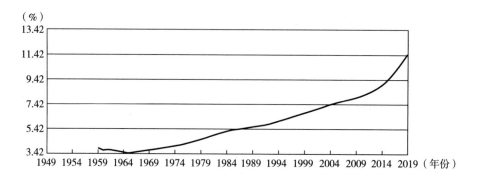

图 6 - 9 1949～2019 年我国 65 岁以上老年人占总人口数的比重

资料来源：https：//www.kylc.com/stats/global/yearly_per_country/g_population_65above_perc/chn.html.

其次，医疗保障问题。无论是社会热点话题，还是访谈中涉及的个人重要生活事件，医疗问题都是大家关注的中心。"因病致贫"或者害怕"因病致贫"的个体都为此付出了惨重代价。为了降低个人在医疗服务中的支出比例，我国推行了医保制度。但到目前为止，我国医保支出份额占比仍旧较低（景抗震和顾海，2019）。现有研究结果显示，随着医保体系的推行，个人负担不断加重（吴文韬，2019）；熊茂友指出，我国患者的医疗负担越来越重。一个设计良好且可持续性的长期医疗支付体系，必须是中国普通家庭可负担的，如果可以让公立医院脱离市场化的引导和市场化的机制，公立医院的公益性可以从根本上解决上述问题。否则，没有基本的公共卫生体系保障，个体就会缺失安全感，从而强化个人的物质追求，以备不时之需。

最后，教育问题。随着时代的发展，人们的收入状况与其教育水平表现出明显的正相关，而国家投资于义务教育有助于实现教育机会的均等。经合组织（OECD）的数据显示[1]，收入分配最平等的地区学费最低。强有力的安全网压缩了收入分配差异，但不平等也可能使支撑平等主义的综合公共服务越来越难维持（白雪梅，2004）。教育公共财政应该倾斜于弱势学生、落后学生的"补救教育"，或者说"普及"甚至"后20%学生"，而不是优势学校。陈纯槿和郅庭瑾（2017）发现，生均公用经费的提高显著降低了家庭经济收入对学生学业成就的影响。简单而言，如果我国能提供更丰富的社会教育资源，建立更完善的教育体系，那么学生就更容易得到更均衡的教育机会，对于底层群众尤其如此，从而使

---

[1] https：//stats.oecd.org/Index.aspx? DataSetCode = ANHRS.

他们更有可能实现跨层发展，避免代际固化。

如果我们的第一个建议：提高劳动生产率的目标是通过劳动者用更短的工作时间完成更多的工作，也就是说提高工资收入而降低过劳的动机，那么我们的第二个建议更多的是从社会保障的角度给个体带来安全感，从根本上降低金钱对个体生活的影响，减缓个体生活的不确定感。试想在一个社会环境里，劳动者一方面不再那么需要钱保障个人生活，另一方面又能用更少的时间挣更多的钱，那么国家就从制度结构上降低了社会中出现过度劳动的风险。

6.3.3 提升自身价值

在各级组织努力提高生产效率、政府改革分配制度的同时，个体也需要不断提升自身知识储备、提高业务水平，并通过合理配置自身资产实现自己与财富的增值，从而确保未来能够更有效地获得更多的收入报酬，挣脱过劳的宿命，有资格去追求个人的意义和希望所在。

如今，正处于第四次工业革命，其实质就是把物质世界与互联网连接起来。这种发展趋势可以为人类生活带来更多的便利，但是这种颠覆性的变革在未来一段时间内都将对就业前景产生深远的影响（World Economic Forum，2016）。可以预见，目前许多行业领域中需求较大的职业或专业在 5～10 年内将急剧缩减。与此同时，就业市场对人们专业技能需求的变化速度也将加快。在 5G 基础之上的人工智能会极大提高生产力，中低智力岗位将会被人工智能取代，传统的金字塔形职业结构将变成菱形结构，大量底层岗位将会消亡，会计、银行人员、中低层管理者……靠简单技能和经验吃饭的岗位前景堪忧。这些变化趋势都在告诉大家：职业不稳定性越来越突出，时代发展中必然会消亡一些职业，但同时也会衍生出更多的职业类别，与其担心自己的职业会不会被 AI 取代，不如拥有学习动机和能力，关注社会需求。

6.3.3.1 强化投资理财意识

老人们常说："一招鲜吃遍天。"后辈或多或少地受到影响，认为自己只要有满足社会需求的一技之长，就不会被社会淘汰。德鲁克（1993）也说，"在今天真正具有控制力和起着决定作用的生产要素不是资本，不是土地，也不是劳动力，而是知识。后资本主义时代的两大阶级是知识工人和服务工人，而不是资本家和无产者"。20 世纪 70 年代的人们都相信：知识改变命运。80 年代的个体也没有突破这种认知框架，将"好好学习，找到一个好工作"作为自己获取收入的主要路径。截至今日，社会中现有的行业职位大都是在为我们提供这种劳动收入，我们社会的绝大多数人（95%）也都在努力获取这种劳动收入，如图6-10及图6-11所示，近年来全国人均可支配收入结构中的一半以上均来自工资收入，2020年的工资性收入比重还有所增长。

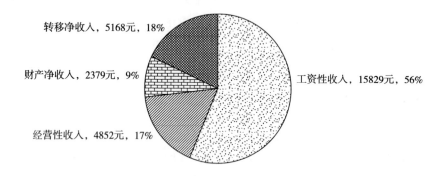

图6-10 2018年全国人均可支配收入结构

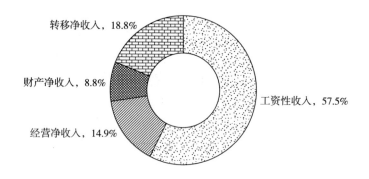

图6-11 2020年上半年全国人均可支配收入构成

美国国税局将个人收入划分为三种类型：主动收入、被动收入和组合收入。其中，主动收入（即劳动收入）就是需要个体持续付出精力和时间才能得到的收入。问题是，这种"用时间换金钱"的路径无法让个体同时拥有时间和金钱，人的精力和时间是有限的，要想获得更高的劳动收入，单纯仰仗主动收入的个体一定会越来越忙、身心疲惫。2011~2013年的麦可思①（Mycos）数据显示：劳动者的劳动时间和他的收入密切相关，工作时间越长，个体的收入越高，如表6-2所示。总之，主动收入有赖于个体和环境诸多要素，生病、受伤、技能过时、

---

① 数据时间跨度为2011~2013年，有效问卷数分别为75954份、32919份和85998份。

退休或者行业衰落、经济下行都可能导致个体收入减少甚至消失。如果家庭日常开销、应急储备、养老医疗以及子女教育全部依靠劳动收入，一旦出现变故就有"一夜返贫"的风险。

表 6-2 毕业生工资水平的 OLS 回归结果

	(1)	(2)	(3)	(4)	(5)	(6)
工作时间	0.124**	0.116**	0.112**	0.109**	0.121**	0.103**
	(0.05)	(0.04)	(0.04)	(0.05)	(0.04)	(0.03)
高考分	0.48**	0.52***	0.44***	0.34***	0.52***	0.57***
	(0.09)	(0.14)	(0.21)	(0.14)	(0.11)	(0.16)
工作单位	0.103*	0.112**	0.114*	0.137**	0.152**	0.143**
	(0.02)	(0.01)	(0.03)	(0.03)	(0.01)	(0.02)
父母单位	0.18**	0.21**	0.15**	0.19**	0.12**	0.13**
	(0.08)	(0.07)	(0.06)	(0.05)	(0.04)	(0.03)
父母教育	0.11**	0.09**	0.12**	0.13**	0.18**	0.15**
	(0.03)	(0.04)	(0.05)	(0.04)	(0.03)	(0.06)
工作城市		0.83***	0.73***	0.65**	0.55***	0.43**
		(0.31)	(0.42)	(0.23)	(0.14)	(0.13)
男性			0.08	0.04	0.02	0.03
			(0.05)	(0.02)	(0.01)	(0.01)
官二代				1.39***	1.55***	1.42***
				(0.24)	(0.31)	(0.27)
中共党员					1.13**	1.32**
					(0.42)	(0.44)
城镇户口						0.87***
						(0.24)
样本量	194871	194871	194871	194871	194871	194871
R^2	0.09	0.12	0.14	0.15	0.17	0.21

注：*、**、***分别表示在1%、5%、10%水平上显著。

资料来源：邵挺，王瑞民，王微. 中国社会流动性的测度和影响机制——基于高校毕业生就业数据的实证研究［J］. 管理世界，2017（2）：24-29.

被动收入与主动收入相对，是指财产性收入，这部分收入可以来自个人储蓄、债券、房产等投资收入，并不仰赖于个体的时间投入。汤玛斯·皮克提在

《21世纪资本论》中明确提出，当今的资本回报率已经大于经济的增长率。也就是说，"钱生钱"成为比"劳动挣钱"更有效率的挣钱途径。经合组织（OECD）的统计数据也验证了这一点。如果可以打通"钱生钱"的收入路径，人们就更有可能解决时间和金钱两者无法平衡的难题，从而避免过度劳动。

尽管被动收入如此诱人，但能够获取被动收入的劳动者微乎其微，因为累积被动收入不仅需要本金，还需要知识储备、对社会发展的敏锐预判以及准备期大量时间的投入；仅就获取本金而言，个体在相当长的时间需要积累财富、延迟满足即时性享乐。很可能在相当长的一段时间内，希望获取被动收入的个人，其主动收入低于那些没有长期规划的其他劳动者的工资收入。在这个充满不确定性的环境下，坚持做一件不知道成效的事情，其他人会评价这个人好高骛远、不能脚踏实地，个人也很可能产生自我怀疑：自己这样做是不是会有收获？付出这么多精力、时间和金钱是不是值得？"落袋为安"或者说"即时套现"才符合不确定环境下人们的直觉思维（黄奕林，1997）。大多数中国人缺乏理财意识，即使是所谓的高资产的新中产，他们对自己的理财信心也是明显不足，如图6-12所示。

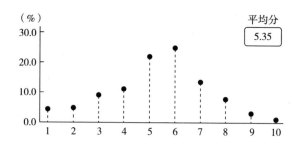

图6-12　新中产对自己理财信心的自我评估

资料来源：https://www.jianshu.com/p/a152d91804fb.

长期的通货膨胀，货币贬值，更多人开始相信钱会越来越不值钱，有钱就花才能发挥金钱的最大效益，我国爱储蓄的传统观念在年轻一代已经逐步转变。刘阳（2020）认为，中国人的储蓄率没有人们预期的高。西南财经大学《中国家庭金融报告》[①]（2019）指出我国家庭储蓄不平等：储蓄最多的10%家庭拥有全部储蓄金额的75%，另外35%的家庭拥有另外的25%，而剩下一半以上的家庭

储蓄几乎为零。这意味着，我国有一半多的家庭稍有危机（如生一场大病）就会陷入债务危机。这种财务状况不仅需要家庭警惕，也需要社会关注。

同样的数据来源还显示：不同收入组家庭的信贷参与率不同，收入越高的家庭信贷参与率越高，低收入组家庭的信贷参与率最低（见表 6 - 3），同时债务超过家庭可支配收入的 10 倍以上（见表 6 - 4），其债务风险不可忽视。这从一个侧面说明，随着我国国民金融意识日渐增强，高学历、高收入群体已经开始相对较多地借助金融信贷市场参与被动收入的积累，而低学历、低收入群体相对较少地参与了这一被动收入的积累过程。在医疗、养老等的压力下，该群体的债务风险更大，更可能陷入过劳的陷阱而无力挣脱。

表 6 - 3　不同收入组家庭的信贷参与率　　　　单位：%

年份	收入最低 20%	收入最低 20% ~40%	收入最低 40% ~60%	收入最低 60% ~80%	收入最高 20%
2013	29.8	26.2	25.7	28.4	38.8
2015	27.1	24.2	26.7	30.7	44.1
2017	31.5	26.0	25.4	29.8	45.2
2019	16.9	16.8	21.5	28.8	41.3

表 6 - 4　不同收入组负债家庭的债务收入比　　　　单位：%

	银行债务收入比	非银行债务收入比	总债务收入比
收入最低 20%	291.0	849.6	1140.5
最低 20% ~40%	128.0	151.0	279.0
最低 40% ~60%	100.5	79.8	180.3
最低 60% ~80%	94.5	48.6	143.1
收入最高 20%	95.6	33.9	129.5

强化全民的投资理财意识，掌握基本的投资理财原理，至少可以帮助我国国民更好地防范投资风险，避免自己的勤苦所得被骗。刘阳（2020）研究显示，相较于高收入家庭，低收入家庭遭遇诈骗的风险更高；但令人欣慰的是，随着居民金融素养水平的提升，家庭遭遇诈骗产生损失的可能性呈现十分显著的下降趋势，如图 6 - 13 所示，尤其是对于收入较低的家庭该趋势更为明显。

很多人的现状是：有工作的时候闷头工作不管理财；没工作了就着急胡乱投资，指望靠投资翻本，这种行为的风险很大，现实中的惨痛教训比比皆是。Rolf Dobelli 说：在不明情形下，我们会产生要做点什么的冲动，随便什么——不管它

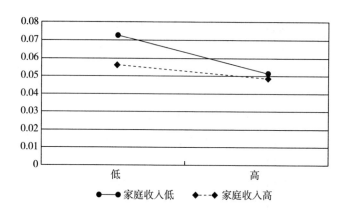

图 6 - 13　家庭收入在家庭金融素养与家庭诈骗受损概率中的调节作用示意图

有没有帮助。之后我们会感觉好受些，虽然其实什么也没有好转——事实甚至往往正好相反。针对这种非理性的行为冲动，Dobelli 建议，在情况不明时，如果不能更好地分析形势，请不要采取任何行动。有人说"人类的全部不幸就是他们不能安静地待在自己的房间里"。的确，当我们无法判断陌生领域的所谓收益时，克制自己的贪婪是学会投资理财的第一课。

　　我们需要未雨绸缪，尽早建立投资理财观念，然后怀着谨慎稳妥的心态，增长专业的金融知识，或者聘请专业人士进行合理投资，耐心坚持。一个理想的结果是，经过多年的积累被动收入逐步弥补个体随着年龄增长而不断增加的消费需求，并很好地弥补随着年龄趋大而减少的工资性收入，从而真正平稳把握自己的收入水平，实现金钱和时间的和谐共处。

　　6.3.3.2　独立思考，避免非理性

　　作为理性有限的个体，人云亦云，随波逐流往往会陷入非理性的认知牢笼，作茧自缚、画地为牢。独立思考，避免人云亦云，了解自身特点，才能及时止损和纠错，安排好自身生活。有关成功学对个人工作态度的裹挟、有关"成家立业""多子多福"等传统观念对个人生活的控制，都会促使个体执着于生活的一个侧面，而忽视个人生活的其他内容。如何在这个急功近利的时代安身立命，找到体力、脑力和心力的平衡支出和补充，需要我们有的放矢地做出理性决策。本书发现：理性决策的背后往往可以看到经济的力量。逃离过劳的两个受访者是幸运的，他们的家庭经济基础显然都不错，他们离开工作的行为并没有让自己的家庭陷入经济危机，以此为前提我们可以欣喜地看到，家庭和个体的积极互动，家庭从容支持受访者在满足个体基本物质需要的基础上，主要专注于家人的精神需求。相反，如果一个家庭没有一定的经济基础，我们采访的猝死者家庭在死者生前一直受制于家庭的收入/支出状况而被动地做出选择，在几个关键点上，创业卖房、再次就业时的买房计划、追随父母返回祖籍的行为都没有遵从死者的愿望，我们从受访者的描述中能感受到死者压力的增大与其猝死之间存在千丝万缕的联系，让人扼腕叹息。

有关非理性，我们还是接着第5章的生育问题展开讨论。我们已经发现：穷和多生之间有明显的联系，而个体对于自己生育行为的自我认知相对含糊，很多生育都是遵从传统和父母期望的结果。我们需要打破这种非理性的生育选择。面对社会现实的个体需要意识到，成年人的生育决策需要各方面的统筹考虑，选择生育时应该考虑支出成本。受访者中，生育子女的个数和受访者家庭经济状况有显著的负相关关系，回应了前人的研究结果（De，2008）：穷人更倾向于多生孩子。研究者很担心穷和多生之间产生更多非理性的联系。需要强调的是，并不是说生育会导致穷，我们只是希望大家能够理性地选择自己的生育行为，否则很可能导致很多家庭问题，其中包括过劳。

可以说，任何一个群体处于不同发展阶段都存在很多社会问题，不同群体的不同问题有时又表现出相当一致的应对方法。根据国家统计局的相关数据可以看到：我国出生人口处于快速下滑期。人口问题不仅是家事更是国事，是国家基础性、全局性和战略性问题。由于长期推行保守的计划生育政策，少子老龄化问题已经成为21世纪中国面临的最大"灰犀牛"之一。当前，我国面临的生育形势是主力育龄妇女数量快速减少，生育率大幅下滑，生育意愿明显降低。无论是农村还是城市，生育率都持续低迷，并没有随着"二孩"的全面放开而回升。"生得起，养不起"常常是个体选择不生或者少生的原因。国家亟须出台鼓励生育的政策，但与此同时，研究者认为，就现阶段而言，少生育也许对于很多家庭而言是避免过劳的理性选择。

很多研究结果都显示，养育成本是影响个体生育意愿的重要因素，如李扬的研究表明，孩子消费在独生子女家庭中占总支出的比例为24%，在二孩家庭中占比为38%，是家庭的支出大头（李扬，2019）；王金营等（2019）研究表明，经济负担重是个人生育意愿不足的最主要原因，如表6-5所示。这些研究结论从正面或者反面证实个体选择不切实际的生育计划会在相当程度上影响家庭财务水平。

毫无疑问，低生育率与社会保障水平低之间有明显的因果关系，只有国家及早调整生育政策，提供均衡而充分的社会保障，显著降低生育给家庭带来的经济负担，才能有效鼓励生育意愿，进而提高生育率。这是制度层面的考量。对于个

表6-5　不打算（再）生育的主要原因　　　　　　单位：%

原因	主要原因	次要原因	第三原因
经济负担重	63.4	12.7	4.9
没人带孩子	5.1	18.6	11.6
影响事业发展	1.1	3.8	7.2
年龄太大	19.1	14.2	12.3
丈夫不想生	0.6	1.5	3.7
夫妻身体原因	2.5	3.1	4.6
养育孩子太费心	3.4	10.7	21.1
自己还没想好	1.9	2.1	5.0
现有子女不愿意	0.5	0.9	2.7
没有其他原因	—	32.0	26.6
其他	2.5	0.4	0.4

资料来源：李扬. 中国家庭微观消费结构及特征研究——基于拓展需求系统的分析［D］. 对外经济贸易大学博士学位论文，2019.

体而言，学会向老人求助，或者请保姆参与养育都是可行性的选择。相比较而言，牺牲另一半的事业（至少是工作）对家庭的影响持续性更久，更需要实事求是地谨慎思考，不能随波逐流。而说回生育问题，是否生育或者生育多少的选择对家庭的影响也是持久而不可逆的，需要慎之又慎。De La Croix 等（2004）认为，个体的生育决策和教育决策相互影响，穷人更倾向于多生孩子并较少投资于教育，较低的教育投入拉低了平均教育水平，不仅会增加家庭代际跨层的难度，同时也会阻碍国家经济增长。在制度层面我们已经强调了国家社会保障投入、基础教育投入的必要性，在这里我们仅就个体提出如下建议：希望每个家庭正视科学技术的进步，平衡子女掌握技术的家庭支出与家庭生活质量之间的关系，从个体角度权衡生育的得失利弊，做出对家庭未来发展最合理的决策。

在第5章中，我们已经将中国劳动者的"过劳"影响因素进行了跨层次的分析。虽然在个案分析中包括了与个案有关的组织行为、氛围、管理模式等中观层面的因素以及个人的认知特点因素，但考虑到中观因素往往依附于更宏观的制度因素，因此在整体分析中，主要包含了宏观和微观两个层面。其中，宏观层面的因素包括资源分配制度、社会保障等；微观层面的因素主要是与个体自我意识、认知特征相关联的因素。当然，"劳动效率低下"是导致我国劳动者"过劳"最直接的因果链，但考虑到导致劳动效率低下的原因涉及面广，我们努力从可以预见的宏观层面进行了分析，进而在宏观层面建议国家强化基础教育，在微观层面强调家庭重视对子女教育的投入，可以说建议实现了从宏观到微观的跨层次的分析。总之，与"过劳"的影响因素相对应，本章我们针对第5章总结的导致"过劳"的因素，从宏观层面、微观层面逐一阐述过劳应对策略。

最后，本章用图6-14呈现我们如何在"不确定效应"的理论基础上解释中国式过度劳动从哪里来，又到哪里去。如图6-14所示，图中最后一行的个体层面，从左向右表达了过劳的基本过程：由于感受到了强烈的不确定感，依据不确定性效应，个体会更爱钱而不是时间，他会抓住自己可抓住的可控因素——努力，靠加班加点来增加收入。这一部分的中国要素也是很突出的。中国文化中强调可控、歌颂努力，这些文化要素作用于个体层面以致促使相当数量的中国人有极强的吃苦耐劳的个性特点。以此为基础，图6-14第1行环境因素列举了导致个体感受到不确定性的环境变量，第2行和第3行从文化层面、社会层面和制度层面，逐一列举了影响个体不确定效应行为反应的因素。现实中这些变量处于两个极端水平的中间位置，目前的现实是这些要素处于偏左的位置，正在强化我国劳动者个体的过劳行为。如果我们从社会层面、制度层面、个体层面逐一调整图中的调节变量和中介变量，逐步将其向右侧推动，我们相信我国的过度劳动现象就能得到有效缓解。

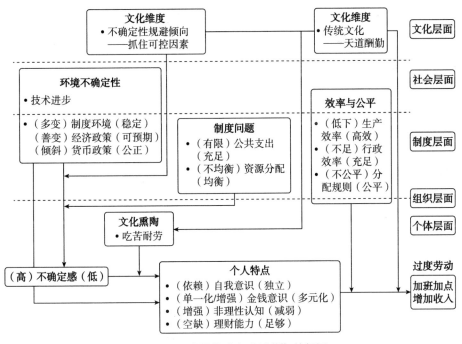

图6-14 我国劳动者"过劳"的根源

参考文献

[1] Adam C. Davis, Beth Visser, Anthony A. Volk, et al. Life History Strategy and the HEXACO Model of Personality: A Facet Level Examination [J]. Personality and Individual Differences, 2019 (6): 150.

[2] Adelmann P. K. Emotional Labor and Employee Well – being [D]. Unpublished Doctoral Dissertation, University of Michigan, Ann Arbor, 1989.

[3] Amabile T. M. Creativity in Context: Update to the Social Psychology of Creativity [M]. London: Hachette UK, 1996: 261 – 268.

[4] Amabile T. M., Hadley C. N., Kramer S. J. Creativity under the Gun [J]. Harvard Business Review, 2002 (80): 52 – 61.

[5] Aminilari M., Pakath R. Searching for Informationin a Time – pressured Setting: Experiences with a Text – based and an Image – based Decision Support System [J]. Decision Support Systems, 2005 (41): 37 – 68

[6] Ashforth B. E., Humphrey R. H. Emotion in the Workplace: A Reappraisal [J]. Human Relations, 1995 (48): 97 – 125.

[7] Ashforth B. E., Humphrey R. H. Emotional Labor in Service Roles: The Influence of Identity [J]. Academy of Management Review, 1993, 18 (1): 88 – 115.

[8] Ashkanasy N. M., Humphrey, R. H. Current Emotion Research in Organizational Behavior [J]. Emotion Review, 2011 (3): 214 – 224.

[9] Ashkanasy, N. M., Humphrey R. H. A Multi – level View of Leadership and Emotions: Leading with Emotional Labor [J]. The Sage Handbook of Leadership, 2011 (18): 365 – 379.

[10] Avolio B. J., Gardner W. L. Authentic Leadership Development: Getting to the Root of Positive Forms of Leadership [J]. The Leadership Quarterly, 2005 (16): 315 – 338.

[11] Avolio B. J. Full Range Leadership Development (2nd ed.) [M]. Thousand Oaks, CA: Sage, 2011.

[12] Baker S. R., Bloom N., Davis S. J. Measuring Economic Policy Unvertainty [J]. The Quarterly Journal of Economics, 2016, 131 (4): 1593 – 1636.

[13] Bass B. M., Riggio R. E. Transformational Leadership (2nd ed.; e – Library edition) [M]. Mahwah, NJ: Erlbaum, 2006/2007.

［14］ Batchelor J. H. , Humphrey R. H. & Burch G. F. How Entrepreneurs Use Emotional Labor to Improve Employee Attitudes and Firm Performance ［R］. Paper Presented at the Annual Meeting of the Society for Industrial and Organizational Psychology, San Diego, 2012.

［15］ Beal D. J. , Trougakos J. P. , Weiss H. M. & Green S. G. Episodic Processes in Emotional Labor: Perceptions of Affective Delivery and Regulation Strategies ［J］. Journal of Applied Psychology, 2006 (91): 1053 – 1065.

［16］ Birnbaum D. W. , Nosanchuk T. A. & Croll W. L. Children's Stereotypes About Sex Differences in Emotionality ［J］. Sex Roles, 1980 (6): 435 – 443.

［17］ Bonaparte, Margaret. Reexamining the 1950s American Housewife: How Ladies Home ［J］. Journal Challenged Domestic Expectations During the Postwar Period, 2014 (7): 85 – 110.

［18］ Boyatzis R. , Brizz T. & Godwin L. The Effect of Religious Leaders' Emotional and Social Competencies on Improving Parish Vibrancy ［J］. Journal of Leadership & Organizational Studies, 2011 (18): 192 – 206.

［19］ Brotheridge C. , Lee R. Development and Validation of the Emotional Labor Scale ［J］. Journal of Occupational and Organizational Psychology, 2003 (76): 365 – 379.

［20］ Brotheridge C. M. , Grandey A. A. Emotional Labor and Burnout: Comparing Two Perspectives of "People Work" ［J］. Journal of Vocational Behavior, 2002 (60): 17 – 39.

［21］ Brotheridge C. M. , Lee R. T. The Emotions of Managing: An Introduction to the Special Issue ［J］. Journal of Managerial Psychology, 2008 (23): 108 – 117.

［22］ Brotheridge C. M. The Role of Emotional Intelligence and Other Individual Difference Variables in Predicting Emotional Labor Relative to Situational Demands ［J］. Psicothema, 2006 (48): 139 – 144.

［23］ Bénabou, Roland, Tirole, et al. Incentives and Prosocial Behavior ［J］. American Economic Review, 2006, 96 (5): 1652 – 1678.

［24］ Chen A, Karahanna E. Boundary Less Technology: Understanding the Effects of Technology – Mediated Interruptions Across the Boundaries between Work and Personal life ［J］. AIS Transactions on Human – Computer Interaction, 2014, 6 (2): 16 – 36.

［25］ Cherry K. How Ego Depletion Can Drain Your Willpower. Verywell Mind. Retrieved from https://www. verywellmind. com/self – improvement – 4157212.

［26］ Cogliser C. C. , Schriesheim C. A. , Scandura T. A. & Gardner W. L. Balance in Leader and Follower Perceptions of Leader – member Exchange: Relationships with Performance and Work Attitudes ［J］. The Leadership Quarterly, 2009 (20): 452 – 465.

［27］ Csikszentmihalyi M. On Runco's Problem Finding, Problem Solving, and Creativity ［J］. Creativity Research Journal, 1996, 9 (2 – 3): 267 – 268.

［28］ Côté S. A Social Interaction Model of the Effects of Emotion Regulation on Work Strain ［J］. Academy of Management Review, 2005 (30): 509 – 530.

[29] De Brauw, A. , S. Rozelle. Reconciling the Returns to Education in off – farm Wage Employment in Rural China [J] . Review of Development Economics, 2008, 12 (1): 57 – 71.

[30] Deaux K. Sex differences [J] . In M. R. Annual Review of Psychology, 1985 (36): 49 – 82.

[31] DePaulo B. M. Nonverbal Behavior and Self – presentation [J] . Psychological Bulletin, 1992 (111): 203 – 243.

[32] Derks D, Van Duin D, Tims M, et al. Smartphone Use and Work – home Interference: The Moderating Role of Social Norms and Employee Work Engagement [J] . Journal of Occupational and Organizational Psychology, 2015, 88 (1): 155 – 177.

[33] Dess G. G. , Beard D. W. Dimensions of Organizational Task Environments [J]. Administrative Science Quarterly, 1984, 29 (1): 52 – 73.

[34] Deutsch F. M. Status sex, and Smiling: The Effect of role on Smiling in Men and Women [J] . Personality and Social Psychology Bulletin, 1990 (16): 531 – 540.

[35] Diefendorff J. M. , Croyle M. H. & Gosserand R. H. The Dimensionality and Antecedents of Emotional Labor Strategies [J] . Journal of Vocational Behavior, 2005 (66): 339 – 357.

[36] Diefendorff J. M. , Erickson R. J. , Grandey A. A. , et al. Emotional Display Rules as Work Unit Norms: A Multilevel Analysis of Emotional Labor Among Nurses [J] . Journal of Occupational Health Psychology, 2011 (16): 379 – 392.

[37] Duncan R. B. Characteristics of Organizational Environments and Perceived Environment Uncertainty [J] . Administrative Science Quarterly, 1972, 17 (3): 313 – 327.

[38] Eccles J. S. , Wigfield A. In the Mind of the Actor: The Structure of Adolescents' Achievement Task Values and Expectancy – regulated Beliefs [J] . Personality and Social Psychology, 1995 (21): 215 – 225.

[39] Ekman P. , Friesen W. V. Constants Across Cultures in the Face and Emotion [J]. Journal of Personality and Social Psychology, 1971 (17): 124 – 129.

[40] Ekman P. Telling Lies: Clues to Deceit in the Marketplace, Politics, and Marriage [M]. New York: Norton, 1985.

[41] Ellis B. J. , Figueredo A. J. , Brumbach B. H. & Schlomer G. L. Fundamental Dimensions of Environmental Risk [J] . Human Nature, 2009, 20 (2): 204 – 268.

[42] Erickson R. J. When Emotion is the Product: Self, Society, and (in) Authenticity in a Postmodern World [D] . Unpublished Doctoral Dissertation. Washington State Universtiy, 1991.

[43] Feinberg F. M. , Krishna A. & Zhang Z. J. Do We Care what Others Get? A Behaviorist Approach to Targeted Promotions [J] . Journal of Marketing Research, 2002 (39): 277 – 291.

[44] Fisk G. M. , Friesen J. P. Perceptions of Leader Emotion Regulation and LMX as Predictors of Follower's Job Satisfaction and Organizational Citizenship Behaviors [J] . The Leadership Quarterly, 2012 (23): 1 – 12.

［45］Flett G. L. , Blankstein K. R. , Pliner P. & Bator C. Impression – management and Self – deception Components of Appraised Emotional Experience ［J］. British Journal of Social Psychology, 1988（27）: 67 – 77.

［46］Frenkel S. J. , Yu C. Chinese Migrants' Work Experience and City Identification: Chal Lenging the Underclass Thesis ［J］. Human Relations, 2015, 68（2）, 261 – 285.

［47］Gabriel A. S. , Daniels M. A. , Diefendorff J. M. & Greguras G. J. Emotional Labor Actors: A Latent Profile Analysis of Emotional Labor Strategies ［J］. Journal of Applied Psychology, 2015（100）: 863 – 879.

［48］Gardner W. L. , Martinko M. J. Impression Management in Organizations ［J］. Journal of Management, 1988, 14（2）: 321 – 338.

［49］Glomb T. M. , Tews M. J. Emotional labor: A Conceptualization and Scale Development ［J］. Journal of Vocational Behavior, 2004（64）: 1 – 23.

［50］Goffman E. Presentation of self in everyday life ［M］. New York: Overlook Press, 1959.

［51］Goodsell C. T. Cross – culture Comparisons of Behavior of Postal Clerks Toward Clients ［J］. Administrative Science Quarterly, 1976（21）: 140 – 150.

［52］Grandey A. A. Emotion Regulation in the Workplace: A New Way to Conceptualize Emotional Labor ［J］. Journal of Occupational Health Psychology, 2000, 5（1）: 95 – 110.

［53］Grandey A. A. When "the Show Must Go on": Surface Acting and Deep Acting as Determinants of Emotional Exhaustion and Peer – rated Service Delivery ［J］. Academy of Management Journal, 2003, 46（1）: 86 – 96.

［54］Grandey A. A. , Dickter D. N. & Sin H. The Customer is not Always Right: Customer Aggression and Emotion Regulation of Service Employees ［J］. Journal of Organizational Behavior, 2004（25）: 397 – 418.

［55］Grandey A. A. , Fisk G. M. & Steiner D. D. Must "Service with a Smile" be Stressful? The Moderating Role of Personal Control for American and French Employees ［J］. Journal of Applied Psychology, 2005（90）: 893 – 904.

［56］Griskevicius V. , Delton A. W. , Robertson T. E. & Tybur J. M. Environmental Contingency in Life History Strategies: The Influence of Mortality and Socioeconomic Status on Reproductive Timing ［J］. Journal of Personality and Social Psychology, 2011, 100（2）: 241 – 254.

［57］Gross J. Antecedent – and Response – focused Emotion Regulation: Divergent Consequences for Experience, Expression, and Physiology ［J］. Journal of Personality and Social Psychology, 1998, 74（1）: 224 – 237.

［58］Gross J. The Emerging Field of Emotion Regulation: An Integrative Review ［J］. Review of General Psychology, 1998, 2（3）: 271 – 299.

［59］Hackman J. R. , Oldham G. R. Development of the Job Diagnostic Survey ［J］. Journal of Applied Psychology, 1975（60）: 159 – 170.

［60］Hannah S. T. , Luthans F. A Cognitive Affective Processing Explanation of Positive Leader-ship: Toward Theoretical Understanding of the Role of Psychological Capital ［M］. Charlotte, NC: Information Age, 2008.

［61］Hochschild A. R. The Managed Heart: Commercialization of Human Feeling ［M］. Berke-ley: University of California Press, 1983.

［62］Hochschild A. The Second Shift ［M］. New York: Viking, 1989.

［63］Hoffman L. W. Early Childhood Experiences and Women's Achievement Motives ［J］. Journal of Social Issues, 1972 (28): 129 – 155.

［64］Holman D. , Martinez – Iñigo D. & Totterdell P. The Oxford Handbook of Organizational Well – being ［M］. New York: Oxford University Press, 2008.

［65］Hong Y. , Morris M. W. , Chiu C. & Benet – Martinez V. Multicultural Minds: A Dynamic Constructivist Approach to Culture and Cognition ［J］. American Psychologist, 2000 (55): 709 – 720.

［66］Humphrey R. H. , Ashforth B. E. & Diefendorff J. M. The Bright Side of Emotional Labor ［J］. Journal of Organizational Behavior, 2015 (36): 749 – 769.

［67］Humphrey R. H. Affect and Emotion: New Directions in Management Theory and Research ［M］. NC: Information Age, 2008.

［68］Humphrey R. H. How do Leaders Use Emotional Labor? ［J］. Journal of Organizational Behavior, 2012 (33): 740 – 744.

［69］James N. Emotional Labour: Skill and Work in the Social Regulation of Feelings ［J］. So-ciological Review, 1989 (37): 15 – 42.

［70］James, N. Care = Organization + Physical Labor + Emotional Labour ［J］. Sociology of Health & Illness, 1992 (14): 488 – 509.

［71］Jason Fried, David Heinemeier Hansson. It Doesn't Have to be Crazy at Work ［J］. Har-per Business, 2018 (14): 50 – 55.

［72］Jian Yang, Ziliang Yu & Yongheng Deng, Housing Price Spillovers in China: A High – di-mensional Generalized VAR Approach ［J］. Regional Science and Urban Economics, 2018 (68), 98 – 114.

［73］Johnson H. A. , Spector P. E. Service with a Smile: Do Emotional Intelligence, Gender, and Autonomy Moderate the Emotional Labor Process? ［J］. Journal of Occupational Health Psychol-ogy, 2007 (12): 319 – 333.

［74］Johnson H. A. The Story Behind Service with A Smile: The Effects of Emotional Labour on Job Satisfaction, Emotional Exhaustion, and Affective Well – Being ［D］. Unpublished Master of Arts thesis, Department of Psychology, University of South Florida, US. 2004.

［75］Juliet B. Schor. The Overworked American: The Unexpected Decline of Leisure ［M］. New York: New York Books, 1993.

［76］Justin T. J. , Litsschert R. J. Environment Strategy Relationship and Its Performance Impli-
catons: An Empirical Study of the Chinese Electronics Industry ［J］. Strategic Management Journal,
1994, 15 (1): 1 - 20.

［77］Kammeyer - Mueller J. D. , Rubenstein A. L. , Long D. M. , et al. A Meta - analytic
Structural Model of Dispositional Affectivity and Emotional Labor ［J］. Personnel Psychology, 2013
(66): 47 - 90.

［78］Kaplan H. S. , Gangestad S. W. Life History Theory and Evolutionary Psychology ［M］//
The Handbook of Evolutionary Psychology. John Wiley & Sons, Inc. , 2015.

［79］Kay Hei - Lin. C, Suzanne K. M. Development and Validation of the Hospitality Emotional
Labor Scale ［J］. Tourism Managemnt, 2006 (27): 1181 - 1191.

［80］Kiel L. D. , Watson D. J. Affective Leadership and Emotional Labor: A View From the Lo-
cal Level ［J］. Public Administration Review, 2009 (69): 21 - 24.

［81］Kim J. , Sorhaindo B. , Gaman E. T. Relationship between Financial Stress and Workplace
Absenteeism of Credit Counselling Clients ［J］. Journal of Family and Economic Issues, 2006, 27
(3), 458 - 478.

［82］Kim H. J. Hotel Service Providers' Emotional Labor: The Antecedents and Effects on
Burnout ［J］. International Journal of Hospitality Management, 2008 (27): 151 - 161.

［83］Kipnis D. , Schmidt J. &Wilkinson I. Intra - organizational Influence Tactics: Explorations
in Getting One's Way ［J］. Journal of Applied Psychology, 1980 (65): 440 - 452.

［84］Knight F. H. , Publications D. Risk, Uncertainty and Profit ［J］. Social Science Elec-
tronic Publishing, 1921 (4): 682 - 690.

［85］Kristof - Brown A. , Guay R. P. Person - environment Fit ［J］. APA Handbooks in Psy-
chology, 2011 (3): 3 - 50.

［86］Kuenz J. Inside the Mouse: Work and Play at Disney World ［M］. Durham, NC: Duke
University Press, 1995.

［87］LaFrance M. , Banaji M. Toward a Reconsideration of the Gender - emotion Relationship
［J］. Review of Personality and Social Psychology, 1992 (14): 178 - 197.

［88］Leidner R. Working on People: The Routinization of Interactive Service Work ［D］. Un-
published Doctoral dissertation, Northwestern University, 1989.

［89］Li H. B. , Meng L. S. , Wang Q. and Zhou I. Political Connections , Financing and Firm
Performance: Evidence from Chinese Private Firms ［J］. Journal of Development Economics, 2008,
87 (2): 283 - 299.

［90］Li Y. , Wu Q. , Liu C. , et al. Catastrophic Health Expenditure and Rural Household Im-
poverishment in China: What Role does the New Cooperative Health Insurance Scheme Play? ［J］.
PLoS ONE. 2014, 9 (4): e93253.

［91］Liden R. C. , Maslyn J. M. Multidimensionality of Leader - member Exchange: An Empirical Assessment Through Scale Development ［J］. Journal of Management, 1998 (24): 43 – 72.

［92］ Lonnie Golden. A Brief History of Long Work Time and the Contemporary Sources of Overwork ［J］. Journal of Business Ethics, 2009 (842): 75 – 123.

［93］ Lu L. Y. , Yang C. The R&D and Marketing Cooperation across New Product Development Stages: An Empirical Study of Taiwan's IT Industry ［J］. Industry Marketing Management, 2004, 33 (7): 593 – 605.

［94］ Maccormick J. S. , Dery K, Kolb D G. Engaged or just connected? Smartphones and Employee Engagement ［J］. Organizational Dynamics, 2012, 41 (3): 194 – 201.

［95］ Magdalene Ang Chooi Hwa. Emotional Labor and Emotional Exhaustion – does Co – worker Support Matter? ［J］. Journal of Management Research, 2012, 12 (3): 115 – 127.

［96］ Mani A. , Mullairathan S. , Shafir E. & Zhao J. Poverty Impedes Cognitive Function ［J］. Science, 2013, 341 (6149), 976 – 980

［97］ Martnez – In – igo D. , Totterdell P. , Alcover C. M. & Holman D. Emotional Labour and Emotional Exhaustion: Interpersonal and Intrapersonal Mechanisms ［J］. Work and Stress, 2007 (21): 30 – 47.

［98］ Matthew Gibson, Jeffrey Shrader. Time Use and Productivity: The Wage Returns to Sleep ［R］. Department of Economics Working Papers 2015 – 2017, Department of Economics, Williams College.

［99］ Merton J. Facial – affective Behavior, Mutual Gaze, and Emotional Experience in Dyadic Interactions ［J］. Journal of Nonverbal Behavior, 1997 (21): 179 – 201.

［100］ Milliken F J. Perceiving and Interpreting Environmental Change: An Examination of College Administrators' Interpretation of Changing Demographics ［J］. Academy of Management Journal, 1990, 33 (1): 42 – 63.

［101］ Milliken F. J. Three Type of Perceived Uncertainty about the Environment: State, Effect, and Response Uncertainty ［J］. Academy of Management Review, 1987, 12 (1): 133 – 143.

［102］ Morgan G. Images of organization ［M］. CA Newbury Park, 1986.

［103］ Morris J. A. , Feldman D. C. The Dimensions, Antecedents, and Consequences of Emotional labor ［J］. Academy of Management Review, 1996, 21 (4): 986 – 1010.

［104］ Muraven M. & Baumeister R. F. Self – Regulation and Depletion of Limited Resources: Does Self – Control Resemble a Muscle? ［J］. Psychological Bulletin, 2000 (2): 247 – 260.

［105］ Muraven M. , Tice D. M. & Baumeister R. F. Self – Control as Limited Resource: Regulatory Depletion Patterns ［J］. Journal of Personality & Social Psychology, 1998 (3): 774 – 789.

［106］ Newman M. A. , Guy M. E. & Mastracci S. H. Beyond Cognition: Affective Leadership and Emotional Labor ［J］. Public Administration Review, 2009 (1): 6 – 20.

［107］ Nonaka I. The Knowledge – Creating Company ［J］. Harvard Business Review, 1991, 69 (2): 96 – 104.

［108］ Payne J. W. , Bettman J. R. & Luce M. F. When Time is Money: Decision Behavior Under Opportunity – cost Time Pressure ［J］. Organizational Behavior and Human Decision Processes, 1996 (66): 131 – 152.

［109］ Rafaeli A. , Sutton R. L. The Expression of Emotion in Organizational Life ［J］. Research in Organizational Behavior, 1989 (11): 1 – 42.

［110］ Rafaeli A. , Sutton R. I. Expression of Emotion as Part of the Work Role ［J］. Academy of Management Review, 1987, 12 (1): 23 – 37.

［111］ Reis H. T. , Wheeler L. Studying Social Interaction with the Rochester Interaction ［J］. Advances in Experimental Social Psychology, 1991 (24): 270 – 318.

［112］ Richards J. M. , Gross J. J. Composure at Any Cost? The Cognitive Consequences of Emotion Suppression ［J］. Personality and Social Psychology Bulletin, 1999 (25): 1033 – 1044.

［113］ Richards J. M. , Gross J. J. Emotion Regulation and Memory: The Cognitive Costs of Keeping One's Cool ［J］. Journal of Personality and Social Psychology, 2000 (79): 410 – 424.

［114］ Robbins S. P. , Judge T. A. Organizational Behavior (13th ed.) ［M］. Upper Saddle River, Pearson, 2009.

［115］ Rosso B. D. , Dekas K. H. , Wrzesniewski A. On the Meaning of Work: A Theoretical Integration and Review ［J］. Research in Organizational Behavior, 2010 (30): 91 – 127.

［116］ Rudolph C. W. , Katz I. M. , Lavigne K. N. , et al. Job Crafting: A Meta – Analysis of Relationships with Individual Differences, Job Characteristics, and Work Outcomes ［J］. Journal of Vocational Behavior, 2017 (102): 112 – 138.

［117］ Saarni C. , Von Salisch M. The Socialization of Emotional Dissemblance ［J］. Lying and Deception in Everyday Life, 1993: 107 – 125.

［118］ Schaufeli W. B. , Bakker A. B. Job Demands, Job Resources, and Their Relationship with Burnout and Engagement: A Multi – sample Study ［J］. Journal of Organizational Behavior, 2004, 25 (3): 293 – 315.

［119］ Schaufeli W. B. , Bakker A. B. UWES – Utrecht Work Engagement Scale: Test Manual (Unpublished manuscript) ［C］. Department of Psychology, Utrecht University, Utrecht, The Netherlands, 2003.

［120］ Schaufeli W. B. , Salanova M. , González – Romá V. & Bakker A. B. The Measurement of Engagement and Burnout: A Two Sample Confirmatory Factor Analytic Approach ［J］. Journal of Happiness Studies, 2002, 3 (1): 71 – 92.

［121］ Schneider B. , Bowen D. E. Winning the Service Game ［M］. Boston, MA: Harvard Business School Press, 1995.

［122］ Scott B. A. , Barnes C. M. A Multilevel Investigation of Emotional Labor, Affect, Work With Drawal, and Gender ［J］. Academy of Management Journal, 2011 (54): 116 – 136.

［123］ Sendhil Mullainathan, Eldar Shafir. 稀缺——我们是如何陷入贫穷与忙碌的 ［M］.

杭州：浙江人民出版社，2018.

[124] Sha F. , et al. Sucide Rates in China, 2004 - 2014: Comparing Data from Two Sample - based Mortality Surveillance Systems [R] . BMC Public Health, 2018.

[125] Shaffer B. Regulation, Competition, and Strategy: The Case of Automobile Fuel Economy Standards 1974 - 1991 [J] . Research in Corporate Social Performance and Policy, 1992, 13 (6): 191 -218.

[126] Shamir B. , Eilam G. "What's your story?" A Life - stories Approach to Authentic Leadership Development [J] . The Leadership Quarterly, 2005 (16): 395 -417.

[127] Shane Frederick, George Loewenstein & Ted ODonoghue. Time Discounting and Time Preference: A Critical Review [J] . Journal of Economic Literature, 2002, 40 (2): 351 -401.

[128] Short Sleep Duration Increases Metabolic Impact in Healthy Adults: A Population - Based Cohort Study [J] . Sleep, 2017, 40 (10) .

[129] Sideman Goldberg L. S. , Grandey A. A. Display Rules Versus Display Autonomy: Emotion Regulation, Emotional Exhaustion, and Task Performance in a Call Center Simulation [J] . Journal of Occupational Health Psychology, 2007 (12): 301 -318.

[130] Smith A. C. , Kleinman S. Managing Emotions in Medical School: Students' Contacts with the Living and the Dead [J] . Social Psychology Quarterly, 1989 (52): 56 -69.

[131] Sparrowe R. T. Authentic Leadership and the Narrative Self [J] . The Leadership Quarterly, 2005 (16): 419 -439.

[132] Sternberg R. J. Rising Tides and Racing Torpedoes: Triumphs and Tribulations of the Adult Gifted as Illustrated by the Career of Joseph Renzulli [J] . Journal for the Education of the Gifted, 1999, 23 (1): 67 -74.

[133] Sudden Cardiac Death in China: Current Status and Future Perspectives [J] . Europace, 2015 (10): 8 - 14.

[134] Tolich M. B. Alienating and Liberating Emotions at Work [J] . Journal of Contemporary Ethnography, 1993 (22): 361 -381.

[135] Totterdell P. , Holman D. Emotion Regulation in Customer Service Roles: Testing a Model of Emotional labor [J] . Journal of Occupational Health Psychology, 2003 (8): 55 -73.

[136] Ute R. , H. L Sheger, Anna F. Schewe. On the Costs and Benefits of Emotional Labor: A Meta - Analysis of Three Decades of Research [J] . Journal of Occupational Health Psychology, 2011 (3): 361 -389.

[137] Van den Bos, K. , Van Schie E. C. M. , & Colenberg S. E. Parents' Reactions to Child Day Care Organizations: The Influence of Perceptions of Procedures and the Role of Organizations' Trustworthiness [J] . Social Justice Research, 2002 (15): 53 -62.

[138] Van Maanen J. , Kunda G. "Real Feelings": Emotional Expression and Organizational Culture [J] . Research in Organizational Behavior, 1989 (11): 43 - 103.

［139］Waldron V. R. , Krone K. The Experience and Expression of Emotion in the Workplace: A Study of Corrections Organization ［J］. Management Communication Quarterly, 1991 （4）: 287 – 309.

［140］Wang G. , Seibert S. E. & Boles T. L. Synthesizing What We Know and Looking Ahead: A Meta – analytical Review of 30 Years of Emotional Labor Research ［J］. Research on Emotion in Organizations, 2011 （7）: 15 – 43.

［141］Warning Symptoms Are Associated with Survival From Sudden Cardiac Arrest ［J］. Ann Intern Med. 2016, 164 （1）: 23 – 29.

［142］Wharton A. S. , Erickson R. J. Managing Emotions on the Job and at Home: Understanding the Consequences of Multiple Emotional Roles ［J］. Academy of Management Review, 1993 （18）: 457 – 486.

［143］Wharton A. S. The Affective Consequences of Service Work ［J］. Work and Occupations, 1993 （20）: 205 – 232.

［144］Wichroski M. A. The Secretary: Invisible Labor in the Work World of Women ［J］. Human Organization, 1994 （53）: 33 – 41.

［145］Winsor B. Managing Innovation under Time Pressure: A Practical Perspective ［J］. Technology Innovation Management Review, 2012, 2 （8）: 5 – 9.

［146］World Economic Forum. The future of Jobs: Employment, Skills and Workforce Strategy for the Fourth Industrial Revolution ［EB/OL］. http://www3. weforum. org/docs/WEF_ Future_ of_ Jobs. pdf.

［147］Young D. L. , Goodie A. S. , Hall D. B, et al. Decision Making Under time Pressure, Modelled in a Prospect Theory Framework ［J］. Organizational Behaviour and Human Decision Processes, 2012, 118 （2）: 179 – 188.

［148］阿兰·德波顿. 身份的焦虑 ［M］. 陈广兴, 南治国译. 上海: 上海译文出版社, 2007.

［149］艾伦·麦克法兰. 英国个人主义的起源 ［M］. 北京: 商务印书馆, 2008.

［150］白雪梅. 教育与收入不平等: 中国的经验研究 ［J］. 管理世界, 2004 （6）: 53 – 58.

［151］北京交通大学, 阿里研究院, 菜鸟网络. 全国社会化电商物流从业人员研究报告 ［R］. 2016.

［152］蔡卫星, 赵峰, 曾诚. 政治关系、地区经济增长与企业投资行为 ［J］. 金融研究, 2011 （4）: 100 – 112.

［153］查兰 R. 求胜于未知: 不确定性变革时代如何主动出击 ［M］. 杨懿梅译. 北京: 机械工业出版社, 2015.

［154］钞小静, 沈坤荣. 城乡收入差距、劳动力质量与中国经济增长 ［J］. 经济研究, 2014 （6）: 30 – 34.

[155] 陈春花，宋一晓，朱丽．不确定性环境下组织转型的 4 个关键环节——基于新希望六和股份有限公司的案例分析［J］．管理学报，2018，15（1）：1-10.

[156] 陈纯槿，邬庭瑾．教育财政投入能否有效降低教育结果不平等——基于中国教育追踪调查数据的分析［J］．教育研究，2017（7）：68-78.

[157] 陈秋萍．企业福利与员工工作投入、组织承诺的关系研究［D］．华侨大学博士学位论文，2015.

[158] 陈蓉．省际人口迁移对我国各省经济增长的影响：基于省级面板数据的实证研究［J］．中南大学学报（社会科学版），2019，25（4）：100-107.

[159] 陈运森，朱松．政治关系、制度环境与上市公司资本投资［J］．财经研究，2009（12）：27-39.

[160] 程琳．父母期望、初中生自我期望与学习成绩的关系［D］．河南大学硕士学位论文，2010.

[161] 程名望，史清华，潘烜．工作时间、业余生活与农民工城镇就业——基于上海市1446 个调查样本的实证分析［J］．农业经济问题，2012（5）：47-52.

[162] 戴维·格雷伯．论狗屁工作［M］．Allen Lan 出版社，2018.

[163] 第一财经商业数据中心联合苏宁易购．2018 快递员群体洞察报告［EB/OL］．https：//www. cbndata. com/report/983/detail？isReading = report&page = 1. 2018-08-07.

[164] 范婷婷．收入不确定性、生命周期与家庭资产选择［D］．华中科技大学硕士学位论文，2019.

[165] 费孝通．乡土中国［M］．上海：上海人民出版社，2006.

[166] 甘梨，赵乃宝，孙永智．收入不平等、流动性约束与中国家庭储蓄率［J］．经济研究，2018（12）：34-50.

[167] 郭建如．社会学组织分析中的新老制度主义与教育研究［J］．北京大学教育评论，2008（3）：136-151.

[168] 郭瑞，文雁兵，史晋川．地方官员与经济发展：一个文献综述［J］．管理评论，2018（12）：247-256.

[169] 郝宇青，陈凤．身份焦虑：当前中国社会焦虑的一种重要表现［J］．上海商学院学报，2012（13）：1-6.

[170] 贺小刚，邓浩，吴诗雨，梁鹏．赶超压力与公司的败德行为——来自中国上市公司的数据分析［J］．管理世界，2015（9）：104-124.

[171] 亨利·基辛格．论中国［M］．北京：中信出版集团，2011.

[172] 胡美玲．公平视域下现阶段我国资源分配分析［D］．武汉理工大学硕士学位论文，2013.

[173] 胡少楠，王詠．工作投入的概念、测量、前因与后效［J］．心理科学进展，2014，22（12）：1975-1984.

[174] 黄敦平，孙晶晶，徐馨荷．新生代农民工消费行为实证分析［J］．齐齐哈尔大学

学报（哲学社会科学版），2020（1）：77-81.

[175] 黄燕萍，刘榆，吴一群，李文溥. 中国地区经济增长差异：基于分级教育的效应[J]. 经济研究，2013（4）：94-105.

[176] 黄奕林. 不确定性与凯恩斯经济学[J]. 经济评论，1997（6）：45-49.

[177] 黄宗智. 长江三角洲小农家庭与乡村发展[M]. 北京：中华书局，2000.

[178] 蒋楠. 经济政策不确定性与企业行为的文献综述[J]. 财会月刊，2020（3）：154-160.

[179] 景抗震，顾海. 中国基本医疗保险对患者医疗支出负担的影响机理研究——来自省级层面2003—2014年面板数据的证据[J]. 学海，2019（5）：94-100.

[180] 赖德胜，孟大虎，李长安，王琦. 中国劳动力市场发展报告：迈向高收入国家进程中的工作时间[M]. 北京：北京师范大学出版社，2014.

[181] 黎志华. 大学生希望感的发展轨迹、影响因素及其与心理健康的关系[D]. 中南大学博士学位论文，2013.

[182] 李建民，王婷，孙智帅. 从健康优势到健康劣势：乡城流动人口中的"流行病学悖论"[J]. 人口研究，2018，42（6）：46-60.

[183] 李临风. 金钱和时间激励对员工满意度的影响：心理账户的视角[D]. 上海师范大学硕士学位论文，2016.

[184] 李祥云，张建顺，陈珊. 公共教育支出降低了居民收入分配不平等吗？——基于省级面板数据的经验研究[J]. 云南财经大学学报，2018，34（8）：3-13.

[185] 李雪，宋君. 战略柔性与企业绩效的关系研究综述——以环境不确定性为调节变量[J]. 中国商论，2019（24）：110-111.

[186] 李扬. 中国家庭微观消费结构及特征研究——基于拓展需求系统的分析[D]. 对外经济贸易大学博士学位论文，2019.

[187] 梁权熙，谭思梦，谢宏基. 经济政策不确定性对机构投资者持股行为的影响[J]. 金融与经济，2020（1）：34-41.

[188] 林江，徐世长，黄建新. 适应性预期、金融加速器效应与房价波动——以深圳为例[J]. 金融研究，2015（1）：22-31.

[189] 林挺进. 中国地级市市长职位升迁的经济逻辑分析[J]. 公共管理研究，2007（5）：45-68.

[190] 林晓珊. 流动性：社会理论的新转向[J]. 国外理论动态，2014（9）：90-94.

[191] 刘盾. 中国的经济增长属于"利润拉动"还是"工资拉动"？——再测功能性收入分配对我国需求增长与结构的影响[J]. 南开经济研究，2020（1）：70-95.

[192] 刘少杰. 中国市场交易秩序的社会基础——兼评中国社会是陌生社会还是熟悉社会[J]. 社会学评论，2014，2（2）：28-34.

[193] 刘文兴，廖建桥，黄诗华. 不确定性规避、工作负担与领导授权行为：控制愿望与管理层级的调节作用[J]. 南开管理评论，2012，15（5）：4-12.

[194] 刘阳，张雨涵．居民金融素养与家庭诈骗损失 [J]．消费经济，2020，36（2）：60 – 71.

[195] 刘迫，郑情．不确定性规避与员工创新行为：创新自我效能感的中介作用 [J]．科技进步与对策，2016，392（4）：155 – 161.

[196] [德] 罗尔夫·多贝里．清醒思考的艺术：你最好让别人去犯的 52 种思维错误 [M]．北京：中信出版社，2013.

[197] 罗伯特·弗兰克．成功与运气：好运和精英社会的神话 [M]．北京：北京联合出版公司，2017.

[198] 罗伟卿．财政分权及纵向财政不平衡对中国基础教育质量的影响 [J]．清华大学学报，2009，24（1）：13 – 20.

[199] 马尔科姆·格拉德威尔．异类 [M]．北京：中信出版社，2014.

[200] 马海涛，郝晓婧．中央和地方财政事权与支出责任划分研究：以公共教育领域为例 [J]．东岳论丛，2019，40（3）：46 – 59，191.

[201] 马克思，恩格斯．《马克思恩格斯选集》第 3 卷 [M]．北京：人民出版社，1995.

[202] 马志越，王金营．生与不生的抉择：从生育意愿到生育行为——来自 2017 年全国生育状况抽样调查北方七省市数据的证明 [J]．兰州学刊，2020（1）：144 – 156.

[203] 孟续铎，王欣．企业员工"过劳"现状及其影响因素的研究——基于"推—拉"模型的分析 [J]．人口与经济，2014（3）：92 – 100.

[204] 孟续铎．劳动者过度劳动的成因研究：一般原理与中国经验 [M]．北京：中国劳动社会保障出版社，2014.

[205] 纳西姆·尼古拉斯·塔勒布．反脆弱从不确定性中受益 [M]．雨珂译．北京：中信出版社，2014.

[206] 潘毛毛，赵玉林．互联网融合、人力资本结构与制造业全要素生产率 [J]．科学学研究，2020，38（12）：2171 – 2182，2219.

[207] 彭芸爽，王雪，吴嵩，金盛华，孙荣芳．生命史理论概述及其与社会心理学的结合——以道德行为为例 [J]．心理科学进展，2016，24（3）：464 – 474.

[208] [英] 齐格蒙特·鲍曼．流动的现代性 [M]．上海：上海三联书店，2002.

[209] 秦晖．传统十论 [M] //秦晖金雁文集．上海：东方出版社，2014.

[210] 任东来，陈伟，白雪峰等．美国宪政历程：影响美国的 25 个司法大案 [M]．北京：中国法制出版社，2004.

[211] 任亚军，徐小云．"高房价"对创业意愿的挤出效应——基于跨地区面板数据的分析 [J]．上海金融，2017（11）：33 – 36.

[212] 邵建平，韩雪，柳武妹．外部环境资源短缺对员工薪酬奖励偏好的影响与机制 [J]．心理学报，2018，50（12）：1428 – 1437.

[213] 邵剑兵，胡迪．忙碌董事会的成因及其影响研究综述 [J]．经济与管理评论，

2017, 33 (3)：44 - 52.

[214] 邵挺，王瑞民，王微．中国社会流动性的测度和影响机制——基于高校毕业生就业数据的实证研究 [J]．管理世界，2017 (2)：24 - 29.

[215] 孙健敏，陈乐妮，尹奎．挑战性压力源与员工创新行为：领导—成员交换与辱虐管理 [J]．心理学报，2018, 50 (4)：436 - 449.

[216] 孙瑾，郑雨，陈静．感知在线评论可信度对消费者信任的影响研究——不确定性规避的调节作用 [J]．管理评论，2020, 32 (4)：146 - 159.

[217] 谭远发．父母政治资本如何影响子女工资溢价："拼爹"还是"拼搏"? [J]．管理世界，2015 (3)：22 - 33.

[218] 谭政勋，王聪．房价波动、货币政策立场识别及其反应研究 [J]．经济研究，2015 (1)：67 - 83.

[219] 涂红，徐春发，余子良．货币政策对房价影响的区域差异：来自多层混合效应模型的新证据 [J]．南开经济研究，2018 (5)：41 - 57, 175.

[220] 托马斯，皮凯蒂．21 世纪资本论 [M]．巴曙松等译．北京：中信出版社，2014.

[221] 王迪．劳动与人类社会发展 [M]．北京：光明日报出版社，2012.

[222] 王鹤．我国公务员辞职之研究 [D]．延边大学硕士学位论文，2019.

[223] 王建国，李实．大城市的农民工工资水平高吗? [J]．管理世界，2015 (1)：51 - 62.

[224] 王金营，马志越，李嘉瑞．中国生育水平、生育意愿的再认识：现实和未来 [J] 人口研究，2019, 43 (2)：32 - 44.

[225] 王敏，林方．上升者的悲哀：中国社会的焦虑感与地位消费的关系探讨 [C]．工程和商业管理国际学术会议论文集，2012.

[226] 王宁．压力化生存——"时间荒"解析 [J]．山东社会科学，2013 (9)：39 - 46.

[227] 王贤彬，徐现祥．地方官员来源、去向、任期与经济增长——来自中国省长、省委书记的证据 [J]．管理世界，2008 (3)：16 - 26.

[228] 王欣．工作要求、工作资源对企业员工"过劳"的影响 [J]．软科学，2016 (6)：83 - 87.

[229] 王永贵，刘菲．网络中心性对企业绩效的影响研究——创新关联、政治关联和技术不确定性的调节效应 [J]．经济与管理研究，2019, 40 (5)：113 - 127.

[230] 王媛媛．工作家庭平衡对工作获得感的影响研究 [D]．浙江财经大学硕士学位论文，2019.

[231] 马克斯·韦伯．社会科学方法论 [M]．李秋零，田薇译．北京：中国人民大学出版社，1999.

[232] 魏南枝．"机会平等"鸿沟与共同体的瓦解 [J]．中国政治学，2018 (1)．

[233] 温忠麟，叶宝娟．有调节的中介模型检验方法：竞争还是替补? [J]．心理学报，

2014，46（5）：714 – 726.

　[234] 温忠麟，张雷，侯杰泰. 有中介的调节变量和有调节的中介变量 [J]．心理学报，2006（3）：448 – 452.

　[235] 温忠麟，张雷，侯杰泰，刘红云. 中介效应检验程序及其应用 [J]．心理学报，2004（5）：614 – 620.

　[236] 吴珊珊等. 农民工歧视与反歧视问题研究进展 [J]．经济学动态，2019（4）：99 – 111.

　[237] 吴伟炯. 工作时间对职业幸福的影响 [J]．中国工商经济，2016（3）：130 – 145.

　[238] 吴文韬. 城乡居民医疗保险可持续发展研究 [D]．江西财经大学硕士学位论文，2019.

　[239] 徐业坤，钱先航，李维安. 政治不确定性、政治关联与民营企业投资 [J]．管理世界，2015（5）：116 – 130.

　[240] 叶裕民，李海峰，李惟科. 中国城乡发展的历程与城市化战略 [J]．山口经济学杂志，2011，62（5）：103 – 120.

　[241] 尹奎，张凯丽，李秀凤. 工作重塑对工作意义的影响：团队任务绩效、领导—成员交换关系差异化的作用 [J]．管理评论，2019，31（3）：143 – 153.

　[242] 张宏宇，周燕华，张建君. 如何缓解农民工的疲惫感：对工会和 SA8000 认证作用的考量 [J]．管理世界，2014（2）：32 – 43.

　[243] 张剑，刘佳. 时间压力对员工创造性绩效的影响 [J]．管理学报，2010，7（6）：846 – 850.

　[244] 张美玲，赵子涵冰. 新冠肺炎疫情对高校毕业生就业工作的影响及对策研究 [J]．河北工业大学学报（社会科学版），2020，12（2）：67 – 73.

　[245] 张轶文，甘怡群. 中文版 Utrecht 工作投入量表（UWES）的信效度检验 [J]．中国临床心理学杂志，2005（3）：268 – 270 + 281.

　[246] 张毅，游达明. 科技型企业员工创新意愿影响因素的实证研究——基于 TPB 视角 [J]．南开管理评论，2014，17（4）：110 – 119.

　[247] 张智. 完善基层公务员职级晋升机制研究 [D]．苏州大学硕士学位论文，2018.

　[248] 张宗新，林弘毅，李欣越. 经济政策不确定性如何影响金融市场间的流动性协同运动？——基于中国金融周期的视角 [J]．统计研究，2020，37（2）：37 – 51.

　[249] 章元，王昊. 城市劳动力市场上的户籍歧视与地域歧视：基于人口普查数据的研究 [J]．管理世界，2011（7）：50 – 59.

　[250] 赵莉，刘仕豪. "风雨极速人"——北京市快递员生存现状及角色认同研究 [J]．中国青年研究，2017（6）：75 – 81.

　[251] 赵新泉，张彧泽. 收入不确定性对农村居民消费影响的实证 [J]．统计与决策，2019，35（11）：95 – 97.

　[252] 郑洁. 自我期望对创造力影响的实验研究 [D]．苏州大学硕士学位论文，2014.

［253］中国财政报告（2019）［EB/OL］. http：//www. xcf. cn/article/94cfe27e2dfe11eabf3 cd4c9efcfd eca. html.

［254］周海荣. 论工作至上理念的形成［J］. 太原理工大学学报（社会科学版），2015，33（1）：47 – 51.

［255］周元元，胡杨利，张琴，赵彦成. 时间压力下你想听什么？——参照组影响对冲动购买的调节［J］. 心理学报，2017，49（11）：1439 – 1448.

［256］朱冠平，扈文秀，杨东. 投资者情绪、经济政策不确定性与股票市场波动［J］. 海南金融，2019（11）：3 – 8.

［257］邹倩，杨东. 情绪与时间压力对创造性问题解决的影响［J］. 社会科学前沿，2017，6（1）：12 – 20.

后　记

　　在管理学家、经济学家看来，"过劳"和"过劳死"看似只是个体层面的现象，其实更像一个社会指示灯，透过它可以参透社会的文化层面、制度层面、执行层面以及个体的体力、脑力和心力等各个层面的问题。

　　过劳死产生的环境，是一个长期视个体为资源的环境、一个不尊重个体自主意愿和身体承受能力的环境、一个成功被过分强调而不计较付出代价的环境、一个肯定努力而不考虑管理绩效的环境。在这样的社会环境中，个体不成比例地承担着更多的焦虑和无助，过劳渗透个体生活的方方面面。如果一种伤害仅仅发生在两个个体之间，那么可以单纯地求助于法律。但是，如果一种伤害不单单是个体之间的矛盾，而是有着更深刻的社会背景和文化脉络，要想恰当应对这种伤害，就要从制度、执行等各个层次全方位地反思这种现象。面对过劳死案例，任何人都可以自由判断并有权利选择如何分配自己的精力，合理质疑在生活、工作中出现的问题，从而让个体在这个环境中得到保护。这也将有助于规则制定者、执行者和研究者一起，在解读不良的社会结构的基础上改变现有制度及其运行机制。

　　在本次研究中，我们表达了以下观点：不同性别、不同身份个体在相同工作中的评价存在显著差异，这揭示了一个社会如何定义、支付以及维护人们的工作收入；人们接受不同工作强度的工作，揭示一个社会能在多大程度上消解不同群体间的心理边界和物理隔离；面对不同家庭背景下的个体，个体不同的工作选择揭示了一个社会现实条件和认知态度中潜在的差序判断与歧视。哪些背景群体的人更容易或者更不容易被工作裹挟？不同群体中的工作类型是否有相同的工作分布？可以说，不同身份、不同工作的收入分配是社会收入分配程度的"晴雨表"。

　　总之，不管是学者看到的理论最优路径，还是实操者看到的约束条件下的最优路径（而且约束条件总是变），我们都需要客观地认识"过劳"问题。一方面，它的出现有其积极意义，40 多年的改革开放，使我国经济成为世界第二大实体，中国人的吃苦耐劳在此期间功不可没。如果随着时代变迁，我国出现"努力的丧失"，这将是我国面对的另一种无法弥补的遗憾和损失。另一方面，"鞭打快牛"的逆向淘汰从来都不符合人的发展规律，我们要因势利导，立足经济改善个体生存环境，做到国家、组织、个体的全面和谐发展。

张杉杉

2022 年 5 月